August Feierabend

Alle schweizerischen Kurorte im 19. Jahrhundert

Feierabend, August

Alle schweizerischen Kurorte im 19. Jahrhundert

ISBN: 978-3-86741-644-3
Auflage: 1
Erscheinungsjahr: 2011
Erscheinungsort: Bremen, Deutschland

© Europäischer Hochschulverlag GmbH & Co KG, Fahrenheitstr. 1, 28359 Bremen

www.eh-verlag.de

Bei diesem Titel handelt es sich um den Nachdruck eines historischen, lange vergriffenen Buches aus dem Jahre 1865 (Wien). Da elektronische Druckvorlagen für diese Titel nicht existieren, musste auf alte Vorlagen zurückgegriffen werden. Hieraus zwangsläufig resultierende Qualitätsverluste bitten wir zu entschuldigen.

Alle schweizerischen
Kurorte
im 19. Jahrhundert

DIE
KLIMATISCHEN KURORTE
DER
SCHWEIZ.

VON

Dr. AUGUST FEIERABEND
SANITÄTSRATH UND ARZT IN LUZERN, MITGLIED DER SCHWEIZERISCHEN NATURFORSCHER-
GESELLSCHAFT, SOWIE ANDERER GELEHRTEN GESELLSCHAFTEN.

WIEN 1865.
WILHELM BRAUMÜLLER
K. K. HOF- UND UNIVERSITÄTSBUCHHÄNDLER.

Die Luftveränderung ist oft das Heilmittel grosser Krankheiten.

FRIEDRICH HOFMANN.

Das Recht der Uebersetzung wird vorbehalten.

SEINEM

LIEBEN FREUNDE UND SCHWAGER

PROFESSOR D.^{or} KLUN IN WIEN

GEWIDMET.

VORWORT.

Unsere Schweiz wird bei den erleichterten Verkehrsmitteln der Neuzeit von Jahr zu Jahr mehr das ersehnte Wanderziel von tausend und aber tausend fremden Reisenden, die nicht nur aus den entferntesten Ländern Europas, sondern selbst über das Weltmeer herüber, aus Ost- und Westindien, zu uns heraufkommen, die Wunder unserer Gebirgswelt zu schauen. Unter ihnen befindet sich eine immer mehr anwachsende Zahl, welche sich genöthigt sieht, wegen gestörter Gesundheit an einem oder dem andern unserer zahlreichen klimatischen Luftkurorte einen kürzern oder längern Aufenthalt zu nehmen.

„Luftveränderungen" oder klimatische Kuren sind ein wahres Bedürfniss unserer Zeit geworden. Hat auch die Mode hieran ihren hübschen Theil, so hat doch das wirkliche Nothgefühl bei der Erschöpfung der geistigen und körperlichen Kräfte in dem immer schwierigern Kampfe um die Hülfsmittel des irdischen Daseins unstreitig den grösseren Antheil daran, und die Erholung und Erfrischung derselben in frischer freier Luft und bei ungestörter Ruhe ist dann kein eingebildetes Bedürfniss. Unsere verwickelteren Lebensverhältnisse, das ruhelose Ringen und Jagen nach materiellem Gewinne, die gesteigerten Forderungen der Kunst und Wissenschaft verbrauchen unendlich mehr Lebenskraft, als dieses noch vor wenigen Jahrzehnten der Fall war. Anderseits ist die herrschende ärztliche Schule der Neuzeit, die physiologische, zu der sehr vernünftigen Ansicht gekommen, dass gegen die Krankheit unseres Jahrhunderts, den übermässigen Kräfteverbrauch, in dem entsprechenden Zusammenspiele der allgemeinen Lebenseinflüsse, als Luft und Wasser, Wärme und Licht, Elektrizität und Bodenbeschaffenheit, eine weit kräftigere und sichere Heilkraft liege, als in der vollständigsten aller allopathischen Apotheken. Die Achtung vor dieser Naturheilkraft hat auf allen unsern aussichtreichen luftigen Höhen, in unsern lieblichgrünen Hochthalern die Hunderte und Hunderte wohleingerichteter mitunter palastähnlicher Kurhäuser ins Dasein gerufen, welche ein sprechendes Zeugniss einer vernünftigern Lebensanschauung sind. Aber gerade die grosse Zahl unserer Alpenkurorte bedingt für den Arzt und Kranken die Schwierigkeit der richtigen Auswahl, die „Verlegenheit des Reichthums", wie die Franzosen sagen.

Unzählige Missgriffe werden bei leichtsinniger Kurwahl bisweilen zum bleibenden Nachtheil für den Kranken gethan. Die Schuld liegt dabei oft mehr auf Seiten der Laien, als der Aerzte. Es ist eine ausgemachte Thatsache, die sich immer und immer wiederholt, dass ein grosser Theil der Kurgäste, welche alljährlich nach unsern schweizerischen Kurorten kommen, solches auf eigene Faust und ohne ärztliche Verfügung unternehmen, und ganz nach eigenem Gutdünken den beliebigen Kurort wählen. Sie handeln dabei oft ganz nach zufälligen äussern Gründen, nach der Einladung einer Reisegesellschaft oder einer augenblicklichen Mussezeit, oder auch aus Geldrücksichten. Sehr oft ersetzt das vorlaute Urtheil sogenannter „ärztlicher Dilettanten" und die „guten Räthe" geschäftiger Frau Basen das wohlerwogene Urtheil des gewissenhaften Hausarztes über den geeigneten Kurort und das geeignete Kurmittel. Da nun aber die ärztliche Wissenschaft unserer Neuzeit mit Recht den klimatischen Kurmitteln ihre volle Aufmerksamkeit zugewendet hat, und anderseits die allgemeinere Verbreitung der Naturwissenschaften sowie der volksthümlichen Arzneikunde ein wissenschaftliches Eingehen auf die Lehren der klimatischen Kurweise den Laien gegenüber als ein Zeitbedürfniss erscheinen lassen; so möge diese Schrift als ein bescheidenes Schärflein betrachtet werden, welches wir in voller Anerkennung einer ehrenwerthen Zeitrichtung darbringen. Sie stützt sich theils auf die eigenen Erfahrungen einer mehr als fünfundzwanzigjährigen ärztlichen Wirksamkeit, theils auf zuverlässige Mittheilungen gewissenhafter Kurärzte. Da wir indessen in der Schweiz schon über 160 Luftkurorte zählen, zu denen mit jedem neuen Jahre auch wieder einige neue kommen; so müssten wir den festgesetzten Rahmen dieser Schrift bedeutend überschreiten, wenn wir dieselben nur einigermassen einlässlich behandeln wollten. Wir beschränken uns daher nur auf diejenigen klimatischen Kurorte der Schweiz, welche durch ihre Lage und ihr Klima wie durch die Vorzüglichkeit ihrer Kurmittel bereits einen wohlbegründeten Ruf haben, oder durch besondere Bevorzugung einen solchen in der Zukunft zu erwerben versprechen. Ueber diese Kurorte (ohne die marktschreierische Ruhmredigkeit der auch bei uns in der freien Schweiz in Schwung gekommenen Zeitungsanzeigen) den ärztlichen Kollegen ein auf sorgfältiges Quellenstudium gestütztes Sammelwerk kurärztlicher Erfahrungen und Beobachtungen an die Hand zu geben, ist der Zweck dieser Schrift. Mit Dank bekennen wir, dass wir bei unserer Arbeit die Werke von Dr. Lombard in Genf „Les climats des Montagnes"; von Dr. Meyer-Ahrens in Zürich: „Die Heilquellen und Kurorte der Schweiz"; und von Professor Dr. W. J. A. Weber in Freiburg: „Die Schweizer-Alpenluft in ihren Wirkungen auf Gesunde und Kranke"; das Handbuch der Balnotherapie von Dr. H. Helfft Berlin 1865 neben

X

Hunderten von Monographien benutzt haben. Möge unsere Schrift einen Baustein bilden zu einem zeitgemässen, vernünftigen Aufbau einer **Luftheillehre**, die den Forderungen der Wissenschaft ebenso sehr entspricht, als der Wohlfahrt und dem Heile der leidenden Menschheit! —

Luzern, im Herbstmonat 1864.

Der Verfasser.

Inhalt.

	Seite
Vorwort	V
Die Gestalt des schweizerischen Gebirgslandes im Allgemeinen	1
Hügel- und Voralpenregion	4
Bergregion	7
Alpen- und Schneeregion	11
Das Klima der Schweiz im Allgemeinen	16
Die Alpenluft und ihre naturgemässe und krankhafte Einwirkung auf den menschlichen Körper	32
Von den Heilanzeigen der Luftveränderung im Allgemeinen	52
Von den Hilfsmitteln der Luftveränderung	64
Diät 64. — Bewegung 65. — Wasser 66. — Molken 74. — Die Milch 81. — Die Traubenkur 82. — Die Fichtennadel- und die Erdbeerenkur	84
Von den klimatischen Kurorten der Schweiz im Besondern	86

Die einzelnen Kurorte wollen im II. Sachregister Seite 317 u. ff.) nachgeschlagen werden.

Verzeichniss III (Seite 325 u. ff.) gibt in alphabetischer Reihenfolge die Krankheiten und die ihnen entsprechenden Kurorte; während in der systematischen Zusammenstellung I die mit den klimatischen Kurorten der Schweiz verbundenen Mineralquellen angegeben sind.

Erstes Kapitel.

Die Gestaltung des schweizerischen Gebirgslandes im Allgemeinen.

Beiläufig in der Mitte der gewaltigen Gebirgsrippe, welche von der genuesischen Meeresküste bis weit in die Türkei hinein sich erstreckt, hat der ewige Schöpfer des Weltalls die Hochwacht unserer Schweizeralpen aufgethürmt, als gewaltige Völkerscheide zwischen deutscher und welscher Zunge. Sie sind der Magnet und der Stolz des freien, ungebändigten Volkes, welches an ihrem Fusse und weit hinauf an seinen Abhängen glücklich und zufrieden wohnt. Sein geistiges und körperliches Leben hängt an ihnen, wie Friedrich v. Tschudi sehr wahr sagt. Der Schweizer liebt seine Heimat instinctmässig und hängt an ihr mit allen den starken Wurzeln eines tiefen und unverdorbenen Gemüthes. Mit der ganzen Macht des Schweizerheimwehs sehnt er sich oft noch nach Jahren wieder nach ihr zurück, wenn er sie verlassen hat, um sein Glück in der Fremde zu suchen. Von Jahr zu Jahr wächst die Zahl der fremden Reisenden, die auf den Flügeln des Dampfes aus allen Ländern unseres Erdballs herauf geflogen kommen, die Wunder des merkwürdigsten Landes in Europa zu schauen. Unser Schweizerland bietet nämlich nicht nur die höchste Erhebung des europäischen Festlandes in einer Höhe von nahezu 15,000 Fuss über der Meeresfläche, sondern es ist zugleich das lebensvollste Bild der sehenswürdigsten Natur- und Culturerscheinungen, die in überraschender Weise auf den kleinsten Raum zusammengedrängt sind. Von der tiefen Thalsohle des Wallis, wo die Rebe wild am Felsen rankt und Feigen und Mandeln im Freien reifen, steigt man in wenig Stunden hinauf zu den eisbepanzerten Firnenkronen der Hochalpen, deren gewaltige Gletschermeere die spärliche Flora der arktischen Pflanzenwelt säumt, und beobachtet mit dem Wechsel der climatischen Verhältnisse Europas auch denjenigen eines unerschöpflich reichen organischen Lebens. Dieser Reichthum der organischen Lebenserscheinungen ist bedingt durch die ganz eigenthümliche Stellung unserer Schweizeralpen zwischen dem Norden und Süden von Europa und durch alle die mannigfach wechselnden climatischen und meteorologischen Verhältnisse, welche aus dieser Stellung mit Naturnothwendigkeit hervorgehen. Mit diesem formenreichen Wechsel der äussern körperlichen Natur geht die sittliche Cultur unserer drei verschiedenen Völkerschaften in Sprache, Sitten und Gebräuchen Hand in Hand, und bietet in mannigfaltiger Abstufung der Erscheinungen ein nirgends sonst so überraschendes Gemälde. Der einfache kräftige Aelpler der Urschweiz und der feingebildete quecksilberige Genfer, der kecke Gaisbub auf dem hohen Säntis und der schweigsame glaubenseifrige Millionär in der Stadt Basel bieten einen ebenso in die Augen springenden Gegensatz, als dem Ohre die so verschiedenen Klänge der Sprachen und Mundarten, der deutschen, französischen, italienischen, roman'schen und ladin'schen Zunge. Und dann der Wechsel der Religionsbekenntnisse und der staatlichen Einrichtungen, der Kleidertrachten und Wohnungen! Birgt in solcher Weise unsere Schweiz einen reichen Schatz von Sehenswürdigkeiten für den denkenden, gesunden fremden Reisenden, der, um Land und Leute zu sehen, den Wanderstab ergriffen hat; so bietet sie dagegen für zahlreiche schwere Leiden der Seele und des Körpers eine segensreiche Zufluchtsstätte, theils in ihren vielen Mineralquellen, vorzugsweise aber in dem Lebensbalsame ihrer reinen und frischen Alpenluft, auf sonnigen Höhen wie in ihren von Windzügen glücklich abgeschlossenen Bergthälern, und zwar in mehreren Hunderten von bequem eingerichteten, mitunter selbst fürstlich ausgestatteten Curanstalten. Je nach Verschiedenheit ihres Standortes wechselt ihr Besuch. Wir finden innerhalb des weiten Umfanges unserer schweizerischen Gebirgswelt in der reichen Mannigfaltigkeit ihrer Pflanzen- und Thierwelt bestimmte, augenfällige Grenzen, welche dieselbe ganz deutlich in verschiedenen Zonen abscheiden, und sie ebenso natürlich und bestimmt unterscheiden lassen, wie die Ebene von der Alpenwelt. Mehr als das frei bewegliche Thierreich dient nämlich zu dieser Abgrenzung die an der Scholle festlebende Pflanzenwelt.

An der Hand dieser natürlichen Abgrenzung unserer Gebirgswelt finden wir als erste Stufe der Bodenerhebung die Hügelregion. Sie erstreckt sich von der Ebene bis zur Höhe von 2500 Fuss und wird wohl auch die Region des Nussbaums genannt, weil auf der Nordseite unserer Centralalpen der Nussbaum nur bis zu dieser Höhe und weiter nicht gedeiht. In dieser Region entfaltet die Flora der Ebene ihre tausendfältigen Pflanzenarten. In ihr gedeiht an den Ufern der Seen wie in den warmen Thälern die Rebe. Sie liefert trefflichen Wein und der Obstbaum in reicher Fülle den perlenden Most. Es schmücken sich die sorgfältig gepflegten Gärten mit schönster, mannigfach fremländischer Blumenpracht.

Auf die Hügelregion folgt diejenige der Voralpen, auch die Region der Buche genannt, von 2500 bis zu 4000 Fuss über Meer. Sie ist die eigentliche Region der Wälder und Bergweiden und wird durch selbstständige niedrige Bergzüge gebildet, oder erscheint wohl auch sehr häufig als das Fussgestell der erhabenen Hochalpenwelt. In ihr erblicken wir die reichste Fülle der Thier- und Pflanzenwelt in den buntesten Farben, und finden wir die meisten Wasserfälle, indem über ihren Felsen sich der Abfluss der Gletscher und des schmelzenden Schnees in tausend

Rinnsalen zu Gletscherbächen sammelt, oder als der
Ausfluss des dunkelgrünen, oft sogar schwärzlichen
stillen Alpensees in weissem Silberbande oder auch
in feinem Staubregen aufgelöst, in die Tiefe springt.
In dieser Region finden wir die altehrwürdigen
Tannenwälder, und die sorgfältig gepflegten Bergweiden, die erste und letzte Staffel der zu den Sommeralpen im Lenz hinan und im Herbst von denselben zu Thal fahrenden Viehherden. In den oft
sehr tief ausgehöhlten und der Sonne abgelegenen
Bergmulden finden sich sehr häufig die Trümmerreste
einer im Frühling herabgestürzten Schneelawine. Die
Region der Voralpen zeigt statt der edlen Rebe den
prächtigen Kastanienbaum, dem dann die Eichen,
Birken, Buchen folgen, bis hinauf zu den ersten Rothtannen. Wir finden in ihr die prächtigen Büsche des
Eisen- und Fingerhuts, die Niesswurz, die herrlichen
Farrenkräuter und Orchisarten. Auf der westlichen
und südlichen Abdachung der Alpen wird noch Getreide gepflanzt und künstlicher Wiesenbau betrieben.

Die dritte Zone unseres Gebirgslandes bildet die
Bergregion oder diejenige der Rothtanne von
4000 Fuss bis zu 5500 über Meer. Sie umfasst die niedern
Sommeralpen. Der Nussbaum gedeiht hier nicht
mehr; auch die andern Obstbäume werden seltener und
verkümmern allmälig. Neben der Buche erscheint nun
häufig die Rothtanne und weiter oben schon die Weisstanne. Ueppige Erdbeerenschläge breiten sich auf
ausgereuteten Waldstellen aus. In den Alptriften

grüssen neben verschiedenfarbigen Orchideen das heilkräftige Wohlverleih, die blauen und purpurrothen Gentianen, das goldene Habichtkraut; zwischen Felsentrümmern Eisen- und Fingerhut. Das Ohr erfreut das fröhliche Jauchzen der Hirten und das melodische friedliche Geläute der weidenden Kühe in den grünen Alptriften. Im Gebiete der Bergregion liegt die 72 Stunden lange und 6 bis 12 Stunden breite Jurakette, die selbstständig von den Centralalpen sich abgrenzt, die natürliche Grenze zwischen Frankreich und der Schweiz bildet, und von Südwesten nach Nordosten von der Rhone bis zum Rheine sich hinzieht. Sie besteht aus einer eigenthümlichen Flötzkalkbildung mit vielen Eisenspuren und einer ungeheuren Menge von thierischen und pflanzlichen Versteinerungen. Ihre Gipfel zeigen eine ganz eigenthümliche Pyramidengestalt und nur wenige derselben, wie der Chasseral (4955'), Chasseron (4958'), und Mont tendre (5113'), nähern sich der Alpenregion. In den Kantonen Waadt und Neuenburg bildet die Jurakette durch parallel laufende Verzweigungen viele Hoch- und Längenthäler mit sehr rauhem Klima und sehr dürftigem Pflanzenwuchse. Nur kümmerlich gedeiht hier die Kartoffel, aber kein Getreide mehr. Hier sind die blühenden Pflanzstätten der Uhrenfabrikation, die städtischen Dörfer Locle (2834' ü. M.) und Lachauxdefonds (3072'), die somit beinahe die Meereshöhe des Brocken erreichen. Als Mittelglied zwischen dem Jura und den Alpen zieht vom Genfer-

zum Neuenburgersee sich der Jorat hin, der mit seinen höchsten Spitzen in die Bergregion hineinragt. In gleicher Weise verlieren sich die Bergzüge unserer sogenannten e b e n e n S c h w e i z entweder allmälig in die Hügelregion, oder lehnen sich an die Alpenregion an, und gehen in dieselbe über. Gerade diese a n g e l e h n t e B e r g r e g i o n ist es, welche in Bezug auf die klimatischen Kurorte unserer Schweiz vorzugsweise unsere Aufmerksamkeit verdient. Als breites Grundgestell der Hochalpen dehnt sie sich nach allen Seiten weithin aus mit ihren zahllosen Seitenbildungen, und den von ihnen eingeschlossenen Bergthälern, Thalkesseln und Bergseen, mit ihren zerklüfteten Durchbrüchen und Sätteln und endlich ihren sonnigen und freien Terrassen und Hochebenen. Denken wir uns nun diesen Theil unserer Mittelschweiz in einem Querdurchschnitt für sich, so fällt ihm gerade die Hauptmasse unserer an Schönheit und Erhabenheit so reichen und reizenden Gebirgslandschaft zu, und zwar namentlich die meisten durch ihre malerischen Schönheiten so weltberühmten Thäler, die in sanfter Neigung längs den Flussadern sich mitten in die riesige Welt der Hochalpen verlieren, und von beiden Seiten von steilabfallenden schroffen Felsenwänden umschlossen sind. Wir finden in denselben nicht die reiche Industrie der Jurathäler, sondern bald in grössern, bald in kleinern Gruppen die Sennhütten der Aelpler, und hie und da noch ein kleines ärmliches Hirtendörfchen. Durch diese Hochthäler führen die grossen Handelsstrassen nach Italien. In ihr liegen hauptsächlich die grossartigen klimatischen Kurhäuser, die im Sommer nur wenige Wochen von fremden Gästen aus allen Ländern der Erde wimmeln, um im Herbste wieder abzusterben, und dann im Winter und Vorfrühling wie Fremdlinge in der in Eis und Schnee erstarrten Alpenwelt dazustehen. In diesem Theile unseres Vaterlandes finden sich dann neben den klimatischen Kurorten jene bald heissen, bald kalten Mineralquellen, welche alljährlich Tausende von Kranken aus der Ebene herauflocken. Diese merkwürdigen Thalbildungen gestalten sich oft zu weiten hohen Wannen, oft auch wieder zu kellerartigen unterirdischen Gängen. Oft führen sie mit geringerer Abdachung fünf bis sechs Stunden weit mitten in den Hauptkörper der Alpenwelt hinein, und bilden zwischen hohen und wilden Gebirgsstöcken grosse abgeschnittene Thalsohlen, und zwar besonders auf der Nordseite der Centralalpen, während dagegen diejenigen der Südseite von weit geringerer Ausdehnung sind, und sich sehr bald in das öde Trümmerreich der stillen Alpenwelt verlieren. In ihrer Tiefe bildet sich immer ein Rinnsal, welches von allen Seiten die Wasserabflüsse der Gletscher und Schneefelder durch oft schluchtenartige Oeffnungen den niedrigern Fluss- und Seegebieten zuführen. Reich an derlei reizenden Naturbildungen finden wir das Stromgebiet der Rhone im Wallis, dasjenige der Aare im südlichen Theil des Kantons Bern mit seinen zwei grossen lieblichen

Seen als Mittelpunkt, gegen den von Osten, Süden und Westen eine Menge langgestreckter Gebirgsthäler ausmünden. Weniger mannigfaltig, jedoch reich an grossartiger Bildung sind die Thäler der Centralschweiz, welche sich, wie das obere Reussthal, unmittelbar an die Hochalpen anlehnen. Dagegen ist das Bündnerland von solchen Bergthälern eigentlich überfüllt, indem es deren mehr als hundertfünfzig zählt, in denen die Gebirgsnatur ihre Grösse und Milde im überraschendsten Wechsel entfaltet. Hier ruhen im Schatten dunkler Buchen- und Tannenwälder jene sagenreichen Gebirgsseen mit ihren düstern, mitunter schwarzblauen Wassern, die nach der Meinung der Umwohner als unergründlich gelten, und in denen einzelne riesige Fische, wie ein Sägblock lang und dick, gespenstisch hausen.

Wie in der Thalebene, so auch in der Bergregion waren viele dieser muldenförmigen Einsattelungen der Berge einst grosse Seebecken gewesen, bis endlich der Alles zernagende Zahn des flüchtigen Wassers die Querriegel der Berge durchbrochen und dann das Wasser in das tiefe Flussgebiet entleert hat. Ein sprechendes Beispiel dieser Gestaltung bietet uns das Thal von Obwalden mit seinen drei Seegebieten. Am tiefsten in der Thalsohle buchtet nämlich der südlichste Arm des Vierwaldstättersees, der sogenannte Alpnachersee, weit in's Land hinein. Dann folgt auf der zweiten Terrasse der freundliche Sarnersee und dann oberhalb dem Kaiserstuhl zu hinterst in den Bergen der kleine Lungernsee, den die Kunst durch einen tüchtigen Bergstollen mittelst Abfluss in das mittlere Seegebiet um die Hälfte kleiner gemacht hat.

Die Gebirgsformation der **Bergregion** ist grösstentheils Kreidebildung, an die sich die Molasse anlehnt. Der ganze Nordrand der Centralalpen ist nämlich die breite Zone der **Kalkstein-, Sandstein- und Schieferalpen**, die von Savoyen her durch die Schweiz bis jenseits ihrer Ostgrenze hinläuft und ein breites mannigfach zerrissenes Gebirgsland zwischen dem Hochgebirg und der Molasse bildet. Letztere dringt von Chambery her zu beiden Seiten des Salève in die weite Thalebene der Schweiz ein, welche die Alpen von dem Jura scheidet. Am Nordrande der Alpen erhebt sie sich zu ansehnlichen Gebirgen mit steilem Schichtenfall, der mit der Lagerung und der spätern Schichte des Alpenkalkes innig zusammenhängt. In ihr Gebiet gehören die aussichtreichen Höhen des Napf (4345'), der Bäuchlen im Entlebuch (5412') der Rigi (5550'), des Speer (6050') und die mit diesen Gipfeln in Verbindung stehende, vielfach gegliederte Zone der Voralpen. Sie bestehen aus Nagelfluhgebilde verschiedener Art, bald aus sogenannter **bunter Nagelfluh** am Fuss der Rigi und in den Nagelfluhbezirken der Ostschweiz, bald als **Kalknagelfluh**, aus Kalk- und Sandsteingeröllen von dunkler Färbung, in den obern Schichten der Rigi vom Seeboden an, und in dem noch immer furchtbaren Schutt von Goldau, weil der Rossberg ebenfalls aus derselben besteht.

Auf die Bergregion folgt als vierte diejenige der Alpen von 5500' bis zu 7000'. Sie charakterisirt sich vorzugsweise durch die niedlichen Steinbrecharten, durch Alpenhahnenfuss und Enziane, durch die so gesuchte balsamduftige Alpenrose, die bisamartige Mannstreu, das Alpenvergissmeinnicht, die seltene Fluhblume, das Alpenglockenblümchen und hundert andere Arten von Hochalpenblumen. Die Laubbäume sind verschwunden und nur verkrüppelte Nadelhölzer kriechen noch über den saftiggrünen Alpenrasen hin. Hier fliegt der so seltene Alpenschmetterling „Apollo" von Alpenblume zu Blume und singt der lebhafte Bergfink seinen frischen Morgenpsalm.

Auf die Alpenregion folgt als fünfte diejenige des ewigen Eises und Schnees, oder auch die sogenannte Hochalpenregion. Sie reicht von 7000 Fuss bis hinan zur Höhe des Monterosa und jener des Montblanc, also über 10,700 Fuss. Ihr Reich ist Erstarrung und das Urwalten der entfesselten Elemente. Ein kurzer dichter Rasen säumt den Rand der Gletscher. Die eigentliche Schnee- und Eisregion unserer Hochalpen, 8500 Fuss über Meer, bildet in der Kette der Centralalpen eine nur hie und da durch Vorstöcke unterbrochene, aber doch in grossen Zügen zusammenhängende Schnee- und Eisfläche, das Eismeer genannt, das vom Montblanc bis zum Orteles, von Südwest nach Norden streicht und im Norden seine Arme bis zum Glärnisch und zur Scesaplana ausstreckt. In den höchsten Erhebungen des Monte rosa, des Finsterarhorns und der Bernina erreicht die Eisregion unserer Hochalpen eine sehr ansehnliche Breite. Sonst aber läuft sie in meist schmalen Bergketten fort, die in ihren Verzweigungen grössere mitunter sehr zerrissene Hochflächen umschliessen, und in höheren Spitzen von Zeit zu Zeit wieder einen grossartigen Ruhepunkt findet. Es ist dieses eine starre, kalte todte Welt mit strahlenden Schneekuppen, zerklüfteten Gletschermeeren, nackten düstern Felsenwänden, öden Hochthälern voll Eis und Trümmergestein von Gneis und Granit, dem Urgebirge der Hochalpen.

In solcher Weise ziehen unsere Hochalpen mit hunderten von Schnee und Eis bedeckten namenlosen Gipfeln vom Montblanc am Genfersee zu beiden Seiten des tiefausgeschnittenen Rhonethales von Süden nach Norden in gewaltigen Armen hinan und treffen in dem mächtigen Gotthartstocke wieder zusammen. Von demselben zieht sich ihre Kette in wunderbaren Verzweigungen weiter bis hin zum Orteles, fällt anderseits nach Norden durch die Urner-, Glarner-, St. Galler- und Appenzelleralpen gegen das Becken des Bodensees und das Rheingebiet ab, und hält durch den Rhätikon noch ihre Verbindung mit dem Orteles fest. Ihre Ausläufer im Norden reichen in bisweilen sehr bedeutenden Gipfelbildungen weit in die Kantone Freiburg, Bern, Luzern und Schwyz hinein. Sie gestalten sich so durch ihre freie Stellung und durch ihre weite Aussicht, welche sie sowohl in die Vorlande hinaus, als in die Alpenprofile hinein gestatten, zu jenen weltberühmten Aussichtbergen, die alljährlich das Wanderziel von Tausenden und aber Tausenden von fremden Reisenden aus allen Ländern der Erde sind. Solche vorgeschobene Posten sind der Moléson im Kanton Freiburg (6167' über Meer), der Ganterisch (7070'), der Niesen (7340'), das Brienzerrothhorn (7260'), der Hochgant (6820'), die Schafmatt (5800'), der Pilatus (6565'), im Kanton Luzern, das Stanzer- und Buochserhorn im Kanton Unterwalden (5710'), die Rigi (5555'), und der Frohnalpstock (5430') im Kanton Schwyz.

Im Nordarm der Hauptkette unserer Schweizeralpen, welcher nach dem Bodensee hinstreicht, sind die Berggräte viel schmäler, die Durchbrüche und Querthäler viel mächtiger, aber ihre Aufgipfelung weit geringer. Daher übersteigen ihre höchsten Berge nur unbedeutend die Alpenregion. Hierher gehören im Glarnerlande der Reutispitz (7033'), der Vorderglärnisch (6584'), der Schilt (7375'); im Kanton St. Gallen der Speer (6220'), die Churfirsten (7530'), der hohe Kasten, mit ihren prachtvollen Fernsichten, sowohl in's Innere der Gebirgswelt als in die Niederungen der Ebene hinaus. In der Bildung der Ost- und Westalpen, die sich an den gewaltigen Stock des Gotthard anlehnen, zeigt sich wirklich ein sehr auffallender, charakteristischer Unterschied. Die

Westalpen steigen nämlich viel unmittelbarer und schroffer aus der Tiefe auf, bilden viel höhere Gipfel und Kulmen und haben auch viel tiefere Thäler. Die Ostalpen dagegen im Kanton Graubünden haben das Gepräge einer Gesammtbodenerhebung. Das ganze Land bat daher den Charakter einer weitverzweigten, vielfach unterbrochenen Alpenbildung. Die Thäler liegen meistens sehr hoch und sind oft sehr lang gestreckt. Die Bergzüge sind nicht tief eingeschnitten, sondern heben sich in sanfter Abdachung mit abgerundeten Zwischenstufen aus der Thalsohle empor.

Oft laufen die sanftgeneigten Hochthäler in einen kammartigen Durchbruch aus, der den Bergpass bildet. Die Hauptthäler des Wallis und des Berneroberlandes erreichen kaum die Bergregion und sind meistens sehr tief. Ebenso die Thäler der Urkantone, der Kantone Glarus, St. Gallen und Tessin. Das Reussthal im Kanton Uri tritt nur in seiner obersten Spitze oberhalb der Teufelsbrücke im Hochthale von Ursern in die Alpenregion ein. Dagegen aber liegt ein grosser Theil des rhätischen Thalgebietes in der eigentlichen Alpenzone. So die Hochthäler von D a v o s, T r a - w e t s c h, R h e i n w a l d, A v e r s, B r i n t h a l O b e r e n g a d i n. Sie sind die höchstgelegenen K u l t u r t h ä l e r Europas und stehen in dieser Beziehung einzig in ihrer Art da. Das Engadin hat eine Länge von achtzehn Stunden und wird vom jugendlichen Innfluss durchströmt. Es umfasst 22 Quadratmeilen und zählt in 28 Ortschaften 11,000 Einwohner

Seine östliche untere Endspitze bei Martinsbruck liegt noch 3840 Fuss über dem Meere. Beinahe seine ganze Länge fällt in die Alpenregion. Blühende Ortschaften mit einzelnen palastähnlichen Häusern verkünden den Wohlstand ihrer Bewohner. In einer Höhe von 5600 Fuss wird bei C a m p f e r noch Getreide gepflanzt und bei S i l s bei 5630 Fuss Flachs und Gemüse in Gärten. Das Averserthal, dessen Hauptort C r e s t a 6200 Fuss über dem Meere liegt, ist das höchste Jahr aus Jahr ein bewohnte Thal in Europa. Die Hochthäler, welche westlich und nördlich vom Gotthardt liegen, sind durchschnittlich klein, rauh und mit Trümmergestein überdeckt.; nur Ursern und das Mayenthal sind freundliche, lachende Landschaften. Dagegen bieten das Saasthal, das Urbach- und Schächenthal, das Maderaner- und Fählernthal das Schauspiel ungehemmt waltender Naturgewalten in dem gräulichen, mitunter sehr grossen Trümmergesteine auf dem zartesten Wiesenplane. Während daher in Graubünden Wälder und Wiesen, Felsen und Durchpässe den Hochthälern den Charakter der Alpenregion verleihen, so finden wir dagegen die Bergstöcke westlich vom Gotthardt tief eingeschnitten und zwischen ihnen die Thalkessel mit üppigem Pflanzenwuchse.

Zweites Kapitel.

Das Klima der Schweiz im Allgemeinen.

Die Vereinigung der Einwirkung von Wärme, Licht, Luft, Wasser, Elektrizität und Bodenbeschaffenheit bildet jeweilen das Klima eines Ortes. So verschieden das Wechselspiel dieser Naturkräfte ist, so wechselvoll ist folgerichtig auch das Klima. Darauf beruht auch lediglich die Verschiedenheit des Klimas am Fusse der Berge und auf den Höhen derselben.

Zahlreiche Beobachtungen haben die Thatsache festgestellt, dass die Wärme in einem bestimmten Verhältniss abnimmt, je höher man einen Berg hinansteigt. Diese Temperaturabnahme ist nach der Lage des Berges, welchen man besteigt, sehr verschieden. Während zum Beispiel auf der Rigi das Thermometer auf 141 Meter je einen Grad fällt, bedarf es auf dem grossen St. Bernhard 188 Meter, um dieselbe Wirkung hervorzubringen. Die Gebrüder Schlagintweit haben als Mittelmaas für einen Thermometergrad 166 Meter angenommen, welches indessen je nach der Jahreszeit wechselt. Im Sommer werden die Hochthäler.

durch das Abprallen der Sonnenstrahlen an den schroffen Felsenwänden und durch die von ihnen abgeschlossene Luft zu wahren Wärmekesseln. Die Luft erreicht eine höhere Temperatur und steigt daher als spezifisch leichter nach oben. So entsteht bei anhaltend schönem Wetter in unsern langgestreckten Bergthälern eine kühle Luftströmung thalaufwärts, weil an die Stelle der nach oben gestiegenen warmen Luft, dichtere kältere Luft mit mehr oder weniger Stärke einströmt. Abends dagegen, nach Sonnenuntergang, findet die entgegengesetzte Strömung thalabwärts statt, indem nun die Luft sich wieder erkältet und daher als spezifisch schwerer wieder in die tiefern Thäler zurückströmt. Diese Rückströmung dauert fort, bis durch neue Erwärmung der Luft durch die Sonnenstrahlen eine entgegengesetzte Bewegung wieder beginnt. In sehr vielen Gebirgsthälern der Schweiz, z. B. im Glarnerland, im Obertoggenburg, Engadin und im Reussthal kann bei schönem Wetter diese Luftströmung immer beobachtet werden. Am Vormittag, sobald die Sonnenstrahlen die eingeschlossene Luft genügend erwärmt und sie daher verdünnt haben, beginnt die Luftströmung thalaufwärts, und so lange dieselbe dauert, bleibt die Witterung gut. Daher heisst das Volk den Luftzug auch den Schoonwind[*]).

In Glarus und zu Kappel in Obertoggenburg stellt er sich gewöhnlich zwischen 9 und 10 Uhr ein. Von

---

[*]) „Es schoonet" heisst im allemannischen Dialect; es macht schön Wetter, daher der Name: Schoonwind.

Mitternacht bis zum Morgen tritt sodann die stärkste Rückströmung thalabwärts ein, nachdem die warme Luft an die erkälteten Felsen wieder ihre höhere Temperatur zurückgegeben hat. Es bildet sich somit ein regelmässiger Austausch von Wärmegeben und Wärmenehmen. In solcher Weise erzeugt der Wechsel der Temperatur örtliche T h a l w i n d e, die somit die Folge und das Zeichen guten Wetters sind. Winde sind bekanntlich durch Wärmeverschiedenheit hervorgerufene bewegte Luft. Die L u f t umgibt nach allgemeiner Annahme unsere Erde mit einem elastischflüssigen Dunstkreise von 10 geographischen Meilen und ist zum Leben der organischen Geschöpfe unbedingt nothwendig. Ihre Dichtigkeit ist verschieden nach der Massenhaftigkeit und Höhe ihrer Schichten. Je näher der Erde, um so dichter ist der Luftkreis; je entfernter von der Erde, desto dünner und leichter ist er. Ihre Dichtigkeit nimmt im geraden Verhältniss zur senkrechten Höhe gleichmässig ab.

Durch den Barometer kann der Luftdruck am sichersten ermittelt werden. Nach vielseitigen Berechnungen erleidet der Mensch bei einem Barometerstand von 28 Grad einen atmosphärischen Druck von beiläufig 30,000 Pfund. Derselbe vermindert sich bei einem Barometerstand von 16 Grad um die Hälfte, also um 15,000 Pfund. Eine Linie Abweichung auf dem Barometer entspricht einem Luftdrucke von 140 Pfund. Dadurch wird ersichtlich, wie grosse Barometersprünge als Ergebniss ausserordentlichen Wechsels des Luftdruckes krankhafte Veränderungen im menschlichen Organismus bringen und erklären können. In verdünnter Luft dehnen sich nämlich alle luftartigen Körper aus, und die flüssigen verdampfen rascher als in dichter und daher schwerer Luft. Daher die Thatsache, dass auf 1000 Fuss Höhe sich der Siedepunkt des Wassers immer wieder um einen Grad vermindert. Die Erhebungen der Erde können daher auch ziemlich sicher nach dem Siedepunkt des Wassers berechnet werden. In solcher Weise hat man dann auch herausgebracht, dass der Mensch bei einer Höhe von 50,000 Fuss in seinem eigenen Blute sieden müsste, aber auch zugleich, dass er wegen zunehmender Kälte zu Eis erstarren und wegen gesteigerter Verdampfung zur Mumie eintrocknen müsste. Es bleibt somit immer rathsam, das Wagestück des Daedalus im Fliegen nicht zu hoch zu treiben, um nicht diese so entgegengesetzten Voraussetzungen der Reihe nach erproben zu müssen.

Auf den Luftdruck üben die Luftströmungen oder Winde natürlich ihren grossen Einfluss. Die Nord- und Ostwinde verdichten die Atmosphäre und machen sie trocken; die Süd- und Westwinde dagegen verdünnen dieselbe und machen sie feuchter. Bei erstern finden wir daher einen hohen, bei letztern dagegen einen niedrigern Barometerstand. Die Winde haben ihren Hauptgrund in der Ungleichheit der Wärme in der Luft, wie sie ausser der Ebbe und Fluth auch die Hauptbewegung des Wassers bedingen. Der frische Hauch, der an einem heissen Sommertage oft angenehme

Kühlung bringt, der günstige Wind, welcher die Segel des Schiffes schwellt, oder der verheerende Orkan, welcher allgewaltig durch das Land hinbraust, verdanken ihr Entstehen der Ungleichheit der Lufttemperatur. Sie ist auch die Ursache der Meeresströmungen, die ohne hemmendes Bett dennoch in bestimmter Bahn den Ozean durchschneiden. Die erwärmte Luft vermag mehr Wasser in Dunstform aufzunehmen als die kalte. In gleicher Weise, je nach dem Grade ihrer Temperatur, auch die bewegte Luft oder der Wind. Nach erfolgter Abkühlung erfolgt eine Verdichtung des Wasserdunstes zu Nebel oder Ausscheidung desselben in tropfbarer Gestalt als Regen, oder in fester als Schnee und Hagel. So ist die Wärme die Hauptursache des ewigen befruchtenden Kreislaufes des Wassers auf unserer Erde. Sie ist es somit vorzugsweise, welche das Wasser zu den Bergen hebt, die Quellen speist und den sonnenversengten Wiesen und Feldern den erquickenden Regen spendet. Die Hauptquelle der Wärme aber ist das **Sonnenlicht**. Die Art, wie ein Ort das Sonnenlicht empfängt, bestimmt vorzugsweise die **Temperatur** desselben. Ein Ort kann aber das Sonnenlicht aus zwei Quellen bekommen: vorerst durch **directe Bestrahlung der Sonne**, und sodann in zweiter Linie durch indirecte Uebertragung von einem Orte, welcher dieselbe directe von der Sonne bekommen hat. Bei der **directen Bestrahlung** der Sonne geben die Sonnenstrahlen schon bei ihrem Durchgang durch die Luft Wärme

an dieselbe ab; sie erwärmen somit die Luft mittelst
Durchstrahlung. Der grösste Theil der Wärmestrahlen erreicht indessen den Boden selbst, und erwärmt nun denselben. Der Boden giebt durch Rück
strahlung die Wärme, die er nicht aufgesogen hat,
an die Atmosphäre zurück und wird so zu einer bedeutenden Wärmequelle derselben. Diese Rückstrahlung ist die Ursache der Thau und Reifbildung.
Je dunkler bekanntlich ein Gegenstand ist, auf den
die Sonnenstrahlen auffallen, desto weniger strahlt er
wieder dieselben zurück, desto wärmer wird er
durch ihre Aufsaugung. Daher machen schwarze
Kleider in der Sonnenhitze so warm, weisse dagegen
wegen starker Rückstrahlung sind so kühl. Darum
sind auch die Luftschichten des Thales so heiss,
während die auf der Höhe des Berges so frisch und
kühl bleiben.

Die Erwärmung des Bodens richtet sich
nun nach der Menge von Strahlen, welche auf denselben treffen, und wird im gleichen Verhältnisse
grösser, als der Winkel, in welchem die Strahlen auf
die Erde treffen, sich mehr einem rechten Winkel
nähert. Am stärksten ist somit dieselbe, wenn die
Sonnenstrahlen senkrecht auftreffen. Wie die Sonne
in der Mittagsstunde ihren Höhepunkt erreicht, und
dann mit Anbruch der Nacht unter dem Horizont
verschwindet; so erreicht die Tagestemperatur die
ersten Stunden des Nachmittags ihren Höhepunkt, und
fällt dann während der Nacht bis zu Sonnenaufgang

immer tiefer und tiefer hinab. In solcher Weise gestaltet sich die sogenannte Tagestemperatur. Neben ihr unterscheiden aber die Naturkundigen auch noch eine Jahrestemperatur, weil ja bekanntlich nach der Jahreszeit der Höhepunkt der Sonne in der Mittagszeit, sowie ihr Auf- und Niedergang und die Zeitdauer ihres Verweilens über dem Horizonte gar sehr wechselt. Dieser Wechsel richtet sich, wie die Erfahrung lehrt, nach den Breitegraden der Erde. Während die Bewohner der Tropengegenden unserer Erde das ganze Jahr die Sonne fast im gleichen Höhepunkte oder Zenith erblicken, so haben sie so ziemlich das ganze Jahr gleichlange Tage. Dagegen haben die Länder der gemässigten Zone einmal im Jahr einen höchsten Stand der Sonne (im Juni), und das andere Mal den niedrigsten im (Dezember) an den Polen endlich dauert der Tag ein halbes Jahr, und eben so lange die Nacht, so dass somit die tägliche Periode mit der jährlichen zusammenfällt. Es ist indessen eine Thatsache der Erfahrung, dass in der täglichen Periode des Sonnenstandes die höchste Temperatur nicht sogleich mit der Mittagsstunde eintritt, sondern erst in der Stunde zwischen 1 und 2 Uhr. Diese Naturerscheinung beruht auf dem Gesetze der Rückstrahlung der Sonnenstrahlen, welche erst in der angeführten Stunde nach dem Höhepunkt der Sonne den höchsten Wärmegrad erzeugt. In gleicher Weise treffen der längste und kürzeste Tag nicht mit dem höchsten jährlichen Sonnen-

stande zusammen, sondern treten erst etwas später
ein, nach den alten Sprichwort:
Wenn der Tag fangt an zu langen,
Dann kommt die Kälte erst gegangen.

Anders als das Verhältniss zur Meeresfläche ist
dasjenige des Gebirgslandes unserer Schweiz. Die
ungleiche Erhebung des Bodens mit der dadurch bedingten Rückstrahlung des Lichtes bewirkt vorerst
schon eine ungleiche Erwärmung der Luftschichten
bei der verschiedenen Dichtigkeit derselben. Sodann
hat der Boden nach seiner Beschaffenheit ein sehr
verschiedenes Vermögen die Wärme aufzunehmen.
Felsenwände und Wälder, Alpentriften oder öde Karrenfelder wirken wesentlich ein auf Wolkenbildung
oder ihre Auflösung, auf Gewitter und zerstörende
Ueberschwemmungen, auf die Temperatur eines Ortes.
Eine sumpfige wasserreiche Bodenbeschaffenheit bedingt eine trübe neblige Atmosphäre. Diese verwehrt
daher den Sonnenstrahlen den Durchgang, verhindert
aber auch bei der Nacht die zu starke Rückstrahlung
der Wärme. In ihr zeigt daher der Thermometer keine
so grossen Sprünge. Wo aber die Rückstrahlung durch
die Richtung der Gebirge besonders begünstigt und
dadurch ein grosser Temperaturwechsel veranlasst
wird, da entstehen Strömungen in der Luft und zwar
die sogenannten Lokalwinde, die bald nach der
Himmelsgegend, bald nach der Ortsrichtung sehr verschiedene örtliche Benennungen haben. So weht aus
dem langgestreckten Walliserthale über die breite

Fläche des Genfersees der Ostwind als sogenannter **Morand** sehr häufig daher und erhebt sich oft zum verheerenden Orkan. Vom Flachland des Aargebietes kommt die **Aarbise** bis zu den Hochalpen hinan. Ueber den Kreuztrichter des Vierwaldstättersees weht der **Lopperwind** als West- und der **Haslifön** als **Südwestwind** daher, und kräuselt an schönen Sommerabenden häufig seinen durchsichtig klaren glasgrünen Spiegel.

Neben den **örtlichen** oder **Lokalwinden** haben die **allgemeinen** oder **Continental-Winde** einen grossen Einfluss auf das Klima eines Ortes. Unter ihnen steht der **Südwind** oder **Fön** als der wichtigste obenan. Er ist der eigentliche Schneefresser, der ersehnte Bote des Frühlings zu Berg und Thal; daher pflegen unsere Bergbewohner von ihm zu sagen: „Der liebe Gott und die goldene Sonne vermögen nichts gegen den Schnee, wenn ihnen nicht der **Fön** zu Hülfe kömmt." — Ohne den Fön wäre ein grosser Theil unseres schönen Schweizerlandes eine starre unfruchtbare Gletscherwelt, ähnlich wie wir eine solche in einem Theil von Südamerika finden, wo keine warmen Südwestwinde wehen und daher die Gletscher bis zur Meeresküste hinabreichen. Wie der scharfe Nordwind in den Polareisgebieten des Nordens sich erhebt und als Brise, oder, wie wir Schweizer sagen, als **Bisluft** nach dem Süden dringt, so ist die glühende Sandwüste Sahara in Afrika die Geburtsstätte des heissen Föns. Kömmt nun sein

heisser Luftstrom über das Mittelmeer herüber bis an
den gewaltigen Felsendamm unserer Hochalpen, so
kühlt der ewige Schnee und die Gletschermasse derselben einen Theil seiner Randwellen ab, so dass
der Luftstrom schwerer wird und sich nicht mehr
in der Höhe halten kann. Er stürzt daher, nachdem
er oft schon mehrere Tage in den Höhen getobt und
den Winterschnee derselben geschmolzen hat, mit aller
Gewalt in die Thalniederung hinab. Dieses ist um
so mehr der Fall, wenn Schnee und Eis in grosser
Mächtigkeit in den Höhen vorhanden sind, und die
Thalluft unten vorher nicht von der Sonne erwärmt
worden ist. Alsdann geht die Ausgleichung der Lufttemperatur auf eine höchst gewaltsame Weise vor
sich. Daher fällt der Fön im Frühling und Winter
am häufigsten hinab in's Thal. Im Sommer dagegen,
wenn die Kraft der Sonne die Thäler hinreichend
erwärmt hat, bleibt er in den Hochalpen zurück und
webt einen halbdurchsichtigen Nebelschleier um ihre
eisbepanzerten Häupter. Es ist dieses der sogenannte
D i m m e r f ö n oder H ö h e n r a u c h. Aus gleichen
Gründen tritt er sehr oft in der Nacht heftiger auf,
als während des Tages. Sehr malerische atmosphärische Erscheinungen und eine ganz ausserordentliche
Beleuchtung begleiten das Auftreten des Fönes. Zuerst zeigt sich am südlichen Horizont ein leichter
Nebelschleier. Bleich, sehr gross und glanzlos geht
die Sonne am westlichen Horizonte unter. Die obersten Wolken glühen noch lange in lebhaften Purpur-

farben. Die Nacht wird schwül und thaulos, und zeitweise von kältern Luftströmungen durchzogen. Der Mond am tiefblauen Himmel hat einen röthlichtrüben Hof. Die Luft ist sehr durchsichtig und klar, so dass die Berge viel näher zu kommen scheinen. Das Grün der Matten und Wälder bekömmt eine auffallend gesättigte dunkle Färbung. Dagegen nimmt der Hintergrund eine bleiche violette Färbung an. Die Hochwälder der Alpenregion beginnen in der Ferne bis in's Thal hinab vernehmbar zu rauschen und die schwellenden Bergbäche tosen weithin durch die stille Nacht. Ein unruhiges Leben regt sich überall und stürzt sich oft plötzlich hinab in's Thal. Mit einem heftigen Windstosse kündigt daselbst der Fön seine längstersehnte Ankunft an. Eine kurze Windstille folgt sodann demselben. Um so heftiger brausen nachher seine warmen Luftfluthen daher und wachsen rasch zum rasenden Orkan heran, der mit abwechselnder Gewalt 2 bis 3 Tage anhält und die ganze Natur in Aufruhr versetzt. Oft indessen dauert der Fön nur kurze Zeit und weht sodann nur gelinde. In wenig Stunden fegt er im Grindelwald- und Urbarthal, zu Wäggis und im Urnerthalboden eine Schneedecke von ein bis zwei Fuss Mächtigkeit hinweg und weckt die ersten Blumen des Frühlings zum Leben. Der Fön erregt bei Menschen und Thieren vor und bei seinem Auftreten mannigfaches Missbehagen, besonders Eingenommenheit des Kopfes, Schwindel und Kopfschmerzen, sowie Abgespanntheit der Muskulatur. Dennoch ist er im Frühling als sicherer Bote des Lenzes sehr willkommen und im Herbste zeitigt er in kürzerer Zeit die Trauben, als die Sonnenstrahlen vieler Tage es zu thun im Stande sind. Bei seiner Ankunft geräth der Fön in Kampf mit dem Nordwind, wie das gegeneinander fahrende Gewölke deutlich darthut. Oft fluthen beide längere Zeit über und unter einander. Dann sagen wir Schweizer je nach dem Wolkenzuge nach Norden oder Süden: „D e r F ö n i s t ü b e r d e r B i s o d e r d i e B i s i s t o b d e m F ö n." Wird endlich der Nordwind Meister, dann folgt massenhafter Regen, weil die vom Fön auf den Hochalpen aufgelösten Wasserdünste durch Abkühlung des Nordwindes sich verdichten und tropfbar flüssig als Regen befruchtend auf das Erdreich niederfallen. Oft aber, im Sommer und Vorwinter herrscht der Fön wochenlang ganz milde in den Alpenregionen, bei hellem klarem Himmel, während dichte Nebel die Thalniederung umhüllen, und unten sich kein Luftzug regt. Dann tritt die Wundererscheinung ein, dass die aussichtreichen Spitzen unserer Alpenregion schneefrei bleiben und daher von unsern Alpenklubbisten schaarenweise bestiegen werden, die dann blühende Alpenblumen finden, tanzende Mücken und zierliche Eidechsen, die sich der milden Sonne freuen, während unten im Thale die dunkeln Tannenäste unter der Wucht des Schnees seufzen, und kein Sonnenblick die dichte Nebeldecke zu durchdringen vermag, die wie ein graues Leichentuch über dem Thale liegt

Erhebt sich dann aber der Nordwind, so rollt er rasch den dichten Nebelteppich auf, und wirft ihn über die Berge zurück. Häufiger aber verdichtet sich die reichlich durch den Fön in Dampfform in der Luft angesammelte Wassermasse, und fällt als Regen oder Schnee wieder herab ins Thal. Während der Winter mit seinem weissen Schneekleide allmälig von den Höhen herab ins Thal steigt, geschieht dagegen im Frühling das Gleiche in umgekehrter Weise. Man rechnet, dass der Lenz vom ersten blühenden Kirschbaume im Thal drei Wochen brauche, um den obersten in der Bergregion mit Blüthen zu schmücken. Das Leben des Laubwaldes in gleicher Region dauert hundert Tage, während das im Thale 150 beträgt. Erst Mitte Sommer erreicht der Frühling endlich die Hochalpen, kehrt aber sogleich wieder um, und weicht Schritt für Schritt dem ihm auf den Fusse nachfolgenden Winter. Nur in der Berg- und untern Alpenregion giebt es noch einen Sommer. In der obern Alpenregion dagegen herrscht der ewige Streit zwischen Frühling und Winter.

Die Elektrizität hat endlich ihren bedeutenden Einfluss auf das Klima eines Kurortes. Gewitter sind in unseren Bergregionen sehr häufig und heftig, vermindern sich aber wieder in der Hochalpenregion, die grösstentheils über den Wolken liegt. Es giebt aber in unsern Hochalpen vereinzelte Felsengipfel, welche die eigenthümliche Eigenschaft haben, die Blitze anzuziehen. Die Oberfläche ihrer Felsen ist daher gleichsam verglast, und sie bilden aus dem geschmolzenen Glase eigene Röhren, welche Donnerkeile heissen. Der Blitz in der Bergregion tödtet unstreitig öfter, als unten im Thale, weil überhaupt die Gewitter daselbst viel ungestümmer sind. Sie sind aber auch zugleich viel grossartiger, als in der Ebene. Ihr Anblick bleibt dem fremden Reisenden, der von ihnen überrascht wird, unvergesslich. Plötzlich wälzen nämlich die entfesselten Winde ganze Berge schwarzer Wolken daher und hüllen den schönen Tag mit seinem hellen Scheine in dunkle Nacht. Während der erwähnte Sturm hundertjährige Tannen knickt und Alpenhütten abdeckt, oder gar wohl über den Haufen wirft, durchfahren die Blitze unaufhörlich die düstere Wolkendecke und setzen bald da bald dort einschlagend eine gewaltige Wettertanne in lichterlohe Flammen, während allgewaltig und erhaben der Donner an den Felsenwänden wiederhallt. Oft liegt das Gewitter zu den Füssen des kühnen Bergsteigers, der dann die Blitze aus der schwarzen Wolkenmasse aufwärts und abwärts schlängeln sieht. Oft schon haben diese aufwärts zuckenden Blitze Menschen auf unsern Bergeshöhen erschlagen. Das war mit dem Diener des Major Buchwalder auf der Spitze des Säntis der Fall und auf Rigikulm mit mehreren fremden Reisenden, die sich nicht hatten vor dem Gewitter warnen lassen. Frischer als im Thal die Matten, ergrünen auf den Alpen nach einem Gewitter die Triften, und Hirt und Heerde freuen sich der eben überstandenen Gefahr. Es besteht in unserer Alpenregion eine eigenthümliche Gewitterzone, in der die stärksten Gewitter am häufigsten vorkommen, während sie über und unter derselben mehr eine Seltenheit sind, und in der dann bestimmte Bergspitzen mehrhaft vom Blitze getroffen werden, während wieder andere gewöhnlich davon verschont bleiben.

Die Bodenbeschaffenheit übt endlich einen nicht unwichtigen Einfluss auf das Klima eines Ortes, wie wir angedeutet haben.

Eine Bodenart, welche viel Thonerde enthält, ist stets reich an Alluvialgebilde und Dammerde, behält daher das Wasser lange und bleibt daher lange feucht. Sie wird langsam warm und erkaltet wieder bald. Eine Bodenart dagegen, welche, reich an Kieselerde und Sandboden ist, lässt das Wasser rasch durchsikern, erwärmt sich rasch und behält die Wärme lang, ist daher weit gesunder. Die Kalkbodenart endlich hält zwischen Thon- und Kieselerde die Mitte, ist feuchter als Sand- und lockerer als Thonboden, und übt einen grossen Einfluss auf das Gedeihen der Pflanzen und Thiere. Die Bodenbeschaffenheit muss daher auch bei der Wahl eines Kurortes immer wohl erwogen werden. Fassen wir nun die Hauptpunkte zusammen, welche das Klima der Berghöhen von jenem der Niederung unterscheiden, so sind es folgende:

1. Die Temperatur der Luft nimmt im geraden Verhältnisse zur Höhe eines Ortes ab und zwar bei 166 französische Meter ungefähr um einen Grad.

2. In gleichem Verhältnisse nimmt auch der Luftdruck ab, wie die Höhe zunimmt.

3. Es giebt eine Mittelzone der Berge, welche mehr Feuchtigkeit enthält als jene unter und über ihr. Sie enthält zugleich mehr Elektrizität und die Fähigkeit Stürme und Gewitter zu erzeugen.

4. Die Natur des Klimas der Berghöhen kennzeichnet sich besonders durch das Vorkommen der P f l a n z e n, welche durch die Gesammtheit ihrer Erscheinungen die schon bezeichneten fünf verschiedenen Regionen bildet. Die Flora unserer Hochalpen gleicht jener des hohen Nordens. Ein und derselbe Berg kann daher je nach dem Grade seiner Erhebung über dem Meere verschiedene Breitegrade in ihrem Pflanzenwuchs darstellen, und eine Erhebung von 85 Meter entspricht je einem Breitegrad des Nordens. Wärme und Feuchtigkeit bedingen dabei vorzugsweise die Unterscheidungszeichen ihrer Flora.

Drittes Capitel.
Die Alpenluft und ihre naturgemässe und krankhafte Einwirkung auf den menschlichen Körper.

Unsere schweizerische Alpenluft unterscheidet sich von derjenigen der Niederung ebensowohl durch ihre phisikalischen als chemischen Eigenschaften und durch ihre Beziehung zum Pflanzen- und Thierleben.

Nach der bekannten Annahme besteht der Gürtel der Atmosphäre, die unsere Erde umgiebt, zehn geografische Meilen, und nimmt je nach der Höhe sehr verschiedene Stufen der Dichtigkeit ein. Je näher eine Luftschichte der Erde liegt, um desto dichter und schwerer ist sie wegen des Druckes der über ihr gelegenen Luftschichten; mit der Entfernung von der Erde werden die Luftschichten dünner und leichter Den Luftdruck messen wir durch den Barometer. Sein Steigen und Fallen verkündigt uns das Gewicht des Luftdruckes, und erst indirekt die Witterung. Bei einem Barometerstand von 28 Zoll erträgt der Mensch an seiner Körperoberfläche einen Luftdruck von 30000 Pfund, dagegen auf der Hochebene der Anden bei einem Barometerstand von 16 Zoll einen solchen von 13,000 Pfund Ein Barometergrad entspricht dem Luftdrucke von 140 Pfund, und einer Höhe von 900 Fuss. Mit dieser Eigenthümlichkeit gehen andere physikalische Erscheinungen Schritt für Schritt. In verdünnter und daher leichterer Luft dehnen sich die luftförmigen Körper rasch aus, und die flüssigen verdampfen leichter, als in der dichten und schweren Luft der Ebene. Der Siedepunkt des Wassers verändert sich daher nach der Höhe des Standpunktes. Die fleissigen und genauen Beobachtungen von Professor Forbes haben nämlich dargethan, dass auf je 1000 Fuss Steigung der Siedepunkt des Wassers um einen Grad Réaumür verändert wird. Bei 14,290 Fuss Höhe siedet das Wasser mit 70° R.; bei 16,000 Fuss schon mit 66° R. Die Temperatur bedingt vorzugsweise den Luftdruck. Wie die Wärme die Luft ausdehnt und verdünnt, so zieht die Kälte selbe zusammen, und verdichtet sie. Mit der Leichtigkeit der Luft geht ihre Trockenheit Hand in Hand. Es ist ein Charakterzug unserer Alpen, dass Nebel und feuchte Wolken sehr häufig ihre Gipfel und Seitenwände umhüllen, und zwar um so mehr, je grösser der Unterschied zwischen den Bergen und der Ebene ist. Die Nähe von Seen und Flüssen so wie die Bodenbeschaffenheit üben einen grossen Einfluss auf die Feuchtigkeit der Atmosphäre und die Klarheit des Himmels aus. Einige Berggegenden erfreuen sich nämlich grösstentheils eines unbedeckten Himmels, während dagegen andere eben sehr nebelreich sind; und während daher in den Höhen oft die Sonne in ungestörter Klarheit am wolkenlosen Himmel lacht, ist dagegen die Luft der Ebene von Nebeldunst erfüllt. Oft findet der Reisende, wenn er stundenlang in dichtem Nebel fortgewandelt, sich plötzlich in eine ganz andere neue Welt versetzt, indem die obere Gegend in schönstem Sonnenscheine erglänzt und eine wohlthuende Wärme an die Stelle der feuchten Nebelkälte getreten ist. Aus dem ungeheuren Wolkenmeere, das vom Jura bis zu den Alpen hin zu des erstaunten Wanderers Füssen liegt, ragen die eisbedeckten Gipfel der Hochalpen und der niedern Berge wie glänzende Inseln aus dem bewegten Meeresspiegel hervor, dem die Nebelmasse täuschend ähnlich sieht.

Es ist eine ausgemachte Thatsache, dass im Sommer in der Ebene weniger Feuchtigkeit sich findet, als auf den Bergen; dass aber diese eben im Winter weit klarer und trockener erscheinen. Ueber dem gewöhnlichen Wolkenstande geniessen die Mönche des grossen Sankt Bernhard weit mehr heitere Tage, als die Bewohner der mittlern Höhen. Während im Sommer in der Stadt Genf durchschnittlich 26 ganz klare Tage gezählt werden; gibt es auf der Höhe des Gotthardt deren 23. Die Klarheit des Himmels ist so mit in der Bergregion etwas geringer, als in der Ebene. Die Wolkenzone der Berge wechselt nach den Jahreszeiten und schwebt zwischen 1500 und 4500 Fuss, unterhalb und oberhalb derselben ist der Himmel gewöhnlich ganz klar. Die zahlreichen Regengüsse dieser Mittelzone begünstigen einen reichen charakterischen Pflanzenwuchs. Ueber derselben folgt eine mehr trockene Zone und in ihr werden die Pflanzen immer seltener, kleiner, kriechender und verschwinden endlich wohl ganz, indem sie eine auffallende Aehnlichkeit mit der Flora des nördlichen Lapplandes darbieten. Gleichzeitig mit diesen Erscheinungen der Pflanzenwelt bemerken wir die ganz gleichen meteorologischen Vorkommenheiten in unserer Hochalpenwelt, wie in Lappland unterm 60. Breitegrade. In beiden finden wir nämlich meistens einen reinen wolkenlosen Himmel, selten Regen und Schnee und noch seltener lässt sich der Donner hören. Die Witterungslehre wie die Pflanzenkunde werden in solcher Weise die Hauptanhaltspunkte zur Kenntniss des örtlichen Klimas. Durch das Bestreben der Wärme, sich gleichmässig in der Atmosphäre auszugleichen, werden immerfort Luftströmungen in allen Richtungen erzeugt. Da die Luft in der Alpenregion dünner und trockener ist, so dringt die feuchtere Luft aus der Tiefe nach den Höhen, legt sich als Nebelwolken in dichter Umhüllung um ihre Felsenwände, und fällt dann wieder als Nebel, Regen,

Schnee und Hagel nieder. Je mehr die Atmosphäre mit Dampf gesättigt ist, desto weniger Flüssigkeit nimmt sie in sich auf, und um so geringer ist der Verdunstungsprozess. Nord- und Ostwinde erhöhen die Trockenheit der Atmosphäre, während die West- und Südwinde ihre Feuchtigkeit vermehren.

Mühri nimmt drei verschiedene Stufen der Luftfeuchtigkeit an: 1. die erste unter 4000 Fuss Höhe, 2. die zweite bis zu 8000 Fuss Höhe und endlich 3. die dritte über 8000 Fuss.

Die Wirksamkeit der atmosphärischen Luft besteht nicht nur in ihren Strömungen und in dem wechselnden Drucke derselben, sondern wesentlich in den Elementen, aus denen sie besteht, und welche daher mit andern Körpern in Wechselwirkung treten. Bekanntlich besteht die Luft aus Sauer- und Stickstoff mit etwas Kohlensäure. Der Sauerstoff als das sogenannte positive Element ist zum Athmen ein unerlässliches Lebensbedürfniss; der Stickstoff dagegen als das mehr negative Element dient nur zur Verdünnung und Vertheilung des Sauerstoffes. Die freie Kohlensäure endlich in der Luft ist im Verhältniss $1/_{2000}$ Volumen beigegeben, und zwar im Sommer mehr, als im Winter. Je dichter nun die Luft ist, um desto mehr Sauerstoff enthält sie. Wir athmen im Winter $1/_5$ Theil mehr Sauerstoff ein als im Sommer. Beim Hinansteigen zu den Bergeshöhen vermindert sich gleichmässig der Sauerstoffgehalt, und übt daher einen sehr merklichen Einfluss auf die Athmungswerkzeuge, den Blutlauf, die Ernährung und die Ausscheidungen. Verminderter Luftdruck und Sauerstoffgehalt bedingen bei Alpenbewohnern eine besondere Einwirkung auf ihre Körperbeschaffenheit. Die Bewohner der Bergkantone unserer Schweiz unterscheiden sich von jenen der Ebene durch dunklere Hautfarbe, schlankeren Wuchs, breitere Brust, strammere Muskelbildung, kürzere Arme und kräftigere Beine. Sie sind fröhlicher, aufgeräumter, sorgenfreier als die Flachländler. Hell klingt ihr lustiges Jauchzen von Berg zu Berg, und kühn trotzt der Senn den hundert alltäglichen Gefahren in der erhabenen Alpenwelt. Der fremde Reisende erstaunt über die schweren Lasten, welche der Träger für wenige Franken zentnerweise auf die Berge hinaufschleppt.

Gar oft steigen achtzigjährige schneeweisse Greise ohne merkliche Athembeschwerden mit festem Schritt den steilen Alpenpfad hinan. Der verminderte Luftdruck und die trockene dünnere Luft bedingt ein rascheres Athmen. Die Brust erweitert sich durch dasselbe und fördert die gesteigerte Herzbewegung. Die Baucheingeweide treten unter der Herrschaft der Nerven und Muskeln zurück, und bieten weniger Gelegenheit zu vorwaltender Fettbildung. Naturwüchsig ist die Esslust, und Milch, Käse und Zieger dienen ausreichend zur körperlichen Ernährung. Eine ganz ähnliche naturgemässe Wirkung verspürt in unseren klimatischen Kurorten der fremde Kurgast, wenn er aus den Niederungen seines Marschlandes oder von ferner flacher Meeresküste zu unseren luftigen Bergkurorten hinangestiegen kömmt. Bald erwacht nach dem Einathmen der frischen Alpenluft, beim Genusse reinen Brunnenwassers oder würziger Milch und Molken die Esslust in einer bisher noch nie erlebten Weise. Die Verdauung geht rasch von Statten, wird regelmässig, das Athmen wird tiefer, rascher und mit Behaglichkeit schlürft der Gast die reine Alpenluft hinein. Der Herzschlag wird häufiger und zugleich kräftiger, und mit grosser Kraft wird das röthergefärbte Blut in den ganzen Körper hinausgepumpt. Nur die Hautfarbe wird bräunlich und dunkelgefärbt, die Müdigkeit und Trägheit des Körpers schwindet und die Bewegung wird kräftiger und ausdauernder. Das Gemeingefühl wird frei und das Gemüth richtet sich in heiterer Stimmung allmälig auf. Der Geist wird klar und die trüben Gedanken schwinden. Der regere Kreislauf des Blutes regt alle Lebensfähigkeiten energisch an. Der Stoffwechsel in An- und Rückbildung und Ausscheidung der Schlacken geht rascher als unten in der Ebene vor sich, und gibt der Ernährung einen bedeutenden Umschwung. Die Muskelkraft wird gestählt und die Nerventhätigkeit beflügelt. Alle diese Veränderungen sind Folge der Luftveränderung. Der verminderte Luftdruck bedingt einen raschern Blutstrom nach der Haut und den Lungen und der verminderte Sauerstoffgehalt der Bergluft hat den raschern Athmungsprozess, die vermehrte Verdunstung die Ausscheidung der Kohlensäure und des Wasserdampfes zur Folge.

An diese naturgemässen Vorgänge knüpft sich fernerhin das Zurückgehen eines abnormen Blutandranges in den kohlenstoffigen Blutbereitungsorganen, als zur Leber, zur Milz und zu den Nieren, und daher eine Verminderung und auch wohl das Verschwinden passiver Blutstockungen in der Pfortader des Unterleibes, damit zugleich eine erhöhtere Wärmeentwicklung. Der verminderte Sauerstoffgehalt der Alpenluft wird durch das beschleunigtere und tiefere Athmen nicht nur ausgeglichen, sondern es gelangt verhältnissmässig mehr davon in die Lungen, als unten in der Ebene, wobei die viele Bewegung in der frischen Luft wesentlich nachhilft. Alle diese Momente bedingen sodann die erhöhtere und kräftigere rothe Blutbereitung und durch den beschleunigten Stoffwechsel gleichzeitig mit der Alpenluft wirkt die meist positive Elektrizität belebend auf das geistige und körperliche Leben des Menschen ein. Ebenso der Anblick der erhabenen Alpenwelt mit ihren herrlichen Fernsichten und den Wundern der Gebirgsnatur. Diese geistige Anregung erhebt das gedrückte und umdüsterte Gemüth, und verscheucht mit Macht die trüben Nebel, welche die Seele umnachten. In solcher Weise wirken bei der klimatischen Kurweise oder bei der sogenannten Luftveränderung neue körperliche und geistige Lebensquellen auf den von körperlichen oder seelischen Leiden darniedergebeugten Kranken ein. Dieses gilt namentlich von den Luftveränderungen von der Hügelregion bis hinauf zur Höhe von 10,000 Fuss, in der nur im Hochsommer kurze Zeit Menschen weilen.

Die Alpenluft kann aber auch regelwidrig oder krankhaft auf den menschlichen Körper einwirken. Alles ist nämlich beziehungsweise in der Natur. Die Macht der Gewohnheit beherrscht die ganze organische Schöpfung. Das zeigt sich eben auch bei der Einwirkung der Alpenluft auf den menschlichen Organismus. Diese wird umsomehr bemerkbar, je geschwächter durch Ueberanstrengung oder Krankheit der Organismus geworden ist. Kommen dergleichen geschwächte Personen aus den Niederungen nach unsern höher gelegenen klimatischen Alpenluftkurorten, so entwickelt sich bei ihnen eine gewisse Reihenfolge krankhafter Erscheinungen, welche unsere schweizerischen Kurärzte das Bergfieber zu nennen pflegen.

Herr Sanitätsrath und Kantonsphysikus Dr. Kottmann in Solothurn hat es bei den Kurgästen auf dem Weissenstein zuerst beobachtet. Nach ihm haben Hr. Dr. Meyers-Ahrens von Zürich und Dr. Lombard in Genf es näher beschrieben, und Tschudi in seiner Peru-Reise in den Hochregionen der Cordilleren es an zahllosen Reisenden sehr ausgeprägt beobachtet. Es ist das Bergfieber eben eine bald länger bald kürzer dauernde Akklimatisationskrankheit, die ihre naturgemässe Begründung hat. Der verminderte Luftdruck und die verdünntere Atmosphäre hat, wie bereits gesagt, eine vermehrtere Strömung der Säftenmasse, besonders des Blutes zur natürlichen Folge. Diese Strömung geht besonders nach der äussern Haut und nach den Lungen. Sie hat zugleich durch eine vermehrte Verdampfung einen gleichzeitigen Wärmeverlust zur Folge. Der geringere Sauerstoffgehalt der Alpenluft bedingt das schon erwähnte, beschleunigtere und tiefere Athmen, um dem Blute den benöthigten Sauerstoff in genügendem Masse zuzuführen. Die reizende Kühle der Bergluft, die reichlich angehäufte positive Elektrizität verleihen den Nerven und Muskeln erhöhtere Spannkraft. Es zeigen sich Anwandlungen von Schwindel, Kopfweh, Schlafsucht, Schmerzhaftigkeit der Glieder und Unfestigkeit der Gelenke in Folge verminderten Luftdruckes. Voraus aber stellt sich bei nervenschwachen Personen eine eigenthümliche Athemnoth — das Bergasthma — ein, zugleich mit dem Gefühle grosser Trockenheit und Sprödigkeit im Kehlkopfe und in der Luftröhre, mit heiserer Stimme und vermehrtem Durste. Gleichzeitig wird der Herzschlag merklich beschleunigt, so dass der Betroffene ihn selbst hört, und er durch ihn zum Stillstehen genöthigt wird. Es schwellen die Pulsadern am Halse und an der Stirne an, und eine dunkle Gluth verbreitet sich über das Gesicht.

Mit den Krankheitserscheinungen der Athmungsorgane gehen die des Darmkanals gleichen Schritt. Der Rachen wird trocken, rauh und wund, und das Schlingen wird erschwert. In Folge verminderten Luftdruckes werden Magen und Darmkanal von Gasen ausgedehnt und die Schleimabsonderung vermindert. Es entsteht Mangel an Esslusst, sogar Eckel vor den Speisen und Brechreiz, ja selbst wirkliches Erbrechen. Um so grösser wird der Durst nach erfrischend kühlenden und auch wohl nach belebenden Getränken, z. B. Kaffee, Thee, Kirschwasser und Zuckerwasser, Limonade. Die Ausscheidungen von Stuhl und Harn sind vermindert, diejenige der Haut jedoch etwas vermehrt. Das Bergfieber erfordert immer eine sorgfältige Beachtung und besondere Vorsicht. Es ist daher für schwächliche Kuristen rathsam, erst gegen Mittag, niemals aber in der Abend- oder Morgenkühle, nach dem gewählten Alpenkurort hinan zu steigen, und bis zur vollständigen Akklimatisation erst mehrere Stunden nach Sonnenaufgang ins Freie zu gehen, und schon vor Sonnenuntergang sich wieder ins Haus zurückzuziehen, um im bergfieberkranken Zustande sich vor der schädlichen Einwirkung der zu dieser Zeit herrschenden stärkern Luftströmung zu schützen Das gleiche gilt, wenn starke allgemeine Winde wehen, und Gewitter oder Regenwetter drohen. In solcher Zeit muss der Bergfieberkranke auf jeden grössern Spatziergang von vorne herein verzichten, weil bei dem anscheinend besten Wetter ein plötzlicher Regenschauer leicht sehr verderbliche Folgen bringen kann.

Das durch die belebende und stärkende Einwirkung der Alpenluft gesteigerte Blutleben bedingt eine vorwaltende Krankheitsanlage zu entzündlichen Gesundheitsstörungen der Lungen und des Herzens. Daher das Vorkommen des mitunter als Volksseuche wie die Pest wüthenden Alpenstichs in unsern Hochthälern der Centralschweiz, der im Winter und Vorfrühling auftritt, und sehr viele Menschenopfer fordert. Aber auch echte Lungenentzündungen, entzündliche Brustkatarrhe und Herzleiden sind häufig und steigern die Heftigkeit ihrer Erscheinungen gleichmässig mit der Zunahme der Bergeshöhe. Mit den entzündlichen Erscheinungen der Brustorgane stellt sich das Bergasthma in unserer Alpenregion häufig ein. Es ist eine sehr alte Erfahrung, dass die Klostergeistlichen auf dem grossen St. Bernhard nach einer gewissen Anzahl von Jahren engathmig werden, und dann genöthigt sind, in die Niederungen wieder hinab zu steigen. Bei dem Vorherrschen des Blutlebens sind dann auch die verschiedenartigsten Blutflüsse in den Höhenregionen eine häufige Erscheinung. Ebenso oft sind rheumatische Leiden. Umso seltener aber Gehirn- und Rückenmarksleiden und solche der Unterleibsorgane so wie Krankheiten fehlerhafter Säftemischung z. B. der verschiedenartigen Skrophelformen. Auch Lungenschwindsucht ist auf unsern Bergen bei den

Einwohnern eine sehr seltene Krankheit, während sie unten in den Thälern sich nur zu häufig einstellt. Ebenso sind Krankheiten des gastrischen Systems in unsern Alpen eine seltene Erscheinung, und zwar um so seltener, je höher man auf den Bergen hinansteigt.

Wenn die naturgemässen Einwirkungen der Alpenluft in den Hochregionen ihr Maass überschreiten, dann treten eine Menge krankhafter Erscheinungen ein, welche Dacosta schon im fünfzehnten Jahrhundert als das Bergweh (*Mal de montagne*) bezeichnet hat. Der beengte Athem wird auf den Höhen des Montblancs wie der Jungfrau äusserst mühsam und krampfhaft, indem nämlich die Natur die Unzulänglichkeit des Sauerstoffgehaltes in der verdünnten Luft durch die Schnelligkeit der Einathmungen zu ersetzen strebt. Gleichzeitig wird der Herzschlag so stürmisch, dass der Wanderer plötzlich stillstehen muss, weil er zu ersticken meint. Die Arterien besonders an der Stirn klopfen wie das Quecksilber in einer Barometerröhre und das Blut droht ihre Hüllen zu zerreissen. Der Pulsschlag erreicht sehr oft das Doppelte seiner normalen Zahl. Oft tritt das Blut aus Mund und Nase, ja sogar aus dem Zahnfleisch und den Augenlidern hervor. Mit der gesteigerten Auftreibung des Magens und Darmkanals stellt sich Abneigung gegen Speisen und Brechreiz, dagegen aber vermehrter Durst ein, wobei der Wein in Menge genossen werden kann, ohne eine berauschende

Wirkung zu hinterlassen. Das Gleiche gilt auch von
Kirschgeist und Branntwein. Die Muskelkraft schwindet in gleichem Verhältnisse, wie die Höhe zunimmt.
Es gibt augenblickliche Anwandlungen, in denen jede
Ortsbewegung geradezu unmöglich erscheint. Die
Kniee knicken gleichsam unter der Last des Körpers ein, die Beine scheinen sich in Folge verminderten Luftdruckes vom Körper losmachen zu wollen.
Weber hat dieses dem verminderten atmosphärischen
Drucke auf die Gelenke zugeschrieben. Das Pferd, der
treue Begleiter des Menschen, wird noch weit schneller wie dieser von den gemeldeten Erscheinungen
im Muskelsysteme befallen.

Im Nervensystem steigern sich die beim Bergfieber schon angedeuteten Erscheinungen zu einem
sehr hohen Grade. Mit mehr oder weniger heftigem
Schwindel stellt sich eine unüberwindliche Schlafsucht
und heftiger Kopfschmerz ein, zugleich mit einer
plötzlichen Erschlaffung der Kräfte ohne merkliche
Ermüdung. Bisweilen befällt den Bergsteiger auch
ein Gefühl von Leichtigkeit, als wenn der Körper
mit dem Erdboden nicht mehr in Berührung stünde,
damit auch Ohrenklingen und Ohrenbrausen in Folge
gestörten Gleichgewichtes zwischen der äussern Luft
und derjenigen im innern Gehörgange. Bei der zunehmenden Trockenheit der Luft und der dadurch
bewirkten Verdunstung steigert sich der Durst und
die Trockenheit des Gaumens. Die Augen werden
schmerzhaft, und entzünden sich, die Gesichtsfarbe

wechselt rasch von grosser Blässe zu purpurrother Gluthhitze. Die Hautausdünstung ist meistens unterdrückt, und in diesem Falle nimmt die Haut oft eine Todtenblässe und Kälte an. Alle diese Erscheinungen des Bergwehs sind von sehr verschiedener Dauer. Oft gehen sie rasch vorüber, und der Körper gewöhnt sich schnell an die veränderten äussern Verhältnisse, welche selbe verursacht haben. Oft aber dauern dieselben hartnäckig an, und dann bleibt kein anders Mittel, um sie verschwinden zu machen, als in die Niederungen der Ebene hinabzusteigen. Die Erscheinungen des Bergwehs sind beim Marsche über Schnee und bis in unsere Hochalpen weit beschwerlicher als nur über nackte Felsen. Saussure hat die Luft untersucht, welche den Schneeporen der Gletscher entströmt, und dieselbe weit ärmer an Sauerstoff gefunden als an schnee- und eisfreien Stellen von gleicher Höhe, und glaubte darin die Ursache für die gesteigerten krankhaften Erscheinungen zu finden. Indessen ist es höchst wahrscheinlich, dass die grosse Hitze von der Rückstrahlung der Sonnenstrahlen auf der Schnee- und Eisfläche grossen Antheil an den krankhaften Erscheinungen des Bergwehs habe.

Alle diese krankhaften Erscheinungen des Bergwehs finden in dem verminderten Luftdrucke der verdünnten und daher an Sauerstoffgehalt ärmern Luft und in der gesteigerten Trockenheit derselben ihre genügliche Erklärung. Nach angestellten Berechnungen von Dr. Lombard beträgt der Unterschied vom Luftdrucke auf den menschlichen Körper zwischen der Meeresküste und der Spitze des Montblanc 7000 Kilogramme! Es bleibt daher immer erstaunungswürdig, wie der menschliche Körper ohne bleibenden Nachtheil sich einem solchen Wechsel fügen kann. Wie der verminderte Sauerstoffgehalt der Luft das raschere und tiefere Athmen, so hat der verminderte Luftdruck die vermehrte Verdunstung und daher die Trockenheit der Haut und den grossen Durst zur Folge.

Sowohl die Gebrüder Weber in München als Julius Guérin in Paris haben durch Versuche nachgewiesen, dass der genaue Schluss des Schenkelbeinkopfes in seiner Pfanne als auch der andern Gelenke unseres Körpers in den entsprechenden Gelenkflächen durch den Luftdruck vermittelt werde. Ist nun dieser bedeutend vermindert, so ist Unfestigkeit der Gelenke seine nächste Folge. In gleicher Weise hat Guérin nachgewiesen, dass die beiden Blätter der serösen Häute einzig durch den atmosphärischen Luftdruck in unmittelbarer Berührung gehalten werden. Aus dieser Thatsache folgt, dass in einer verdünnten Atmosphäre die unmittelbare Berührung nachlässt und daher stärkerer Blutzufluss, entzündliche Erscheinungen und endlich leicht statt der gasförmigen tropfbarflüssige Ausschwitzungen in den Höhlen der Spinngewebehaut des Gehirns, des Brustfells, sowie des Bauchfells erfolgen.

An Katzen bemerkt man in diesen Hochregionen

sehr oft konvulsivische Erscheinungen, Betäubung und Tod, und bei den Hunden eine Art von Veitstanz mit tödlichem Ausgange, welcher zweifelsohne ebenfalls auf einer plötzlichen wässerigen oder wohl auch eiterartigen Ausschwitzung in den Hirnhöhlen beruht. Daher auch das häufige Vorkommen der Brustfell- und Lungenentzündung in den gleichen Gegenden, denen der grössere Theil der Mönche auf dem St. Bernhard zum Opfer fallen.

Der verminderte Luftdruck bewirkt endlich auch eine Erweiterung der Lungengefässe und in Folge derselben eine Art von Lungenluftgeschwulst oder Emphysema, welches Athemnoth erzeugt. Das gilt indessen weniger von Menschen, welche auf unseren Bergen oder in unsern Alpenthälern geboren sind, und daher den Aufenthalt im Kloster auf dem grossen St. Bernhard viel länger ertragen, während dasselbe für Bewohner der Niederungen nur kurze Jahre der Fall ist.

Mit der bereits früher angedeuteten öftern Augenentzündung stellt sich bei Märschen in den Schnee- und Gletscherregionen unserer Hochalpen rothlaufartige Färbung und Abschuppung der Gesichtshaut ein, wenn dieselbe nicht durch dunkle Schleier vor der Rückstrahlung des Sonnenlichtes geschützt wird.

Wie Skropheln und Cretinismus in den Alpenregionen ganz verschwinden, so sind auch Pest, gelbes Fieber und Cholera nie in dieselben hinaufgestiegen. Ebenso ist das kalte Fieber bei uns in der Schweiz nie über 6000 Fuss hinauf vorgekommen. Dagegen hat der Unterleibs-Typhus im Jahr 1839 den dritten Theil der Mönche auf dem Grossen St. Bernard ergriffen, und im Thale von Entremont verderblich gehaust, indem or in demselben so wie in einigen benachbarten Thälern zahlreiche Opfer hingerafft hat. Die mörderischen Seuchen der Menschenblattern, Rötheln, Masern und des Scharlachs finden ihren Weg bis zu den höchsten Höhen hinan, und zeigen sich ebenso furchtbar, wie unten in der Tiefe.

Unter den chronischen Krankheiten ist wohl der Rheumatismus der häufigste, der indessen auch mit fieberhaftem Zustande auftreten kann, und häufig in Folge des Hüftwehs bei alten Leuten ein lästiges Hinken zurücklässt. Ebenso häufig rühren von ihm Herzbeutelentzündungen und wässeriger Erguss her, sowie Entzündung der Herzsubstanz selbst.

Die Lungenschwindsucht, die in unserer Hügelregion, insbesondere in den Jurathälern, noch häufig ist, verliert sich in einer Höhe von 3000 Fuss. Das Gleiche gilt von den Skropheln, dem Kropfe und dem Cretinismus, die nur bis in die Bergregion hinansteigen, in höhern Lagen dagegen verschwinden.

Blutungen, vom einfachen Nasenbluten bis zum Blutsturze, besonders aber Gebärmutterblutungen, finden sich um so häufiger, je höher die Lage eines Ortes über Meer ist.

Eine Krankheit ganz eigenthümlicher Art, welche vorzugsweise den Hochthälern der Urschweiz eigen ist, aber mitunter auch bis an die Ufer des Vierwaldstättersees hinabsteigt, ist der Alpenstich. Konrad Gessner, der diese bisweilen ärger als die Pest hausende Volkskrankheit im Jahre 1564 zum ersten Male beschrieben hat, nannte den Alpenstich sehr bezeichnend: *pleuritis pestilens maligna et contagiosa.* Sie befällt bald nur das Brustfell allein mit wässrigem oder eitrigem Ergusse, häufiger aber mit dem Brustfell gleichzeitig das Lungengewebe selbst mit Verdichtung (*Hepatisation*) desselben. Mit diesen örtlichen Erscheinungen gehen die allgemeinen eines typhösen Fiebers einher mit einem sehr raschen meist tödtlichem Verlaufe in nur wenig Tagen. Mehrere derartige Volksseuchen sind beobachtet und beschrieben worden, und sind sogar bis in die Stadt Zürich hinabgestiegen, wie die von Konrad Gessner im Jahr 1564 zuerst beschriebene. Im Jahr 1833 beobachtete Professor Dr. Schönlein den Alpenstich im Userenthal, nach ihm Dr. Besanzenet im Thal von Entremont und endlich Dr. Rahn-Escher und Dr. C. Cattani im Jahr 1857 in Engelberg. Die gleiche Krankheit beschreibt als bösartigen Seitenstich Dr. Tschudi in der Punaregion von Peru. Das Erscheinen des Alpenstichs in unsern Hochthälern trifft sehr häufig mit der Schneeschmelze im Frühling zusammen, ist aber auch schon im Winter vorgekommen. Durch überaus grosse Sterblichkeit hat sich die letzte Seuche von 1857 im Engelbergerthale ausgezeichnet, wo jeder vom wahren Alpenstich Befallene eine sichere Beute des Todes war. Trotz dieser jedoch sehr seltenen Seuche des Alpenstichs ist die Alpenluft der Entwicklung seuchenartiger oder sogenannter miasmatischer Krankheiten nicht günstig, und darf der Gesundheitszustand unserer Hochthäler und der Umgebungen unserer klimatischen Luftkurorte im Allgemeinen als ein sehr gesunder bezeichnet werden.

Viertes Kapitel.

Von den Heilanzeigen der Luftveränderungen im Allgemeinen.

Wenn der Norddeutsche von der niedrigen Meeresküste an die reizenden Ufer unseres klassischen Vierwaldstättersees hinansteigt, so macht er dabei schon eine bedeutende Luftveränderung. Dieses ist um so mehr der Fall, je höher er in die verschiedenen Regionen unserer Gebirgswelt hinauf klimmt. Sehr augenfällig sind dabei die Einwirkungen auf die Organe des menschlichen Organismus, wie wir sie im vorgehenden Kapitel bereits dargestellt haben. In ihnen finden wir die Heilanzeigen bei Erkrankungsfällen sowohl im Allgemeinen, als im Besondern. Fassen wir nun dieselben sowohl in ihrer naturgemässen, wie in ihrer krankhaften Beziehung unter gemeinsame Gesichtspunkte in aller Kürze zusammen.

Wenn der klimatische Kurort, der zum zeitweisen Aufenthalte ausgewählt worden ist, dreitausend Fuss Höhe hat, so zeigen sich weder im Athmungsprozesse noch im Kreislaufe bedeutende Veränderungen. Der erstere wird etwas tiefer und voller, weil die Brustwände um eine bedeutende Last des Luftdruckes erleichtert worden sind. Die gesteigerte Athmungsthätigkeit ist zugleich mit dem Gefühle des Wohlbefindens und der Leichtigkeit begleitet. Die Ursache dieses angenehmen Gefühles glaubte man vor noch gar nicht langer Zeit im vermehrten Sauerstoffgehalt der Bergluft suchen zu müssen. Die chemischen Analysen haben indessen ergeben, dass die atmosphärische Luft in ihrer Zusammensetzung in allen dem Menschen erreichbaren Höhen sich gleich bleibt, aber an Flüssigkeit in gleichem Verhältnisse abnimmt, als die Höhe zunimmt, daher die Luft der Berge in gleichem Umfange um so weniger Gehalt an Sauerstoff hat, je höher der Ort der Beobachtung über dem Meere gelegen ist.

Die wohlthuende Einwirkung der Alpenluft auf das Athmen beruht sodann auch auf der niederen Temperatur oder Kühle derselben, welche den durch die Hitze der Niederung erschlafften Organen Kräftigung und Haltung verleiht. In gleicher Weise, wie die Athmungsbewegungen in der Berg- und Alpenluft voller und tiefer werden, so wird auch der Kreislauf des Blutes leichter und der Pulsschlag ruhig und regelmässig. Das Gleichgewicht zwischen arteriellem und venösem Blutlauf stellt sich in befriedigtem Wohlgefühle her. Personen, die daher in der Ebene lästigem Blutandrange zum Kopf oder gegen die Brust unterworfen sind, finden sich an einem höher gelegenen Kurorte sehr auffallend davon erleichtert. Das gesteigerte Blutleben übt seine bethätigende Rückwirkung auf den Verdauungsprocess, und dadurch wird eben die Alpenluft zum Heilmittel von einer Menge von Verdauungsstörungen, wenn nicht krebsartige Missbildungen im Magen oder Geschwüre in den Unterleibsorganen vorhanden sind, besonders bei Verschleimung, Säurebildung, Magenkrampf, unregelmässigen Darmbewegungen, bei langwierigen Durchfällen, wie bei trägem Stuhlgange. Aeltere Unterleibsbeschwerden verschwinden daher bei entsprechender Lebensweise unter dem heilkräftigen Einflusse der Alpenluft oft sehr bald, und leicht. Die gesteigerte Esslust und die lebenskräftigere und raschere Verdauung hat naturgemäss eine reichlichere und bessere Blutbereitung zur Folge. Das lebenskräftigere und stoffreichere Blut rinnt voller durch die Adern und macht daher träge Blutstockungen im Venensystem des Unterleibs, in der Pfortader, in Leber und Milz verschwinden, und dadurch auch die daraus entspringende Gemüths- und Nervenverstimmung. Das Gleiche gilt auch bei Stockung und Ueberfüllung des Lympfsystems und bei Fehlern der Blutmischung selbst, wie bei Skropheln, Bleichsucht, Blutarmuth. Durch die reichlichere und bessere Blutbereitung kann nach und nach ein entgegengesetzter Zustand von Vollblütigkeit herbeigeführt werden, und dieser führt dann bei dem verminderten Luftdrucke gar leicht zu Blutflüssen. Dieser Umstand ist daher bei Personen, welche zu Blutflüssen geneigt sind, sehr wohl zu beachten, und darnach die sorgfältige Auswahl des Kurortes zu treffen. Eine weitere heilkräftige Wirkung der Alpenluft ist ihre charakteristische Stärkung des Muskelsystems. Sie zeigt sich sehr oft überraschend schnell und zwar bei oft sehr geschwächten Personen. Während in der Ebene der kleinste Spaziergang dieselben ausserordentlich ermüdete, so können sie meist nach wenig Tagen in der belebenden und stärkenden Bergluft ohne Nachtheil mehrere Stunden auf den Alpentriften oder in den Hochthalebenen herumschlendern. Es wird ihnen dabei so leicht, wie dem Vogel in der Luft, und sie meinen über dem Erdboden hinzuschweben. In der Freude, sich ohne Anstrengung bewegen zu können, erklimmen sie überall die benachbarten Höhen, welche den Kurort umgeben, um daselbst eine neue überraschende Fernsicht zu geniessen, oder eine seltene Alpenblume oder einen Käfer oder Schmetterling zu erhaschen, und damit das unvermeidliche Album zu schmücken.

Stellt sich auch durch langes Herumgehen endlich Ermüdung ein, so genügt die kürzeste Unterbrechung der Bewegung, um selbe sogleich wieder fortsetzen zu können, was natürlich unten in der Ebene nicht der Fall ist. Diese rasche Herstellung der Muskelkraft bemerkt man besonders bei Männern, welche durch geistige Arbeiten und Gemüthsbewegungen heruntergekommen sind, bei Schwermüthigen,

Hypochondristen und hysterischen Frauen. Genesende dagegen, welche durch lange Leiden, grossen Säfteverlust, schwere Krankheiten ihre Kräfte erschöpft haben, und besonders Solche, deren Nervensystem schwer ergriffen ist, bedürfen natürlich längere Zeit zu ihrer gründlichen Heilung. Mit den Veränderungen im Muskelsystem treten fast gleichzeitig solche im Nervensystem auf; diese bedingen sehr oft durch ihren Einfluss gerade jene Wirkungen auf die Organe, die wir eben erwähnt haben, und zeigen daher in ihren Nervensammelpunkten wie in ihren Ausstrahlungen Veränderungen gleichartiger Natur. Mit der Muskelkraft sehen wir daher auch gleichzeitig das geschwächte Denkvermögen und den gesunkenen Muth sich wieder kräftigen, und Sorge und Angst der Gefasstheit und dem Gleichmuthe weichen. In gleicher Weise verändert sich auch der Schlaf. Während derselbe beim Erwachen am Morgen in der Ebene schwer und ohne Erquickung war, wird dagegen der Schlaf in der Bergluft ruhig, sanft und stärkend, und erfrischt daher die Nerventhätigkeit. Bleibt diese Einwirkung aus, wird der Schlaf zu leicht, und stets durch Wachen unterbrochen, dann ist meist der Kurort zu wechseln, bis gehörige Ruhe sich einstellt.

Die Bergluft wirkt endlich auch insofern wohlthätig umstimmend auf das Nervensystem, dass selbst empfindliche Personen die Kälte der Luft in den luftigen Höhen keineswegs so peinlich empfinden, wie solches in der Ebene würde der Fall gewesen sein. Ein längerer Aufenthalt in freier Luft bei sehr niedriger Temperatur wird daher ohne irgend welchen Nachtheil gut ertragen, was nur in Folge von Stärkung und Kräftigung des Nervensystems durch die vorübergehende Kälte geschehen kann. Fassen wir somit die Heilwirkung der Berg- oder Alpenluft kurz zusammen, so besteht sie in einem freiern Athmen, in einem regelmässigen Blutlauf, einer kräftigern und leichten Verdauung und daher in einer guten Blutbereitung und raschem Stoffwechsel, in der Beruhigung des aufgeregten Nervensystems und in der Anregung aller Nerventhätigkeiten, die vom Rückenmark und den Nervenganglien ausgehen.

Bei der wohlthätigen Heilwirkung der Berg- oder Alpenluft spielt deren verminderter Druck neben der Einwirkung des Lichtes und der positiven Elektrizität eine bedeutungsvolle Rolle. Derselbe bedingt nämlich eine vorwaltende Strömung der Blutwelle gegen die Körperoberfläche, daher eine Entlastung der Nervenzentren, und damit das Gefühl grosser Leichtigkeit und Beweglichkeit. Diese Heilwirkung ist von grosser Bedeutung gegenüber den sogenannten nervenschwachen Kuristen, welche das Hauptcontingent unserer klimatischen Kurorte bildet. Ist ja doch die Nervenschwäche die moderne Zeitkrankheit, die tief in dem ruhelosen Drängen nach materiellem Besitze, sowie anderseits nach hohen idealen Zielen wurzelt. Eine Unzahl von nervösen Krankheitserscheinungen werden bekanntlich unter diesem Namen zusammengefasst. Sie zeigen sich entweder in krankhafter Erregung der Nerven als Schmerz und Krampf; oder in abnormer Abspannung derselben, als Schwächegefühl und theilweise Lähmung, parethische Schwäche — die in dem Zustande des Somnambulismus bis zur Empfindungs- und Bewegungslosigkeit sich steigern kann. Während nun der reizbare Nerven-Erethismus ein sehr vorsichtiges Vorgehen in der Wahl des klimatischen Kurortes und in dem Wechsel desselben erforderlich macht, kann dagegen bei parethischer Nervenschwäche gleich von vorneherein ein trockener frischer Luftreiz in höherer Alpenregion in Anwendung gebracht werden.

Zwei umfangreiche Krankheitsfamilien von Nervenschwäche liefert das angedeutete Hauptcontingent der klimatischen Kurgäste: die Hysterie unter den Frauen, und die Hypochondrie unter den Männern. Je nach der vorwaltenden mehr erethischen oder parethischen Form der wie ein Chamäleon in allen Farben spielenden Hysterie muss der speciell passende Kurort mit grosser Sorgfalt gewählt werden. Das Gleiche gilt von der Hypochondrie, der Hysterie der Männer, der Zuchtruthe der Blasirtheit unserer Zeit. Dem kleinen Heere ihrer Krankheitserscheinungen entspricht die vielseitige Heilkraft der Luftveränderung auf den Höhen. In der Bethätigung der Verdauung, des Blut- und Nervenlebens liegt auch der Schlüssel zu der wohlthätigen Wirkung der Alpenluft auf den Soffwechsel bei Krankheiten fehlerhafter Blutmischung, besonders bei Bleichsucht. Skropheln, Hämorrhoidalzuständen. Die Erfahrung, dass Lungenknoten bei unseren Alpenbewohnern eine Seltenheit sind, führte zu Heilversuchen der Alpenluft in Fällen von nicht entzündlicher Reizung und bei noch nicht ausgesprochener Schwindsucht. Und selbst da, wo bei erblicher Anlage schon im frühesten Lebensalter die Luftveränderung in Anwendung kam, und viele Jahre durchgeführt wurde, ist es wiederholt gelungen, die erbliche Anlage zu tilgen und den Ausbruch der Lungenschwindsucht zu verhindern. Der naturgemässe Hergang dieser Heilwirkung ist leicht erklärlich. Das tiefere Einathmen in der Bergluft hat eine grössere Ausdehnung des Brustkorbes und eine entsprechende Erweiterung der Lungen zur Folge, und diese verhindert die Ablagerung der Lungenknoten von der Spitze aus. Die kräftigere Blutbereitung hebt ihrerseits die Blutentmischung auf, welche der Lungenknotenbildung zu Grunde liegt, und fette Milch- und Fleischnahrung fördert die normale Ernährung. Diese Heilwirkung ist indessen nur im ersten Zeitpunkte der Lungenknotenbildung noch möglich. So verhält es sich auch mit den Skropheln in ihren verschiedenen Formen, die in der Alpenluft ihre gründliche Heilung finden. Langwierige Lungenkatarrhe finden in derselben ebenfalls sehr oft bedeutende Besserung und gründliche Heilung. Bald schwindet bei der stärkenden Einwirkung der Alpenluft die übertriebene Schleimabsonderung der Luftwege, und damit auch das sie begleitende Fieber, die Nachtschweisse und die allgemeine Abgeschlagenheit des Gemeingefühls. In wenig Wochen sind derartige Katarrhe in unserer Berg- und Alpenluft gehoben. Das Gleiche geschieht mit der Engbrüstigkeit — Asthma — die meistens mit dem Lungenkatarrh verbunden ist. Es ist dieses das sogenannte **feuchte Asthma**, das immer mit einer übertriebenen Absonderung von Luftröhrenverschleimung sich einfindet. Keine andere Heilart kann den wohlthätigen Aufenthalt der Höhenluft bei diesen Beschwerden ersetzen. Rührt aber das Asthma von Lungenemphysem oder von organischen Herzfehlern her, dann wird die Luftveränderung nur selten etwas nützen, sondern im Gegentheil sehr oft schädlich sein. Solche Brustkranke athmen daher um so schwerer, je höher sie hinansteigen, und sie sehen sich daher gezwungen, so schnell wie möglich wieder in die Ebene hinabzusteigen. Das Bergasthma der Höhenbewohner erklärt diese Erscheinung zur Genüge.

Die wohlthätige Einwirkung der Alpenluft bei langwierigen Lungenkatarrhen und der damit verbundenen feuchten Engbrüstigkeit findet noch ein heilkräftiges Unterstützungsmittel in dem Einathmen der balsamischharzigen Ausdünstung der Tannen- und Fichtenwälder, welche die übermässige Schleimabsonderung beschränkt. Gilt für alle Kurgäste der klimatischen Kurorte die Warnung, sich vor Verkältung in Acht zu nehmen, welche bei dem raschen Temperaturwechsel der Höhen vom Morgen bis zum Abend gar leicht eintreten kann, so ist das ganz vorzugsweise bei allen Kranken der Fall, welche an Brustkatarrh leiden. Diese haben sich ganz besonders vor Witterungswechsel zu hüten, und thun daher besser, bei schlechtem Wetter in's Thal hinab zu eilen, und dann bei gutem wieder zu kommen.

Der Keuchhusten findet in abgeschlossener milder Höhenluft der Hügel- oder Bergregion ein gutes Kurmittel.

Störung der Monatsperiode der Frauen und Weissfluss derselben finden beide in der Höhenluft ihr Heilmittel. Ebenso die Anlage zu Fehlgeburten aus Gebärmutterschwäche, die an einzelnen unserer vielen klimatischen Kurorte eine wirklich ganz besondere Heilkraft findet.

Bei andern Blutflüssen mit Aufregung des Gefässsystems und Vollblütigkeit ist die Alpenluft geradezu schädlich. Beruhen dieselben aber auf einem Mangel der Bildungskräftigkeit des Blutes, so kann kein anderes Heilmittel die wohlthätige Wirkung der Höhenluft ersetzen, um die Beschaffenheit des Blutes zu verbessern und die Kräfte herzustellen.

Die Blutwallungen der Goldaderkranken, die im Anfange einer Bergkur sich vorübergehend kund geben, verlieren sich während derselben allmälig, und der Kranke empfindet ein Wohlbefinden, wie seit Langem nie.

Die Anwendung der Alpenluft bei Anlage zum Cretinismus der Kinder beruht auf ganz richtiger naturgemässer Anschauung. Wenn auch die auf selbe gegründete Heilanstalt von Dr. Guggenbühl auf dem Abendberg eingegangen ist, so ist der Grund davon nicht in dem unrichtigen Grundsatze, sondern in ganz andern äussern Ursachen zu suchen.

Bei Anwendung der Höhenluft als Heilmittel kömmt stets die Lage des Kurortes besonders in Betracht. Dieselbe muss daher stets der Individualität des Kranken entsprechend mit möglichster Sorgfalt getroffen werden. Schwächlichen Personen, welche aus den Niederungen ferner Küstenländer in unser Gebirgsland heraufgestiegen kommen, ist dringend anzurathen, dass sie schon im Frühling einen Aufenthalt von einigen Wochen in der milden Luft an den Ufern unserer reizenden Schweizerseen machen. Von da steigen sie sodann in die Berg- und später sogar in die Alpenregion hinan. Lungen- und Herzkranke haben sich ganz besonders vor raschen Sprüngen in der Luftveränderung zu hüten, weil die zu sehr stärkende und anregende Luft leicht entzündliche Reizung in den betreffenden Organen hervorrufen könnte. Das Gleiche gilt auch von der Reizbarkeit des Nervensystems.

Ausser der Höhe des Kurortes kömmt noch besonders seine Lage nach der Himmelsgegend und den daher zugänglichen Winden in Betrachtung. Alle Kurorte, welche nach Süden oder Westen liegen, haben ein milderes Klima, als jene, welche nach Osten oder Norden liegen. Eine bedeutende Einwirkung hat so dann auch die Nähe von Gletschern und Seen, von Wäldern und sonnigen Weiden.

Zur Heilwirkung der Höhenluft ist der **Wechsel** derselben eine sehr wesentliche Bedingung. Schnell gewöhnt sich der menschliche Organismus an die Höhenluft, und bald verliert sich ihre anregende Einwirkung. Dann ist es Zeit einen höhern Aufenthalt zu wählen. Zeigt sich aber an einem Kurorte die Aufregung zu stark, mit Herzklopfen, Schlaflosigkeit und nervöser Aufregung, dann ist es Zeit, nach der Niederung aufzubrechen, und einen mildern Kurort zu wählen.

Fünftes Kapitel.

Von den Hülfsmitteln der Luftveränderung.

Der scharfe Denker Dumoulin hat auf seinem Todtbette den Ausspruch gethan: „Diät, Bewegung und Wasser sind drei grosse Aerzte." Damit hat der wackere Franzose ein wahres Wort gesprochen. So gross und mannigfach auch die Heilkraft unserer Alpenluft ist, so findet sie doch ihre mächtigste Unterstützung in obigen drei Dingen, zu denen noch Molken, Milch und Traubenkur kommen.

1. Diät.

Der anregend stärkenden, oder sogenannten „zehrenden" Einwirkung der Alpenluft entsprechend, ist bei Bergkuren eine nahrhafte aber reizlose Kost ein sehr nothwendiges Bedürfniss zum guten Erfolge der Bergkur. Dahin gehört frisches Fleisch von Ochsen, Kälbern, Schafen, Wildpret, Fische, Geflügel, Eier, Pflanzengemüse, die reich an Kleber sind, Hülsenfrüchte; gut gebackenes Brod, Bier mit Eigelb, Kaffee mit Rahm, alter Wein in mässigen Gaben, Obst, Chocolade. Die Hauptnahrung müssen immer frisches Fleisch und Brod bilden. Bei der gesteigerten Esslusst wird auch eine grössere Menge Speisen, als unten im Thale, verzehrt und ohne Beschwerden ertragen und verdaut. Dennoch sind Ueberladungen des Magens sorgfältig zu vermeiden, weil sie sehr störend auf den guten Fortgang der Kur einwirken.

2. Die Bewegung.

Mangel an körperlicher Bewegung, mehr sitzende Lebensweise, zu langer Schlaf, geistige Ueberanstrengung und niederdrückende Gemüthsbewegungen sind die Hauptursachen der nervösen Verstimmungen, mit und ohne Stockungen im Unterleibe, welche bei Erschlaffung der Nerven und Muskeln sehr oft eine vorwaltende Fettbildung verursachen, und gegen welche Beschwerden in unserer Neuzeit die Luftveränderung geradezu ein Zeitbedürfniss, zu einer Art Mode geworden ist. Eine mässige, nach und nach gesteigerte, Bewegung in freier Alpenluft ist nun gerade das Hauptunterstützungsmittel der Heilwirkung der letzteren. Sie ist ein allgemeiner mächtiger Reiz für den ganzen Körper. Alle vom Hirne und dem Rückenmarke ausgehenden Bewegungsnerven werden in regem Spiele durch sie in Thätigkeit gesetzt. Sie pflanzt sich auf die Ortsbewegungsorgane auf die Muskeln, Sehnen, Bänder und Knochen fort. Die Muskelthätigkeit, in gehörigem Maasse ausgeführt, stärkt durch Uebung rasch die Muskelkraft, und befähigt in oft sehr kurzer Zeit zu ganz ungewohnten Leistungen, ohne zu ermüden. Der Reiz der Bewegung lockt in erhöhterm Maasse das Blut in die Muskeln und erfrischt und belebt so deren Substanz, daher dieselben durch Kraftübungen rasch an Umfang und Festigkeit zunehmen. Mit der Grösse der äusseren Muskelbewegung geht die Thätigkeit der vegetativen Organe oder des sogenannten Stoffwechsels Hand in Hand. Die Bewegung im ausgedehntem Grade ist daher vorzugsweise allen Personen anzuempfohlen, welche an Fettanhäufung, Blutüberfüllung und Blutstockung, an Zurückhaltung von Auswurfstoffen leiden.

Saftarmen, schwachen und magern Personen ist dagegen zu anstrengende Bewegung zu missrathen, aber eine ihren Kräften entsprechende zu empfohlen. Neben Märschen sind auch gymnastische Uebungen nach Ling's Weise, zur Uebung aller einzelnen Theile des Körpers sehr rathsam, zu denen auch das in der Schweiz so beliebte Kegelspiel zum Theil gehört. Die körperliche Bewegung, in richtigem Maasse angewandt, bleibt stets eines der vorzüglichsten Unterstützungsmittel der klimatischen Alpenkur, und verdient daher sorgfältige und eifrige Pflege.

3. Das Wasser.

Das Wasser ist für unser Leben und Gedeihen ebenso nothwendig, wie die Luft, welche wir athmen. Aus Wasser kristallisirt unser Körper ebenso gut, als er sich anderseits wieder in Wasser auflöst und verflüssiget. Wenn nach Annahme des Naturforschers Chauffer $^9/_{10}$ unseres körperlichen Gewichtes aus Wasser besteht, so muss dadurch die Wichtigkeit desselben für den menschlichen Organismus augenscheinlich werden. Es ist daher begreiflich, dass in allen Jahrhunderten denkende Aerzte in ihm eine Art von Universalmedizin erkannt haben. So wurde schon im Laufe des fünfzehnten Jahrhunderts sein Ruf bei äussern Krankheiten in Frankreich und Italien bis zu den Sternen erhoben, und erhielt sich ungeschmälert zwei Jahrhunderte lang. Einen zweiten Aufschwung nahm die Wasserheilkunst durch den Engländer Floyer in seinem Geburtslande und breitete sich gegen das Ende des siebenzehnten Jahrhunderts auch über Deutschland aus. Eine dritte Periode rief der englische Arzt W. Wright im Jahre 1786 ins Leben. In Deutschland trat zu Ende des zweiten Jahrzehntes unseres Jahrhundertes. Sigmund Hahn für die Heilkraft des kalten Wassers in die Schranken, und ihm folgt der Laie Professor Oertel in Ansbach. Im Jahr 1832 gründete Vinzenz Priesnitz zu Gräfenberg in Schlesien die erste kleine und einfache Kaltwasserheilanstalt. Nach diesem Vorbilde entstanden nun rasch eine grosse Menge ähnlicher Kuranstalten in Deutschland und in der Schweiz. Das reine, frische, klare Quellwasser regt die Thätigkeit der Schleimhaut des Darmkanals an, zugleich jene der mit ihm zusammenhängenden absondernden Drüsen so wie auch die Muskelthätigkeit des Nahrungskanals. Es befördert daher die Auflösung und Umwandlung der Speisen und ihre Fortbewegung im Darm, so wie die Aufsaugung des Nahrungssaftes in den aufsaugenden Gefässen als sogenanntes blutverdünnendes Mittel. In dieser Weise dient es zur Fortbewegung und Vertheilung des Blutes im grossen und kleinen Kreislaufe. Es speist die wasserreichen Nerven, und ermöglicht die Wirksamkeit der Muskeln. Die Menge des Wassergehaltes im menschlichen Körper steht im geradem Verhältniss zu seinem Stoffwechsel. Dieser ist um so lebhafter, je mehr Wasser getrunken wird. Je mehr wir Wasser oder andere Flüssigkeiten trinken, desto mehr harnen und schwitzen wir. Wie das atmosphärische Wasser in tropfbarer Gestalt als Regen zur Erde fällt, dieselbe durchdringt, Stoffe aus ihr auflöst, und solche als Quelle zu Tage fördert; so geschieht ein ähnlicher Auflösungsprozess durch fleissiges Wassertrinken im menschlichen Körper. Durch die vermehrte Auflösung und Ausscheidung organischer Bestandtheile wird ebenso sehr ein Schwinden angehäufter Fettmassen eingeleitet, wie durch fortgesetzte angestrengte Körperbewegung. Reichliches Wassertrinken und fleissige Bewegung sind daher sehr wirksame Mittel gegen Fettleibigkeit und die Vollsaftigkeit. Dagegen ist Wassermangel dem Körper ebenso schädlich wie der Mangel an körperlicher Bewegung. Bei Mangel an Wasser verdichtet die Blutmasse und wird ihr Kreislauf langsam. Muskeln und Nerven erschlaffen und die Aneignung des Nahrungsstoffes wird gestört. Leute mit runden Bäuchleins, welche zu reichliches fettstoffiges Material besitzen, die an venöser Ueberfüllung in der Pfortader und an ihren Folgekrankheiten, Hämorrhoiden, Gicht und Stein leiden, finden in reiner Alpenluft, in Bewegung und im Wassertrinken das rettende Dreigestirn. In neuester Zeit hat Dr. Bock in Leipzig statt des kalten das warme Wasser zur Trinkkur anempfohlen, und in einigen besondern Fällen mag es wirklich den Vorzug verdienen. Die Wirkung des Wassers auf den menschlichen Körper ist theils eine mechanische, theils eine physikalische und chemische. Alle diese drei Momente müssen vom gewissenhaften Arzte bei Feststellung des Kurplanes wohl erwogen werden, und je nach ihrer Anwendungsart können sehr verschiedenartige, mitunter einander ganz entgegengesetzte, Heilzwecke erreicht werden. Die Anwendungsweise des Wassers als Kurmittel erfordert daher einen wissenschaftlich gebildeten tüchtigen Arzt, und darf daher nicht bloss ein dreistes Probieren eines Laien sein. Das kalte Wasser, in äusserer und innerer Anwendungsweise, das fleissige Trinken kalten Wassers in Verbindung mit vieler Bewegung in der Alpenluft ist besonders Personen zu empfehlen, welche in Folge üppiger Lebensweise und weniger Bewegung zu viel organisches Material in übermässiger Fett- oder Blutbildung in ihrem Körper angehäuft haben. Die äussere Anwendung besteht in Sturz- und Vollbädern, kalten Waschungen, Ueberschlägen, in Verbindung mit kräftigen Reibungen, wie solches in den Kaltwasseranstalten geschieht. Die Trinkkur kalten Wassers steigert die Thätigkeit der Nieren, der Leber und des Darmkanals, und vermehrt die Anzahl und Kraft der Pulsschläge. Durch vermehrte Ausscheidung unbrauchbar gewordener Stoffe verliert der Körper an Gewicht und fette Personen werden daher magerer. Die Wirkung des kalten Wassers in äusserer Anwendungsweise in den schon angedeuteten Arten bewirkt eine kräftige Reizung der Hautnerven, zugleich mit Herabstimmung ihrer zu sehr gesteigerten Empfindlichkeit, und ruft dadurch das Blut von den innern Körperhöhlen mehr nach der Körperoberfläche. Sie bewirkt dabei einen starken Wärmeverlust, und dadurch beschleunigt sie den Stoffwechsel. Die äussere Anwendung des Wassers kann auch in Dampfform stattfinden. Dieselbe regt die Gefäss- und Nerventhätigkeit ohne Wärmeverlust an und befördert den Stoffwechsel vorzugsweise durch vermehrte Schweissbildung. Die tropfbar flüssigen warmen Bäder wirken endlich beruhigend auf die empfindlichen Hautnerven ein, und pflanzen diese Wirkung auch auf die innern Organe fort. Da sie ohne Wärmeverlust die Hautthätigkeit nur mässig mit in Anspruch nehmen, so regen sie den Stoffwechsel nicht besonders an, sondern halten ihn vielmehr etwas zurück.

Die mechanische Wirkung des Wassers ist theils allgemein im Vollbade durch den Druck seiner Masse theils örtlich durch Fall im Sturzbade. Sie ist bedeutungsvoller, als sie gewöhnlich erachtet wird, indem sie die Rückwirkung des Organismus nach aussen leitet. In dieser Rückwirkung besteht vorzugsweise neben dem raschern Stoffwechsel die physikalische Wirksamkeit des Wassers. Die chemische Wirksamkeit beruht endlich auf den chemischen Beimischungen des Wassers, die oft arzneilicher Natur sind. Sehr häufig findet sich in demselben die Kohlensäure, theils frei als flüchtiges Gas, theils an verschiedenartige Basen gebunden. Die Kohlensäure hält, wie bekannt, die Mitte zwischen organischer und mineralischer Säure, und verbindet daher die Eigenschaften der Säure mit jenen eines flüssigen Reizmittels. In flüchtiger Gasform wirkt sie aufregend auf das Nervensystem, löscht den Durst, erfrischt die Muskelthätigkeit und die Organe der Blutbereitung und des Stoffwechsels. Sie wirkt daher wohlthätig bei Störungen der Magenthätigkeit durch Blähungen, Säurebildung, Verschleimung, Mangel an Esslust, Uebelkeit und Brechreiz; ebenso bei Störungen im Darmkanal, in der Leber und den Nieren, deren Thätigkeit sie mit jener der äussern Haut vermehrt. Sie wirkt aber nachtheilig bei Schwäche mit Neigung zu Blutzersetzung wie im Skorbut. Wenn in Mineralwässern die freie Kohlensäure reichlich vorhanden ist, so werden dieselben dadurch um so angenehmer und leichter verdaulich, aber sie bewirkt mit der Erregung des Nervensystemes zugleich Blutwallungen und mitunter Blutungen.

Findet sich die Kohlensäure im Mineralwasser an Eisen gebunden, in den sogenannten Eisensäuerlingen, so wird ihre stärkend anregende Wirkung auf den ganzen Darmkanal um so nachhaltiger. Der Nahrungsstoff wird alsdann plastischer und bildet ein an Fasterstoff und rothen Blutkügelchen um so reicheres Blut, welches mit grosser Lebendigkeit alle Lebensverrichtungen fördert. Das Blut erhält mit grösserer Dichtigkeit auch vermehrtere Gerinnbarkeit, und mit kräftigerem Herz- und Pulsschlag entsteht auch ein kräftigeres Zusammenziehungsvermögen der Muskelfaser.

Das Zusammenwirken des flüssigen Reizmittels der freien Kohlensäure mit den mehr zusammenziehenden Eigenschaften des Eisens macht die Eisensäuerlinge zu einem vortrefflichen Heilmittel für das gesunkene Blut- und Nervenleben. Manche Trinkquellen unserer klimatischen Kurorte der Schweiz enthalten Schwefel als Zusatz zu andern Mineralien. Der Schwefel ist nun der gerade Gegensatz des Eisens, indem er auflösend und verflüchtigend wirkt und die Ausscheidungsorgane ohne Erhitzung anregt. Er wirkt vorzugsweise günstig bei Stockung in der Pfortader, indem er verflüssigend die Stockung und Ueberfüllung hebt; die Salze, welche manche Mineralquellen unserer klimatischen Kurorte enthalten, bestehen meistens aus Basen von Bittererde, Kali und Natron an Kohlensäure, Salz- und Schwefelsäure gebunden. Sie wirken je nach ihrer Beschaffenheit in grössern Gaben

entschieden abführend, in kleinern dagegen fördern
sie neben dem Stuhlgange zugleich die Ausscheidungen
der Leber, der Nieren, der Schleimhaut des Darmkanals und der Lungen so wie der äussern Haut.
Längere Zeit fortgebraucht, setzen sie die Thätigkeit
der Lungen und der Haut herab und damit auch die
Temperatur des Organismus und bewirken durch Rückbildung des organischen Materials, Abmagerung und
Hautblässe. Sie passen daher vorzugsweise bei vollsaftigen Personen mit dicken Bäuchen, bei guten Essern
und Trinkern mit Stockungen in der Pfortader und Leber.

Ist das Natron mit Kohlensäure in den sogenannten alkalinischen Säuerlingen vorwaltend, so wirken dieselben besonders auf krankhafte
Zustände des Magens mit Säurebildung sowie auf
die drüsigen Organe und ganz besonders auf die
Nieren. Die Wirksamkeit des Wassers auf unsere
Körper wird sodann auch durch seine Temperatur
bestimmt. Während nämlich die Wärme ausdehnt
und verflüchtigt, zieht dagegen die Kälte zusammen.
Die Wärme wie das Licht wirkt erregend auf uns
ein, wenn ihre Wirkung nicht zu lange dauert. Ist
dieses aber der Fall, so wird die Wirkung schwächend. Die Kälte dagegen beschränkt das Uebermass der organischen Thätigkeit, den Blutandrang
und Blutfluss, den zu raschen Stoffwechsel. Durch
dieselbe wird daher der Ausdehnung und Erschlaffung
der Gewebe, der Abspannung der Nerven und der
Hitze des Körpers entgegengewirkt. Mässige Kälte

wirkt daher **stärkend** durch ihren erfrischenden Reiz, durch Mässigung des Kreislaufes und Zusammenziehung der Muskeln. Sie kann aber andererseits durch zu lange Einwirkung auch **schwächend** werden. Kalte Bäder passen daher für kräftige und starke, warme für schwache Personen. **Kaltwasserkuren** sind daher am Platze für Leute mit derber Haut und grosser Empfindlichkeit für Witterungseinflüsse, die eben durch **Abhärtung** gehoben wird. Warme Bäder dagegen sagen alten schwächlichen Personen zu, welche einer Belebung ihrer Haut bedürftig sind, zugleich mit einer solchen ihres Nerven-, Blut- und Muskelsystemes. Sie dienen auch häufig zur Beseitigung schmerzhafter Nervenaufregung und unordentlicher Reaktion im Muskelsysteme, bei Krämpfen. Warme Mineralquellen wie Pfäffers, Leuk passen mehr bei phlegmatischen und reizlosen Personen, bei eingewurzelter vegetativer Entartung, welche einer stärkern Anregung der Ausscheidungsorgane des Blut- und Nervensystems bedarf.

4. Die Molken.

Die Molken oder **Schotten**, wie wir Schweizer dieses Nebenprodukt bei der Käsebereitung nennen; sind schon im grauen Alterthum bekannt gewesen. Ihre Anwendung als arzneiliches Kurmittel theils mit, theils auch ohne Alpenluft ist jedoch vorzugsweise eine Errungenschaft unseres Jahrhunderts. Seit die neue physiologische Schule auf dem Gebiete der

Arzneiwissenschaft die Oberherrschaft kühn errungen hat, und dieselbe von Jahr zu Jahr mehr ausdehnt, entstehen auch in der Schweiz alljährlich immer wieder neue Molkenkuranstalten auf allen aussichtreichen Höhen und Hochthälern und erfreuen sich eines rasch wachsenden Zuspruches. Die Molken sind bekanntlich eine klare, halbdurchsichtige, gelbliche Flüssigkeit, welche süsslich fade schmeckt, im Sonnenlichte allmälig sich trübt und eine weissliche Farbe annimmt. Sie wird durch Scheiden aus der Milch von Kühen und Geissen gewonnen, und zwar vorzugsweise von solchen, welche bei freiem Weidgange von aromatischen Alpenkräutern sich nähren, von denen sie dann auch einen besondern Beigeschmack erhält. Dieser ändert sich ganz natürlich im Fortgang der Vegetation den Frühling, Sommer und Herbst hindurch. Während nämlich die Molken im Frühling mehr säuerlich schmecken, bekommen sie dagegen im Sommer bei der Entfaltung der duftigen wohlriechenden Alpenflora auch einen aromatisch flüchtigen Geschmack, den sie im Herbste nach und nach wieder verlieren. Bei grosser Hitze und drohenden Gewittern, wenn die Milch so gerne zu gerinnen pflegt, bekommen die Molken im Hochsommer vorübergehend auch wieder einen säuerlichen Beigeschmack. Dieser wird nach mehrtägigem Regenwetter grasig und widerig lehmartig, weil dann die Kühe und Geissen um die Sennhütten herum sich aufhalten und nicht den duftigen Alpenkräutern in den Felsenritzen der zerklüfteten Fluhbänder nachsteigen. Ja, von dem Bärenlauch (Allium ursinum) der in grosser Menge um viele Alpenhütten wächst, bekommen die Molken dann auch einen Knoblauchgeschmack. Je nach der genossenen Nahrung der Thiere ist der chemische Gehalt der Molken sehr verschieden. Man rechnet nämlich auf 1 Pfund Molken, 2 Loth feste Bestandtheile. Diese bestehen aus 5 Quentchen Milchzucker, 1 Quentchen Osmazon, 2 Quentchen Milchsäure, Schleim Käsestoff und phosphor- und salzsauren Salzen.

Die Wirkung der Molken auf den menschlichen Körper ist eine ebenso verschiedenartige als tiefgehende. Sie verdienen in mancher Beziehung den Vorzug von den Mineralwassern, weil sie als thierischer Stoff unserem Organismus näher stehen.

Die Molken wirken vorerst eigenthümlich bethätigend auf die Schleimhäute, indem sie ihr Gewebe befeuchtend tränken, auflockern und ihre Absonderung befördern. Dadurch heben sie in denselben den Zustand der Sprödigkeit, Trockenheit, krampfhafter oder auch entzündlicher Spannung und schleimloser Wundheit. Diess gilt sowohl von der Schleimhaut der Lungen wie des Darmkanals. Auf erstere wirkt besonders wohlthätig der Schleim- und Zuckerstoffgehalt der Molken; daher ihr grosser Ruf bei Brustleiden zur Beschwichtigung des Hustens und zur Beförderung des stockenden Auswurfes. Neben ihrer direkten Wirkung auf Beförderung der Stoffausscheidung ist sodann auch diejenige auf die Ausscheidungs- und Reinigungsorgane, auf Leber Nieren- und Haut sehr beachtenswerth, indem ihre Thätigkeit durch Molkentrinken sehr befördert wird. Diese bethätigende Wirkung zeigt sich je nach der Persönlichkeit des Molkentrinkers sehr verschieden, indem ihre Erscheinungen in einer gewissen Reihenfolge auftreten, und bald die Lungenschleimhaut bald jene des Darmkanals treffen, bald wieder mehr die Nieren oder auch die Haut, und so als harn- und schweisstreibendes Mittel wirken.

Die Witterung und die Natur der Krankheit entscheiden neben der Individualität des Kranken über die vorwaltende Ausscheidungsthätigkeit des einen oder andern Organes. Diese Ausscheidung hat sodann bei Krankheiten fehlerhafter Blutmischung, wie bei Skropheln, Gicht, Goldader, Bleichsucht, meist eine kritische Bedeutung, und darum sind bei mangelhafter Ausscheidung die Molken von grosser Wirksamkeit.

Eine dritte wesentliche Wirksamkeit der Molken geht auf das Blutsystem und die Säftemasse. Durch ihren Gehalt an Wasser, Milchzucker und Salzen üben sie nämlich eine blutverdünnende, versüssende, auflösende und verflüssigende Kraft auf die Säftemasse des menschlichen Organismus aus. Sie regen nämlich ganz gelinde die Lymphgefässe und die Venenwurzeln zu ihrer aufsaugenden Thätigkeit an, und befördern durch ihre entsprechende Menge die Verflüssigung der Blutmasse. Dadurch wird die vorwaltende Plastizität des Blutes vermindert, und findet zugleich eine wohlthätige Herabstimmung des Gefässsystemes statt. Werden aber die Molken in zu reichlichem Masse gebraucht, und enthalten sie zu viel Zuckerstoff und auflösende Salze, dann wird die Verflüssigung zu überwiegend, und eine übermässige Ausscheidung durch die Haut, die Nieren, die Leber und den Darmkanal stellt sich ein. Die Molken wirken durch ihre sanft herabstimmende Kraft beruhigend auf das durch krampfhafte Schwäche und Schmerzen geschwächte Nervensystem ein, und werden so krampf- und schmerzstillend. Ebenso passen sie auch bei entzündlicher Reizung, wie bei sogenannten Hautschärfen. Durch ihre festen Bestandtheile haben die Molken neben ihrer auflösenden zugleich eine **nährende Kraft**, welche in dem in ihnen enthaltenen Milchzucker, Osmazon, Schleim und Käsestoff beruht. Durch diese Eigenschaft unterscheiden sich die Molken wesentlich von den verschiedenartigen Mineralwässern, welche nur eine auflösende nicht aber eine ernährende Wirkung haben. Wenn keine andern Nahrungsmittel, so werden doch Molken ertragen, und diese reicht selbst hin, dem Kranken die nöthigste Nahrung und Kraft zu ertheilen. Die Molken empfehlen sich in solcher Weise als ein mild ernährendes, beruhigendes und zugleich sehr verdauliches Heilmittel, und verdienen daher von den auflösenden Mineralwässern und andern entsprechenden Arzneimitteln weitaus den Vorzug. Als thierische Substanz werden sie vom Organismus leicht aufgenommen, und da sie proteinarm, dagegen an Kohlenhydraten und Salzen reich sind, und zugleich durch Alpenluft und Bewegung entsprechend unterstützt werden, so haben sie bei regelrechter Gebrauchsweise eine tiefe und nachhaltige Einwirkung auf den kranken Organismus, ohne dass sie, wie andere Arzneien oder auch starke Mineralwässer, irgend welchen Nachtheil zurücklassen.

Die Molkenkur kommt als Unterstützungsmittel der klimatischen Alpenluftkur vorzugsweise in Anwendung: bei Krankheiten der Athmungswerkzeuge, der Lungen, der Luftröhre, des Kehlkopfes, bei langwierigen Brustkatarrhen, bei Lungenknoten im noch rohen Zustande vor der Zerfliessung, bei Heiserkeit, andauernder entzündlicher Reizung der Lungenschleimhaut, häufigem Reizhusten, Drücken auf der Brust, Kurzathmigkeit, Blutspeien und Bluthusten, ja selbst bei Blutsturz, bei erblicher Anlage zu Schleimschwindsucht. Sodann bei leichter Aufregung im Gefässsystem mit Blutwallungen, Herzklopfen mit anererbter oder erworbener Erweiterung des Herzens. Weiter bei Krankheiten der Verdauungs- und Unterleibsorgane, besonders bei krampfhafter Reizung des Magens mit Neigung zur Stuhlverstopfung, Anschwellung und Verhärtung des Magens, der Bauchspeicheldrüse, der Leber und Milz, bei Stockungen in der Pfortader, bei Goldader, Gicht und Flechten wie überhaupt bei sogenannten Hautschärfen mit lästigem Hautjucken; bei Krankheiten der Harn- und Geschlechtsorgane mit catarrhalischer Reizung, mitunter mit eiterartiger Schleimabsonderung und entzündlicher Reizung. Wohlthätig wirken endlich die Molken bei Krankheiten des Nervensystems mit gesteigerter Reizbarkeit, besonders bei Hypochondrie, Hysterie, bei Krämpfen.

Die gewöhnliche Anwendungsweise der Molken ist als Trinkkur. Seltener werden Molkenbäder angewendet. Noch seltener Molkenklystiere.

Die Molken werden morgens nüchtern lauwarm getrunken, so wie dieselben, in aller Früh, in hölzernen reinlichen Milchgefässen (Taussen, Bütten) sorgfältig verschlossen, von den Alpen kommen. Man beginnt mit einem Glase und steigt bis auf acht, nur selten bis zwölf, indem man von Viertelstunde zu Viertelstunde ein Glas trinkt, und in der Zwischenzeit fleissig herumgeht.

Nur schwächliche und zur Verkältung sehr geneigte Personen mögen die Molken in sehr kleiner Menge im Bette trinken. Die Molkenbäder, die indessen ziemlich theuer sind, finden ihre besondere Anwendung bei langwierigen Hautausschlägen im Gesichte und an andern Körpertheilen, besonders, wenn sie mehr nässender Art sind.

Molkenklystiere werden gleichzeitig mit der Trinkkur bei hartnäckiger Stuhlverstopfung angewandt, oder auch für sich allein in dem sehr seltenem Falle, wo der Magen die Molken nicht erträgt. —

Eine vollständige Molkenkur muss eine Zeitdauer von 3 bis 6 Wochen haben. Bei längerer Ausdehnung der Kur ist zu rathen, mit kleinerer Menge Molken anzufangen.

Die Lebensweise bei der Molkenkur muss eine reizlose aber nahrhafte sein. Erhitzende Getränke, schwerverdauliche und reizende, scharfgesalzene oder gewürzte Speisen, müssen vermieden werden. Eine Stunde nach der Trinkkur wird das Frühstück eingenommen. Dasselbe kann aus Suppe oder einer Tasse Milch mit Brod bestehen. Die Mittagtafel darf die schon früher bezeichneten Fleischarten, Fische, grüne Gemüse aber keine Mehlspeisen und Backwerk enthalten. Rohes Obst und Salat ist sorgfältig zu vermeiden. Abends genügt ein bescheidenes Mahl von Suppe, Kalb- oder Hammelfleisch mit etwas gekochtem Obst, damit die Nachtruhe keine Störung erleide, und der Magen sich am Morgen zur Fortsetzung der Molkenkur in der gehörigen Stimmung finde. Kaffe und starker Thee gilt bei der Molkenkur als verbotene Frucht.

5. Die Milch.

Die Milch enthält alle Nahrungsstoffe unseres Körpers in aufgelöstem Zustande in sich, und kann daher als ein vollständiges Nahrungsmittel bezeichnet werden. Als Kurmittel kömmt sie wirklich nur in dieser Eigenschaft eines milden und reizlosen Nahrungsmittels in Betracht, und wird bei Personen im jugendlichen Alter, welche gute Verdauungsorgane besitzen, und bei Personen, welche in Folge starker Säfteverluste sehr geschwächt sind, in Anwendung gebracht. Aelteren Personen sagt die Milch meistens nicht zu, so wie auch allen Kuristen, welche an Blähungen, Säurebildung, Kolik und Durchfällen leiden. Zu empfehlen ist sie bei Nervenschwäche in Folge geistiger Ueberanstrengung, bei Schlaflosigkeit, Abmagerung, Schleimschwindsucht, bei Magengeschwüren, und reizbarer Magenschwäche.

C. Die Traubenkur.

Die Traubenkur als Unterstützungsmittel der klimatischen Luftkur kömmt bei uns in der Schweiz nur am Genfersee, in Sitten und in neuerer Zeit auch am Wallensee in Anwendung. Die Trauben enthalten mit Ausnahme des Fettes alle für den menschlichen Körper erforderlichen Nahrungsstoffe in ihren reifen Beeren, nämlich Eiweiss und Kleber, Zucker, Gummi, Textrin, Gerb- und Farbestoff, organische Säuren, und zwar Wein-, Trauben-, und Citronensäure. Sie sind nicht so nahrhaft wie die Milch, weil sie kein Fett enthalten. Ihre Wirkung ist daher eine leicht nährende, erfrischende und auflösende. Da die Trauben sehr arm an Stickstoffbildungen sind, dagegen 82% Wasser und $1^1/_2$% Eiweiss enthalten, so ist begreiflich ihre ernährende Kraft sehr gering. Sie enthalten sodann noch 16% Zucker, Gummi und Textrin nebst einer ganz geringen Menge organischer Säuren, welche vorzüglich die Anregung des Stoffwechsels vermitteln. Die Trauben können vermöge ihrer chemischen Bestandtheile nicht sowohl zur Kräftigung des Organismus dienen, sondern im Gegentheil zur Beförderung der Rückbildung und Verflüssigung. Durch diese Wirkung hat ihr Gebrauch Abmagerung, Durchfall und Nachtschweisse zur Folge. Kranken, welche an Lungenknoten leiden, ist die Traubenkur zu missrathen. Dr. Pircher in Meran hat bei Kehlkopfleiden vom Gebrauch der Traubenkuren wiederholt Bluthusten auftreten sehen, und zwar zweifelsohne wegen der Reizung, welche der Zuckergehalt der Trauben im Kehlkopfe erzeugt.

Den besten Erfolg zeigt die Traubenkur in Verbindung mit Luftveränderung bei langwierigen Unterleibsleiden, welche auf örtlicher Blutanhäufung im Unterleibe und auf Stauungen in der Pfortader beruhen, und sich als Leber- und Milzauftreibungen, als Reizung der Gallenwege mit Gelbsucht und als Goldaderanschwellungen kund thun. Ebenso bei Herzklopfen, welches in diesen Stockungen seinen Grund hat. Hieher gehören dann die vielerwähnten Nervenstörungen auf materieller Basis der Unterleibsvollblütigkeit, und die Blutüberfüllung des Gehirnes in Folge geistiger Ueberanstrengung.

Ebenso wohlthätig ist aber auch die Wirkung der Trauben auf alle Schleimhäute und zwar bei chronischem Catarrh der Lungen wie des Magens und Darmkanals, der Harn- und Zeugungsorgane. Zeigt sich bei der Traubenkur bei zunehmender Abmagerung eine gesteigerte Reizbarkeit der Nerven, so muss sie ausgesetzt werden. Die Traubenkur ist auch als Nachkur einer im Hochsommer in der Alpenregion vorausgegangenen Molkenkur sehr zu empfehlen.

7. Die Fichtelnadelbäder.

In neuester Zeit hat man an einigen unserer klimatischen Luftkurorte auch die balsamischen Kiefernadel- oder Fichtennadelbäder gegen rheumatische Beschwerden mit Erfolg in Anwendung gebracht. Bei ihrem Gebrauche stellt sich eine sehr vermehrte Ausscheidung der unorganischen Verbindungen durch den Harn ein, und zwar werden besonders die Phosphate in beträchtlicher Menge ausgeschieden, während dagegen die Ausscheidung der bei Rheumatismus vorwaltenden Harnsäure sich vermindert. Auf diesem naturgemässen Vorgange beruht wohl hauptsächlich die heilsame Wirkung der Fichtennadelbäder bei Rheumatismus. Ist uns auch die Ursache noch unbekannt, warum bei Rheumatismus die Harnsäurebildung so krankhaft vorwaltet, so liegt doch in der Beseitigung derselben die Heilwirkung der Fichtennadelbäder.

8. Die Erdbeerenkur.

Seit wenig Jahren hat man in Interlacken auch die Erdbeeren als Unterstützungsmittel der klimatischen Luftkuren anzuwenden angefangen. Da der Frühling vier volle Wochen braucht, um von der Thalsohle bis zur obersten Pflanzengrenze, in der die

Erdbeere noch gedeiht, hinanzusteigen, so wird eine längere Erdbeerenkurzeit dadurch möglich. Die Erdbeeren zeichnen sich namentlich in neuen Schlägen unserer Gebirgswaldungen durch einen eigenthümlich würzigen Wohlgeschmack aus, und wirken sehr heilsam kühlend und auflösend. Wenn sie auch bisher höchst selten als Nachtisch auf der Mittagtafel unserer Alpenkurorte fehlen, so verdient doch ihre arzneiliche Verwendung als eigentliches Kurmittel die vollste Aufmerksamkeit und sorgfältigste Beobachtung.

Fünftes Kapitel.

Von den klimatischen Kurorten der Schweiz im Besondern.

Um in die reiche Masse von mehr als 150 Kurorten eine gewisse geordnete Uebersicht zu bringen, wählen wir bei ihrer Schilderung die geographische Lage derselben als Grundlage, und bringen sie in einzelne Gruppen, die dann aber von der Thalsohle in die höhern Regionen in Unterabtheilungene und Stufen hinansteigen. So ergiebt sich uns eine entsprechende Reihenfolge, welche bei dem sehr oft so nothwendigen Wechsel der Kurorte für den Kuristen von Wichtigkeit und daher sehr wünschbar ist. Wir beginnen mit Rücksicht auf die politische Geschichte der Schweiz und die wundervollen Naturschönheiten mit der Gruppe des Vierwaldstättersees und des Berneroberlandes, wenden uns sodann nach dem Osten und Norden der Schweiz, hernach nach dem Westen und zuletzt nach dem Süden. In der Gruppe des Vierwaldstättersees unterscheiden wir die klimatischen

Kurorte des Kantons Uri, Schwyz, Unterwalden und Luzern und zwar in Zusammenstellungen nach der Höhen-Region, sowie einer örtlichen Zusammenhörigkeit wie zum Beispiel in der charakteristischen Rigigruppe. In solcher Weise gestaltet sich für uns folgende Uebersichtstabelle:

I. Die klimatischen Kurorte der Urschweiz.

1. Die Kurorte des Kantons Uri.

Hügelregion.
Höhe zwischen 1000 und 2000 Fuss über dem mittelländischen Meere
Altdorf und Bürglen.

Voralpenregion.
Zwischen 2000 und 4000 Fuss.
Maria Sonnenberg auf dem Seelisberg.

Alpenregion.
Zwischen 4000 und 5000 Fuss.
Andermatt im Urserathal.

2. Die Kurorte des Kantons Schwyz.

Hügelregion.
Seewen. Brunnen. Gersau. Schwyz. Nuolen. Wäggisthal.

Voralpenregion.
Stoos. Rigi-Klösterle. Rigi-Staffel. Rigi-Scheidegg.

3. Die klimatischen Kurorte des Kantons Unterwalden.

Hügelregion.
Beckenried. St. Antoni. Stanz. Stanzstad. Rotzloch. Rotzberg. Kerns. Sarnen.

Voralpenregion.
Engelberg. Schwendikaltbad. Schönegg.

Alpenregion.
Gasthaus zum Klimsenhorn. Gasthaus Bellevue auf dem Pilatus.

4. Die klimatischen Kurorte des Kantons Luzern.

Hügelregion.
Stadt Luzern und ihre Pensionen. — Wäggis. Vitznau.

Voralpenregion.
Sonnenberg. Hergottswald. Eigenthal-Schwarzenberg. Farnbühl. Menzberg. Heiligkreuz im Entlebuch.

Alpenregion.
Rigi-Kaltbad. Schimberg.

5. Die klimatischen Kurorte des Kantons Zug.

Hügelregion.
Die Stadt Zug.

Voralpenregion.
Felsenegg. Schönbrunn bei Menzingen.

6. Die klimatischen Kurorte des Kantons Zürich.

Hügelregion.
Stadt Zürich und die Dörfer um den Zürichsee. Bocken. Nidelbad. Die Weid bei Zürich. Albisbrunn.

Voralpenregion.
Uetliberg. Albispass. Hütten. Gyrenbad.

II. Klimatische Kurorte der Ostschweiz.

7. Die klimatischen Kurorte des Kantons Glarus.

Hügelregion.
Stachelberg im Linththal. Richisau im Klönthal.

8. Die klimatischen Kurorte des Kantons St. Gallen.

Hügelregion.
St. Gallen und Umgebung. Rorschach. Fröhlichsegg. Wallenstad.

9. Die klimatischen Kurorte des Kantons Appenzell.

Voralpenregion.
Appenzell. Weissbad. Gonten. Gais. Heiden. Wolfshalden. Heinrichsbad.

10. Die klimatischen Kurorte des Kantons Graubünden.

Voralpenregion.
Churwalden. Fideris. Le Prese. Peiden.

Alpenregion.
St. Moritz. Schuols. Tarasp. Davos. Flims. St. Bernhardin.

III. Klimatische Kurorte der nördlichen Schweiz.

11. Klimatische Kurorte des Kantons Thurgau.

Hügelregion.
Bad Horn. Romanshorn.

12. Klimatische Kurorte des Kantons Schaffhausen.

Hügelregion.
Jnterhallau. Osterfingen. Hasslach. Schaffhausen.

13. Klimatische Kurorte des Kantons
Aargau.

Baden. Biberstein. Brestenberg. Laurenzbad, Jungfernbad. Rheinfelden. Schinznach.

14. Klimatische Kurorte des Kantons Solothurn.

Voralpenregion.

Frohburg. Weissenstein. Balmberg.

15. Klimatische Kurorte des Kantons Basel.

Hügelregion.

Frenkendorf und Kilchzimmer. Schauenburg. Schweizerhall.

Voralpenregion.

Langenbruck.

IV. Klimatische Luftkurorte der Westschweiz

16. Klimatische Kurorte des Kantons Bern.

Hügelregion.

Thun. Interlacken. Böddeli. Meyringen Brienz. Heustrich.

Voralpenregion.

Langnau. Lauterbrunnen. Weissenburg. Gurnigel. Zweisimmen. Rosenlauibad. Grindelwald. Engstlenalp. Abendberg.

Hochalpenregion.
Mürren. Wengernalp. Niesen. Grimselhospiz.

17. Klimatische Kurorte des Kantons Neuenburg.

Voralpenregion.
Chaumond. Tête de Rang.

18. Klimatische Kurorte des Kantons Waadt.

Hügelregion.
Montreux. Vivis. Sales. Vernex und Chêne. Aigle. Ollon. Bex. Lavey.

Voralpenregion.
Chateau d'Oex. Grossinières, Glion. Les Châlets. d'Avant. Vers l'Eglise. Sepay. La Comballaz. Plans. Veytaux im Jura: Valorbes. St. Cerques. — St. Lavey.

19. Klimatische Kurorte des Kantons Genf.

Voralpenregion.
Mornex. Monetier. Treize-Arbres.

V. Klimatische Kurorte der südlichen Schweiz.

20. Klimatische Kurorte des Kantons Wallis.

Hügelregion.
Saxon. Sitten. Brieg. —

Alpenregion.

Bad Leuk. — Morgins. — Eggioschhorn. Zermatt. Riffelhaus. Theodulsschanze.

21. Klimatische Kurorte des Kantons Tessin.

Hügelregion.

Lugano. — Stabio. — Rovio.

Voralpenregion.

Faido.

Sechstes Kapitel.

Von den klimatischen Kurorten der Urschweiz.

Wo in der Vorhalle der schweizerischen Centralalpen der klassische Vierwaldstättersee vierarmig seinen reinen, in allen Farben spielenden, Spiegel nach den vier Himmelsgegenden auslegt, hat die ewig junge Natur ihr reiches Füllhorn ausgegossen, um mit grossartiger Erhabenheit und entzückender Anmuth seine wechselvollen Ufer zu schmücken. Hier ist kein Fleck Erde, den nicht Sage und Geschichte verewigt, kein lachender Erdwinkel, keine Anhöhe und Ortschaft, die nicht der leidenden Menschheit in ihren tausendfältigen Anliegen eine hilfereiche Zufluchtsstätte böte. Nirgends in unserer ganzen Schweiz finden wir auf einem so geringen Flächeninhalt eine solche Menge von klimatischen Kurorten, wie in unsern sogenannten Urkantonen Uri, Schwyz, Unterwalden und Luzern. Mit jedem neuen Jahr entstehen wieder neue Bauten, und werden die alten vergrössert, um den von Jahr zu Jahr in grösserer Zahl ankommenden Gästen den Aufenthalt angenehm und bequem zu machen. Wir beginnen nach der aufgestellten Tabelle die Aufzählung der klimatischen Kurorte der Urschweiz mit dem Kanton Uri.

I. Klimatische Kurorte des Kantons Uri.

Der Kanton Uri bildet ein wahres Chaos von tiefen Schluchten, engen Thälern, und himmelanstrebenden, wandgähen, ungeheuren Gebirgen. Bisher war er nur über den Gotthardtpass und den mitunter sehr gefährlichen Vierwaldstättersee der übrigen Welt zugänglich. Jetzt wird er durch die neue romantische Axenstrasse, so wie durch die in Angriff genommene Oberalp- und Furkastrasse der Miteidgenossenschaft erschlossen. Keiner der Urnerberge ist niedriger als fünftausend Fuss, mehrere übersteigen die Höhe von zehntausend Fuss, die meisten haben eine solche zwischen acht und neuntausend. Unter ihnen thront wie ein König der weltberühmte Gotthardt in der Mitte der Centralkette des Urgebirges, und sendet seine Arme in mehrere benachbarte Kantone, wo seine Ausläufer wieder Gebirgsketten von über achttausend Fuss Höhe bilden und siebenzehn kleine Thäler umschliessen, welche dreissig Seen und acht Gletscher in ihrem Schosse bergen, und nach allen Himmelsgegenden den Rhein und die Rhone, den Tessin und die Reuss in die Ebene hinabsenden. Die Gletscher nehmen einen bedeutenden Flächeninhalt des Landes ein. Ganze Gebirgsstöcke sind rings damit umpanzert, und stundenlange Alpenthäler mächtig davon angefüllt. Die niedrigsten Berge des Landes liegen an der nordwestlichen Grenze, und hier finden wir den einzigen Bergkurort auf dem Seelisberg.

1. **Altdorf und Bürglen.** In einer starken halben Stunde vom Pfarrdorfe Flüelen, wo im Sommer die Dampfschiffe duzendweise landen, erreicht der Reisende den wie ein Phönix aus der Asche von 1799 erstandenen Flecken Altdorf, den Hauptort des Landes. Es liegt im Osten einer drei Viertelstunden breiten, fast wagrechten Thalfläche, welche zwei wilde Alpengewässer, die dunkelgrüne durchsichtige Reuss und der weissschaumige wilde Schächenbach in sorgfältig ausgeführter Eindämmung durchschneiden. Unmittelbar über dem Flecken erhebt sich der schroffe Grünberg mit seinem uralten Bannwald, der den Flecken vor Lawinen und Felsenstürzen schützt. Auf einem Hügel über dem langhingestreckten Flecken mit seinen hübschen Häusern steht die stattliche Pfarrkirche und noch höher oben das Kapuzinerkloster mit einer reizenden Fernsicht über die fruchtbare Thalfläche und den stillen ernsten Urnersee.

In der Mitte des Fleckens, nicht weit vom Rathause, steht ein bemahlter Thurm, der auf der Stelle sich befinden soll, wo der Knabe Tell bei dem so gefährlichen Apfelschusse ganz unverzagt gestanden habe. Nicht weit davon steht die kolossale Gypsstatue Wilhelm Tells, welche am eidgenössischen Freischiessen in Zürich im Jahre 1857 die dortige Ehrenpforte geschmückt, und dann den Miteidgenossen von Uri von den Zürichern geschenkt worden ist. Ein Brunnen bezeichnet die Stelle, wo Tell beim Apfelschuss gestanden, und heisst darum auch der Tellenbrunnen. In dem Zeughause auf dem Schächengrunde werden mit hoher Verehrung die Panner gezeigt, welche bei Moorgarten und Sempach, bei Aredo und auf der Malserhaide geweht haben, und noch zum Theil mit Heldenblut besprietzt sind. Eine halbe Stunde von Altdorf, am Eingange in das wildromantische Schächenthal, am Ufer des wilden Schächenbaches, liegt das zerstreute Pfarrdorf Bürglen mit zwei alten Burgen der Meier von Zürich. In Bürglen erblickte Wilhelm Tell das Licht der Welt. Eine kleine mit Scenen aus dem Leben unseres Freiheitshelden geschmückte Kapelle bezeichnet auf anmuthiger Höhe die Stelle seines einstigen Wohnhauses. Neben der Kapelle steht ein hübsches modernes Gasthaus, „zum Wilhelm Tell", das sogenannte Pensionäre aufnimmt. Gleich nebenbei steht die neue hübsche Pfarrkirche, unter welcher sich eine unterirdische Kapelle befindet. Es lässt sich nicht leicht ein lieblicherer Erdenwinkel denken, als Bürglen ist. Sein Klima, so wie das von Altdorf ist sehr mild. Beide Ortschaften stehen mitten in einem Walde prächtiger Wallnuss- und Obstbäume, und mitten in saftiggrünen Wiesen. Im Sommer ist die Hitze im Thal so gross, wie drüben über dem Berge im Welschland. Es gibt Winter, wo man im Urnerthalboden keinen Schlitten brauchen kann. Orkanartig fällt der Fön vom Gotthard herab ins Thal, und wechselt mit Regen- und Schneegestöber. Heiss und feucht ist der Sommer. Der Morgen ist in Altdorf wie in Bürglen in der Regel schön, der Mittag sehr schwül, gegen Abend treibt der Westwind sehr gerne bald früher bald später Gewitterwolken herbei, die sich dann häufig in gewaltigen Donnerwettern und in Schlagregen entladen. Der Herbst ist meistens schön und trocken, und die Witterung gleichförmiger und anhaltender, als in jeder anderen Jahreszeit. Der Schnee fällt gewöhnlich erst Ende November, oder im Anfange des Dezember. Die strengsten Wintermonate sind, wie gewöhnlich, Jänner und Hornung. Der Fön dauert im Frühling und Herbst in Altdorf oft acht Tage mit ununterbrochener Wuth fort. Alsdann darf kein Feuer angezündet werden. Es schmilzt dann in vier und zwanzig Stunden mehr Schnee hinweg, als die Sonne in acht Tagen zu tilgen vermag. Neben dem Fön ist der West- oder Wetterwind in Altdorf zu allen Jahreszeiten der häufigste. Der Nordwest oder sogenannte Schoonwind weht im Sommer bei schöner Witterung regelmässig von Mittag bis zu Sonnenniedergang. In sorgfältig gepflanzten Gärten rings um Altdorf gedeihen südliche Pflanzen, und die grasreichen Wiesen sind mit den verschiedenartigsten Obstbäumen bepflanzt. Riesenmässige Wallnussbäume beschatten überall hin die gut erhaltenen Strassen, und an sonnigen Abhängen gedeiht der

Kastanienbaum. Die südliche schwarze Viper zeigt sich hier und da in altem Gemäuer (Gemütsch) um Altdorf. —

Das Klima von Altdorf ist fast ebenso milde, wie in Meran in Südtirol, und passt daher im Frühling und Herbst als Zwischenstation für hochgelegene Kurorte, wie Seelisberg und Stoos bei Lungenkranken, welche an Brustkatarrh oder auch an Lungenknoten leiden, die noch nicht in Zerfliessung übergegangen sind. In den zahlreichen Gasthäusern von Altdorf wie z. B. im goldenen Schlüssel, im Bären (Gallus Reglin), in der Krone, im schwarzen Löwen, im Adler und Stern finden Kurgäste bequemes Unterkommen, und gefällige und billige Bedienung, auch Molken und Ziegenmilch. Brustleidenden, die aus den Niederungen des Flachlandes in unser Hochland hinansteigen, ist Altdorf als Zwischenstation für Seelisberg, Stoos oder die Rigikurorte sehr zu empfehlen.

2. Der Molken Kurort Maria zum Sonnenberg auf Seelisberg.

An der Grenze der Kantone Uri und Unterwalden, unmittelbar über der ewigdenkwürdigen Wiege der schweizerischen Freiheit, dem Grütli „dem stillen Gelände am See", liegt hoch über dem linken Ufer des grossartig erhabenen Urnersees, Brunnen gegenüber, in grünen Bergwiesen das zerstreute Pfarrdorf Seelisberg. Zehn Minuten östlich von der Pfarrkirche führt der Weg durch dunklen Fichtenwald an zahlreichen Wetterlöchern vorbei, die hier als kühle Milchkeller benützt werden, zu der romantischen Wallfahrtskapelle Maria zum Sonnenberg, und neben derselben stehen das alte und neue Kurhaus „Sonnenberg auf Seelisberg", in einer Höhe von 2587 Fuss über Meer. Die Lage ist ausgezeichnet, die Aussicht zaubervoll. Tief unten am Fusse der Felsenwand die Wiese „des Grütlis", und der tiefblaue Urnersee in enger Felsenschale. Rechts im Hintergrunde über der grünen Thalfläche des Reussthals der gewaltige Bristenstock mit seinen Schneefeldern, etwas näher der mit ewigem Schnee und Eis bedeckte Urirothstock mit seinen vielen Gipfeln, und die anmuthige leicht besteigbare und aussichtsreiche Seelisbergerkulm. Links die lachende Wiesenhalde von Brunnen bis Schwyz, dem hübschen Flecken am Fusse der beiden Mythen, die wie zwei riesige Felsenpyramiden ihre zackigen Häupter in rosige Wölklein verhüllen. Drüben über der steilen Felsenmauer der Wasiwand, an der entlang und durch die hindurch in zahlreichen Tunnels die neue Axenstrasse führt, das kleine Bergdorf Morschach, die älteste Pfarrgemeinde des Landes, zwischen zahllosen Granitfindlingen, die einst der Gotthardgletscher bei seinem Schwinden zurückgelassen.

Keine reizendere Bergidylle lässt sich denken, als dieses Morschach, Sonnenberg gegenüber, bietet. Ueber Morschach thürmt sich der prächtige

Fronalpstock und der Roveien empor, weiterhin der hohe Axen und zu seinen Füssen die denkwürdige Tellenplatte mit ihrer offenen, mit Gemälden geschmückten Kapelle. Freunde einer grossartigen und zugleich lieblichen Alpennatur können wohl kaum einen Kurort finden, welcher an malerischen Reizen den Sonnenberg auf Seelisberg übertrifft. Drei Wege führen dahin. Der gewöhnlichste ist der von der Treib hinauf, wo ein Kahn täglich mehrfach die Verbindung mit dem Dampfschiffe unterhält. Von dem Landungsplatze an der Treib, einem einsam stehenden Wirthshause, in welchem vor Jahrhunderten oft Tagsatzungen der Urkantone und lustige Kirchweihfeste der fröhlichen Jugend abgehalten worden sind, führt ein ziemlich holpriger, steiler Reitweg zum Pfarrdorfe Seelisberg in einer Stunde hinan. Man kann sich auch auf bequemen Sesseln hinauftragen lassen, und findet im Wirthshause an der Treib immer Träger, welche Urner sind, und sich billig abfinden lassen. Von der Pfarrkirche aus erreicht man in zehn Minuten den Kurort Sonnenberg.

Etwas weiter, aber wegen überraschenden landschaftlichen Schönheiten sehr empfehlenswerth, ist der Weg von Beckenried über das hochgelegene Unterwaldnerpfarrdorf Emmetten in dritthalb Stunden zu der Kuranstalt. Eine guterhaltene Strasse führt im Schatten saftig grüner Buchen und stattlicher Obstbäume an hübschen Wasserfällen der Riesleten, und an dem ganz neu erbauten Kurhause Schönegg vorbei, ziemlich steil zu dem hochgelegenen, friedlichen Bergdorfe hinan. Von da gelangt man in ein schmales stilles, grünes Wiesenthälchen, in welchem man auf einer guten Strasse fast ganz eben bis an die Urnergrenze fortwandern kann. Hier aber hört die schöne Strasse auf, und der rauhe Fusspfad führt über Trümmergestein durch einen kleinen Tannenwald hinan, bis man plötzlich das rechte Ufer des Urnersees und die ihn umschliessenden gewaltigen Gebirgsstöcke, und tief unten zu den Füssen in enger Gebirgsschale den dunkelgrünen Alpensee von Seelisberg liegen sieht. Der Seelisbergersee ist 170 Fuss tief, sehr krebsreich und hat $^2/_3$ Stunden im Umfang. Der dichterische Volkssinn webt einen ganzen Kranz seltsamer gespenstischer Sagen um den ernsten und düstern Alpensee, in dessen klarem Spiegel die Seelisbergerkulm sich wohlgefällig selbstbeschaut. Ein chamäleonartiges Gespenst trieb vor alten Zeiten hier seinen Spuck, nämlich der tückische Elbst. Oft lag es wie ein abgesägter Baumstamm am Ufer. Aber wehe dem müden Wanderer, der sich verlocken liess, zu kurzer Rast sich auf ihn nieder zu lassen. Plötzlich verschwand es hinab auf tiefen Seesgrund und riss sein Opfer mit sich. Bisweilen sah man es sich auf demselben wie eine grosse Heerde junger Schweine fortbewegen. Oft auch fasste es als eine ungeheure Riesenschlange den See wie ein anscheinend lebloser Ring ringsum ein. Vom Ufer des Sees erreicht man über liebliche Alpweiden in kurzer Zeit das ersehnte Reiseziel, den Kurort Seelisberg. In Beckenried findet man Reitpferde, und beim Pfarrer und Kaplan in Emetten sowie in dortigen Wirthshäusern Erfrischungen. Ein dritter Weg führt von Flüelen über Bauen und an dem Schlösschen Beroldingen, der Stammburg des in Süddeutschland blühenden adeligen Geschlechtes, vorbei nach Seelisberg.

Endlich führen auch noch zwei äusserst steile Wege vom Grütli aus nach Seelisberg hinauf, die aber Damen zu missrathen sind. Die beiden Kurhäuser sind ringsum von Wäldern umschlossen, welche durch ihre balsamisch stärkende Ausdünstung wohlthätig auf den geschwächten Organismus einwirken und zugleich die Tageshitze mässigen. Nach Westen ist die Kuranstalt durch eine Felsenwand gegen den Wetterwind geschützt. Zwei Winde herrschen auf Seelisberg bei guter Witterung. Von Morgens 5 bis 8 Uhr geht nämlich ein leichter Nordwestwind von Schwyz herauf, und Abends von 6 bis 9 Uhr stellt sich der sogenannte Heiterwind ein. Die mittlere Sommerwärme auf Seelisberg beträgt 18°, die höchste 24° R. Durchschnittlich ist auf Seelisberg Nachmittags die Temperatur 2—4° R. kühler als unten im Thal. Während jedoch unten im Thal über Nacht der Thermometer bis auf 12 ja 10° R. herabfällt, ist dieses auf Seelisberg nur auf 13 bis 14 Grade der Fall.

Die Kurmittel auf Seelisberg sind neben der mild stärkenden Alpenluft Morgens und Abends frisch gemolkene Kuh- und Geismilch, vorzugsweise aber frische Molken.

Das neue Kurhaus enthält 24 Gastzimmer, das alte 20, mit zusammen 70 Betten. Die Zimmer sind einfach aber reinlich. Die Kost ebenso und reichlich.

Der gegenwärtige Kurwirth ist **Regierungsrath Trautmann**. Die Anstalt wird alljährlich schon früh von Gästen angefüllt. Früher waren es meistens Basler, Zürcher und Luzerner. Jetzt schickt Amerika, Deutschland, England, Frankreich, ja selbst Ostindien, zahlreiche Sendboten. Die Anstalt zählt einige Kurgäste, welche schon seit 16 Jahren sie regelmässig besuchen, und stets ihre Zimmer schon auf das nächste Jahr wieder vorausbestellen. Am stärksten ist der Besuch im Juli und August. Die Kurzeit dürfte aber ganz wohl von Mitte Mai bis Mitte Oktober verlängert werden, weil im Vor- und Nachsommer die Temperatur auf Seelisberg angenehmer und gleichartiger ist, als im Hochsommer. Die schattigen Wälder bieten eine Menge angenehmer Spaziergänge; so zum Schlösschen **Beroldingen**, zur Pfarrkirche auf dem **Zingel**, zum **Känzeli**, auf die „**Egg**" auch genannt „**Hôtel Schneller**", zu Ehren des ältesten Stammgastes des Stadtarchivars Schneller von Luzern. Von hier überblickt man das Reusthal bis zum Fusse des Gotthard. Fernere Spaziergänge sind auf die **Schwendifluch**, an den **Selisbergersee**, und nach **Emmetten**. Die meisten Kurgäste besuchen Seelisberg zur Erholung von den Anstrengungen der Tagesgeschäfte, nach überstandenen, schweren Krankheiten. Frauen kommen nach schwierigen Geburten, mit ihren scrophulösen Kindern. Bleichsüchtige Mädchen mit sogenannter wässriger Vollblütigkeit, bei mangelhafter Bildung der Blutkörperchen, und selbst Kandidaten der Lungenschwindsucht im ersten Stadium. Vor Herstellung der beiden Kurhäuser fanden vor bereits vierzig Jahren Brustkranke Aufnahme beim Pfarrer und Kaplan so wie im Wirthshause. Die Luft ist indessen in der Umgebung der Kirche auf dem Zingel rauher und ihre Temperatur 1 bis $1\frac{1}{2}°$ niedriger, als auf Sonnenberg. Die tyrannische Macht der Mode ist mit ihrem mehrmaligen, täglichem Kleiderwechsel hier auf die lichten Höhen des Sonnenbergs gedrungen, hat aber bisher noch nicht vermocht, den angestammten, gemüthlichen Grundton zu verdrängen.

3. Andermatt im Ursenerthal.

Weltbekannt ist das berühmte, in allen Zungen besungene Ursenerthal, die lieblich grüne Oase in der wilden Gebirgsnatur, ganz nahe am ewigen Eis und Schnee. Ringsum ist sein saftiger Rasenteppich von hoch sich emporthürmenden Felsenwänden umschlossen, und ruhig wie ein Wiesenbächlein schlängelt sich die jugendliche Reuss durch die lachende Thalmulde, die dem Wanderer einen Ruf freudiger Ueberraschung abnöthigt, wenn er aus dem furchtbaren Felsenschlund über die Teufelsbrücke und durch die Felsengallerie des Urnerloches in dieses anmuthige Hochthal getreten ist. Das Thal ist in der Richtung von Nordost nach Südwesten drei Stunden lang, und eine Viertelstunde breit. Es enthält die vier Dörfer Andermatt, Hospenthal, Zumdorf und Realp.

Andermatt ist das grösste und bestgebaute Pfarrdorf, und hat mehrere sehr geschmackvolle steinerne Häuser. Bei einer Höhe von 4445′ ü. M. gehört das Reussthal unter die stärkend belebenden klimatischen Kurorte. Die Luft ist hier rein und gesund, und wegen der Muldenform des Thales zwischen den Bergen ziemlich von Winden geschützt. Leicht sind Milch- und Molken zu bekommen. Bei Dr. Christen finden Kurgäste um den sehr mässigen Preis von 5 Franken eine treffliche Verpflegung bei schmackhaften Bergforellen und edlem welschem Weine. Auch der geräumige Meierhof in Hospenthal kann viele Kurgäste aufnehmen, und bietet alle Bequemlichkeit dar.

Hypochondristen mit materieller Grundlage von Unterleibsstockungen ist das Ursenerthal besonders anzurathen. Ebenso bei allen Schwächenzuständen ohne fieberhafte und entzündliche Reizung. Der Zugang ist durch mehrfache tägliche Postverbindungen und durch Privatfuhreinrichtungen ganz leicht gemacht, und man muss sich daher verwundern, dass dieses so sehenswürdige Hochthal mit seiner seltenen Alpenflora und seinen überraschenden Gegensätzen bisher noch nicht mehr von Kurgästen aufgesucht worden ist.

Die klimatischen Kurorte des Kantons Schwyz.
(In der Hügelregion.)

4. Brunnen, (1348' ü. M.) Dieser sehr belebte Landungsplatz für das alte Land Schwyz liegt ganz im Vordergrunde des reizendengrünen mit Obstbäumen reichbesetzten Wiesengeländes, das von den Mythen bis an den Lowerzer- und Vierwaldstättersee sich ganz allmällig abdacht. Bezaubernd ist von hier die Aussicht auf den ernsten Urner- und den heiteren Mittelsee, so wie auf die Urner- und Unterwaldner gebirge. Das Klima von Brunnen ist sehr mild, weil die Sommerhitze durch Verdunstung des Sees immer sehr angenehm abgekühlt wird. Brustkranke, denen es im Hochsommer zu Interlacken und Thun zu heiss wird, befinden sich sehr oft in Brunnen recht behaglich. Der Ort hat mehrere guteingerichtete Gasthöfe, wie der Adler, der Hirsch, das Rössli, wo vornehme Kurgäste die beste Aufnahme finden. Brunnen ist alljährlich ein Stelldichein für Landschaftmaler. Der liebliche Mährchendichter Anderson ist seit vielen Jahren daselbst ein geschätzter Stammgast. Das industrielle Elsass, Basel, Deutschland liefern die meisten Gäste.

Auf dem Gütsch geniesst man eine wundervolle Aussicht, und die neue Axenstrasse verspricht ein sehr angenehmer Spaziergang zu werden.

5. **Gersau.** Der unternehmende Kurwirth auf Rigi-Scheidegg, Herr Rathsherr Josef Müller, gedenkt aus seinem Heimatorte Gersau einen neuen Kurort zu machen, in welchem die fremden Gäste vor dem Beginn der Kurzeit auf Scheidegg und im Herbste nach Schluss derselben noch einen wohlthätigen Aufenthalt nehmen können. Die gedeckte Lage des schönen Ortes auf dem beschränkten Schuttkegel zweier wilder Alpenbäche verschaffen Gersau ein sehr mildes Klima, indem die rauhen Nord- und Westwinde von den schützenden Bergen ganz abgeschlossen sind, und nur der Fön und der Südost hier freien Zugang finden. Bereits hat Herr Müller eine kleine „Pension" am See gegründet, Namens „Pension Müller", zu der täglich frische Molken von der Scheidegg herab gebracht werden. Gersau wetteifert mit der vortrefflichen Lage von Vitznau und Wäggis am Fusse der Rigi, und unter der vortrefflichen Leitung Herrn Müllers, der mit seiner zahlreichen Familie beide Anstalten selbst besorgt, darf dem Unternehmen mit Grund ein glücklicher Erfolg vorausgesagt werden. Wiesen und Wälder, Alpen und kleine Aecker wechseln mit malerischen nackten Felsen, steinigen Bergabhängen und tief ausgespülten Schluchten. Ein lachender Obstbaumhain umschliesst das eng zusammengedrängte Dorf. Höchst angenehm ist der Spaziergang längs dem Riesebache bis an die Rotheflueh, und zum Sturze des Röhrlisbaches. Gersau soll nun auch eine neue Strasse von Brunnen aus

bekommen. Einst war Gersau die kleinste selbstständige Republik der Welt. Jetzt ist es ein freier Bezirk des Kantons Schwyz. Schon im Jahre 1390 haben sich die Gersauer von ihren damaligen Herren, den Edlen von Moos in Luzern, losgekauft, und zehn Jahre lang unter mancherlei Entsagungen die Geldmittel zu diesem Loskauf gesammelt. Im Jahre 1359 traten sie mit den Vierwaldstätten schon ins Landrecht, und errangen sich durch die blosse Befreiung von ihrem Herrschaftsherren bei der damaligen Verwirrung im Reiche mit klugem und entschlossenem Sinne die volle, staatliche Souveränität. In einer halben Stunde führt ein steiler aber sehr anmuthiger Bergpfad hoch über dem See bis zu der Kapelle von Kindlismord, die zwischen Tannen und Obstbäumen gar lieblich halb versteckt dasteht. Ein Gemälde in dem Kirchlein stellt die Greuelthat des liederlichen Spielmannes von Gersau dar, der mit seinem hungernden Kinde von der Kirchweih von der Treib herüberfahrend, hier der um Brot bittenden Kleinen an dem Felsblocke, den ein rothes Kreuz noch heute bezeichnet, den Kopf zerschellte und dann entfloh. Als Soldat rühmte er sich dann im Rausche, dass diese seine That nie ruchbar geworden. Da wurde er ausgeliefert, und büsste den Kindesmord unterm Richtschwerte des Henkers. Brustkranken darf der Aufenthalt in der milden, geschützten Lage von Gersau mit aller Beruhigung empfohlen werden, so wie auch sehr empfindlichen Personen, welche aus den Niederungen kommen und den gewaltigen Sprung einer Luftveränderung von den fernen Küsten der Ost- und Nordsee nach den luftigen Höhen von Rigi-Scheidegg nicht ertragen, desswegen einer Zwischenstation bedürfen. Sogar für einen Winteraufenthalt dürfte Gersau ähnlich wie Nizza am mittelländischen Meere sich eignen, wenn einmal das Unternehmen Müllers vollständig ins Leben gerufen sein wird.

6. Seewen und Schwyz. Eine halbe Stunde unter dem Flecken Schwyz, am Fusse des malerischen Urmiberges, liegt 1419′ Fuss über Meer, das kleine Filialdorf Seewen am Ausflusse des Lowerzersees in einem freundlichen Thalgrunde, und zwischen üppigen und schönen Obstbäumen halb versteckt. Es hat eine eisenhaltige Natron- und Kalkerdenquelle von 9° R., welche besonders von Frauen vielfach zum Baden und Trinken benutzt wird. Nestdem werden in Seewen auch Milch- und Molkentrinkkuren gemacht. Die Umgebungen von Seewen, so wie von dem nahen Schwyz, wo die Pension Jütz vornehme Kurgäste aufnimmt, sind ausserordentlich freundlich und angenehm und bilden einen wahren Garten, in dem sich die Lieblichkeit und Anmuth des Thales mit der Erhabenheit der grossartigsten Gebirgswelt paart. Ein schöner Sommerabend in Seewen, besonders von der Höhe der Zingelen aus gesehen, wenn sich ein zarter violeter Duft von den nahen Felsenpyramiden der Mythen über den stillen Lowerzersee bis zum Schutte von Goldau und an die Rigi hinlagert,

bleibt jedem fühlenden Naturfreunde unvergesslich. Das Klima ist ausserordentlich mild, und daher besonders Brustkranken, welche an Lungenknoten ohne entzündliche und fieberhafte Reizung leiden, sehr zu empfehlen. Ebenso eignet sich Seewen auch wegen seiner ebenen Lage zum Aufenthalte für schwächliche Frauen, welche weitaus die Mehrzahl der Gäste bilden, sowie für ältere Leute.

Der grosse Vorzug, den Seewen vor anderen Alpenkurorten hat, liegt nicht nur darin, dass der Ort eine Menge ebener Spaziergänge für Fussgänger darbietet, sondern dass man auch grössere Ausflüge im Wagen machen kann. So führen schattige Fusswege durch obstreiche Wiesen ganz unvermerkt nach Schwyz. Ebenso angenehm als romantisch ist der Weg dem romantischen Lowerzersee entlang. In weiterer Ferne winkt Brunnen, und das romantische Muotathal, in das nun eine neue sehr malerische Fahrstrasse hineinführt. Die Kurhäuser heissen „zum Rössli" (Eigenthümerin Wittwe Beeler geb. Schuler und ihre Söhne) das zweite „zum Stern" (Eigenthümerin Frau Ulrich und Sohn.)

Das Bad von Seewen hat einen alten Ruf gegen Unfruchtbarkeit der Frauen, bei Blutschwäche und Ausbleiben der Periode. Ebenso gegen rheumatische und gichtische Leiden, Skropheln, Verdauungsschwäche, männliches Unvermögen und als Nachkur verschiedener Krankheiten, wo stärkende Mittel angezeigt sind.

7. **Nuolen.** (1265′ ü. M.) Am obern Zürichsee, an dessen südlichem Ufer, liegen zwischen Wiesen und Bäumen die sehr ansehnlichen Gebäulichkeiten des freundlichen Nuolerbades, dessen Mineralquelle derjenigen von Seewen ähnlich ist. Das Klima ist sehr milde und neben der Mineralquelle und der erfrischenden Seeluft dienen als Kurmittel Seebäder, Milch- und Molken. Nuolen hat in seinen luftigen reinlichen Räumen sehr gute Einrichtung, und wurde vor einigen Jahrzehnten stark besucht.

Der jetzige Besitzer, Herr Nägeli, thut sein Mögliches, die ausgezeichnet gelegene Kuranstalt zu dem Range hinaufzubringen, den sie vermöge ihrer trefflichen Einrichtung verdient.

Schwyzerische Kurorte der Voralpenregion.

8. **Das Wäggithal.** Von Lachen, dem Bezirkshauptorte der schwyzerischen March, führt eine schnurgrade Strasse, die einst vor der Eisenbahnzeit sehr befahrene Landstrasse nach Glarus, über Galgenen an der prachtvollen Kirche vorbei nach Siebnen. Von da an läuft eine sehr kunstreich angelegte Bergstrasse in kühnen Windungen durch eine enge Felsenschlucht zwischen wandjähen Flüehen und der schäumend links daher brausenden Aa in das romantische Wäggithal hinein. In zwei Stunden erreicht man ohne Anstrengung die Kirche von Vorderwäggithal. Ueber dem grünen Thalgrunde erhebt sich im

Westen majestätisch der gewaltige grosse Aubrig.
An seinem Fusse soll einst ein Dorf durch einen „Schutt"
oder Bergsturz begraben worden sein. Gewaltige Felsentrümmer, die trotz der alles ausgleichenden Zeit
noch jetzt bemerkbar sind, geben der alten Volkssage grosse Wahrscheinlichkeit. Ein Gut im Vorderwäggithal heisst auch die „Kilchplatte", ein anderes
der „Mühlebühl". In den hölzernen Häuschen um die
Kirche und in den zerstreuten im Thalgrunde wohnen 600 Menschen noch im alten patriarchalischen
Hirtenstande, wenig berührt vom alles verflachenden
Geiste der modernen Zeitcultur. Das Thal scheint ein
abgeschlossener Kessel zu sein. Da, wo der von oben
bis unten bewaldete Guggelberg, dem grossen Aubrig
gegenüber eine Bergschlucht offen lässt, zieht sich die
Bergstrasse nach dem hintern Wäggithal hinein.
Zur linken in der Schlucht ist am Guggelberge eine
Felsenhöhle, das „Schuhmacherloch" genannt, in welchem ein gespenstischer Schuster bisweilen hämmert,
wenn Fusstritte von Ankömmlingen in der Höhle
wiederhallen. In einer halben Stunde erreicht man
ein zweites Thal. Diess ist das hintere Wäggithal. Es ist weit grösser und malerischer als das
erste, indem es ganz das Gepräge eines urwüchsigen
Hirtenthales hat. Das Hirthemd und die schwarze
Zipfelkappe ist die Kleidung der Männer, und ihre
Frauen, neugierig, wie alle sind, lassen sich gerne in
ein Gespräch mit dem fremden Wanderer ein, um
herauszubringen, „wess' Land's er sei." — Einmal

im Gespräche erzählten sie treuherzig die zahlreichen Sagen, die fast an jedem Felsen und an jeder Alptrift kleben. Hier trieben einst am Aubrig und an seinem Bruder, dem goldreichen Flubrig, der ungeheuere Schätze des edlen Metalles in seinem Schoose bergen soll, sowie am Gugelberge die welschen „Venediger" ihr gewinnreiches Bergmannswerk. Vor noch nicht gar zu vielen Jahren, doch immerhin zu Grossähnis Zeit, musste ein Oberle einen solchen Venediger auf den Flubrig führen, von wo er ihn mit dem Geheiss heimschickte, ihn am Abend wieder zu holen. So hat er es manchen Tag getrieben. Dann ist der Venediger verschwunden. Als aber Oberle beim Papste Handgeld genommen, und eines Tages durch die ewige Stadt Rom geschlendert ist, da ertönte aus einem schönen Hause der Ruf: „Oberle! Oberle!" Drinnen war der Venediger, der Oberle gegen das Versprechen, Niemanden etwas von der Sache zu sagen, eine bedeutende Geldsumme gegeben hat. Weil Oberle nicht Wort gehalten, sind nachher seine Nachkommen wieder auf nichts gekommen. Ein anderer „Venediger" unterfing sich, den „Schlierenbach" einzudämmen. Da man dagegen Zweifel erhob, so that er den Schwur, wenn er das nicht könne, so wolle er, dass die Füchse keine Hühner mehr frässen, und im Wäggithal keine Schlangen mehr wären. Aber die Weiber und nach ihnen die Männer erkannten, sie wollten lieber, dass die Füchse die Hühner wieder frässen, und die Schlangen im Thale blieben, als dass der

„Venediger" den Schlierenbach eindämme. Darum überschwemmt denn auch der wilde Bergbach gelegenheitlich bisweilen die schönen Thalwiesen mit Schutt und Gerölle. Hier in diesem hochromantischen Hinterthale ist nach Herstellung der neuen Strasse in jüngster Zeit ein prächtig gelegenes Kurhaus erbaut worden, 2619' üb. M. Dem Hause gegenüber ergiesst am Fusse des Schönberges in einer Baumgruppe ein unversiegbarer Silberquell das reinste Wasser, welches eine chemische Analyse vielleicht je gefunden hat. Es ist dies das vortreffliche Trinkwasser der Kuranstalt, und wird zugleich zu warmen und kalten Bädern verwendet. Weitere Kurmittel sind würzige Milch, aromatisch duftige Molken und die reine Bergluft. Die ganze Einrichtung des Hauses ist einfach aber befriedigend, und trägt das Gepräge schweizerischer Reinlichkeit. Der Pensionspreis beträgt täglich bloss 4 Franken. Das junge freundliche Wirthspaar Herr Hauptmann Hegner und seine unermüdlich emsige Hausfrau, giebt sich alle Mühe, die Gäste zu befriedigen. Eine Menge Ausflüge lassen sich unternehmen. Einer der nächsten ist in einer halben Stunde zur merkwürdigen Quelle des Hundsbaches. Zweihundert Fuss über der Ebene, am Unterberge des Rädertenstockes, fliesst nämlich die starke klare Quelle ganz langsam aus einer düstern, dicht bewaldeten Felsengrotte hervor, und liegt dann mit spiegelglatter Oberfläche wie ein geheiligter Born in einem tiefen Felsenbecken da. Aber wenige Schritte weiter unten drängt der kleine Strom schäumend und tosend unter einer Felsenbank hervor, um seine Wasser mit der Aa zu vereinigen. Wirft man oben in das friedlich stille Wasserbecken ein Stück Holz hinein, so sieht man es nach einigen Sekunden unten in dem Strudel wirbeln. Wenn in den Bergen ein Unwetter gehaust hat, dann sieht man das Wasser mit lauten Gebrülle brausend in grosser Fülle aus dem Innern des Berges hervorbrechen. Ein verwegener Tyroler, der an der Strasse im Hinterthal gearbeitet, hat sich einmal schwimmend durch das Felsenthor hineingewagt, aber nach wenigen Minuten halb erstarrt herausgekommen ist, und erzählte von einem weiten See mit hohen Felsenufern und Gewölben im Innern des Berges, dass den Leuten darob Hören und Sehen fast vergangen ist. Durch den Hintergrund des Thales führt ein Bergpfad ziemlich steil zu den Kleinallenhütten hinan, und von da auf die Oberalp, wo sich ein sehr malerischer Rückblick darbietet. Eine Stunde weiter, auf die Passhöhe gegen den Pragel bietet sich als grossartigstes Gebirgsbild die breite Masse des gewaltigen Glärnisch dem erstaunten Auge dar. In einer Stunde weiter erreicht man die liebliche Richisau mit ihrem ebenfalls neuhergestellten Molkenkurhause. Der Aufenthalt im Kurhause im Wäggithal ist Brustkranken und solchen Kuristen sehr zu empfehlen, welche ruhige Stille und eine erhabene Gebirgsnatur dem lauten Geräusche grösserer und theurer Kurorte vorziehen, und die den naturwüchsigen Verkehr mit einfachen Aelplern lieber suchen, als den gezwungenen Gesellschaftston der zum quälerischen Luxus unserer Zeit heraufgeschraubten Luftkurorte ersten Ranges.

Die schwyzerischen Luftkurorte der Alpenregion.

9. Der Stoos. Im Osten des herrlichen baumreichen Schwyzerbodens, unmittelbar über den beiden Weilern Unter- und Oberschönenbuch, erhebt sich der malerische Stoosberg, auch wohl Fronalpstock genannt, dessen oberste, aussichtreiche Höhe die Fronalp genannt wird. In einer Einsattelung dieses schönen, pflanzenreichen Berges liegt der klimatische Kurort Stoos 3971′ ü. M. Das Kurhaus wurde im Jahr 1852 gebaut und seither bedeutend vergrössert. Es enthält einen sehr geräumigen Speise- und Gesellschaftssaal, und zählt in seinen vielen Wohnzimmern 130 Betten. Die neueingerichtete Badeanstalt enthält warme und kalte Dampf- und Sturzbäder. Der jetzige Besitzer der Kuranstalt, Mathe Fassbind, gibt sich anerkennungswerthe Mühe, die vorzüglich gelegene Anstalt zur Blüthe zu bringen. Durch die Höhe der Fronalp sowie durch die umliegenden Hügel ist das Kurhaus vor rauhen Winden geschützt. Schon im April donnern vom Stoos die Lawinen hinab ins Thal und versperrten oft Tagelang den alten Fuhrweg ins Muotathal. Gegen Ende Mai fahren die Sennten schon hinauf auf die Alpen, welche die Kuranstalt rings umgeben, und ihr sehr wohl-

schmeckende Molken liefern. Im Sommer kühlt meist ein **angenehmes Lüftchen** die Hitze des Tages. Neben dem Kurhause steht eine Kapelle, in welcher während des Sommers Gottesdienst gehalten wird, dabei eine freundliche Wohnung für den Geistlichen. Nur fünf Minuten vom Kurhause entfernt, winkt auf einem kleinen Hügel — das Horn genannt — ein Pavillon, der gegen Sonnenhitze und Regen Schutz gewährt. Von hier geniesst man eine vorzügliche und ausgedehnte Aussicht auf den schönen Boden von Schwyz und in das Muotathal, im Süden und Osten auf die Glarner-Urner-und Unterwaldnerberge, auf den Pilatus und die Rigi und zwischen ihnen auf den herrlichen Vierwaldstättersee, im Westen und Norden über den Schutt von Goldau und den Hacken weit ins Land hinaus in ferne Gauen. Diese hübsche Aussicht geniesst man auch aus den Fenstern der Anstalt selbst. Noch grossartiger ist die Aussicht von der Kulm der Fronalp selbst, die sich 5882′ü. M. erhebt. Diese Rundsicht wird mit Recht derjenigen der Rigi-Kulm gleichgestellt, ja sie übertrifft sie wohl noch in mancher Beziehung, indem man zum Beispiel auf keinem andern Berge den Vierwaldstättersee von Fluelen bis Luzern so überblicken kann, umrahmt von seinen reichen wechselvollen Ufern, und neben ihm noch 12 weitere Seen nebst einer Menge von Flüssen, Gletschern, Bergen und Thälern, Städten und Dörfern. Drei verschiedene Wege führen auf den Stoos. Der gebräuchlichste führt von Brunnen durch Wald und

Weiden mit überraschenden Aussichtspunkten sehr angenehm nach dem idyllischen Bergdörfchen Morschach, und von da durch prächtige Alpenwiesen ganz gemächlich zum Kurhause hinauf. Ein zweiter Weg geht von Ingenbohl, und ein dritter über Schönenbuch auf den Berg hinan. Wer den Weg nicht zu Fuss zurücklegen kann oder will, findet in Brunnen und Ingenbohl stets Reitpferde, und kann sich auch der Tragsessel bedienen, die der Kurwirth stets bereit hat.

Die Kurmittel sind neben der würzigen Alpenluft schmackhafte Milch und Molken und ein vorzügliches Trinkwasser, das sehr wirksam gegen Verstopfung sein soll.

Der Pensionspreis richtet sich je nach der Wahl der Zimmer, und beträgt 5 bis 6 Frank täglich. Das Zimmer mit Ruhebett steigert ihn bis auf 7 Franken. Die Tafel ist einfach aber gut bestellt, und die Bedienung freundlich und reinlich. Zehn Alpen umgeben das Kurhaus, die alle mit Sennhütten und den Sennten schmucker Schwyzerkühe besetzt sind, und als Zielpunkte der Kuristenspaziergänge dienen. Die grösste Zahl der Kurgäste auf dem Stoos sind Schweizer und, zwar hauptsächlich von Basel, Bern, Luzern und Zürich. In neuester Zeit verirrten sich auch Russen, Engländer und Deutsche auf die luftige Höhe. Namentlich finden sich die Engländer daselbst immer mehr behaglich. Im Juli und August ist die Kuranstalt meistens von Gästen angefüllt. Die Hauptvergnügungen der Kurgäste sind die aussichtreichen Spaziergänge über die Alpen hin, das immer grossartige Naturschauspiel von Sonnenaufgang und Sonnenniedergang, die reiche Ausbeute der Alpenflora, das leichte Pflücken der Alpenrosen, die ganz in der Nähe des Kurhauses wachsen. Bannt Regenwetter die Kurgesellschaft in das Haus, so dienen verschiedene Musikinstrumente und Spielzeuge zu harmloser Unterhaltung.

Bezirksarzt Bestchart in Schwyz empfiehlt die Anstalt vorzugsweise bei Leiden der Lungen, besonders bei langwierigen Katarrhen, und selbst bei Lungenknoten, wenn noch kein Zerfliessungsprozess eingetreten, wohl aber schon Blutspeien. Sehr wohlthätig wirkt der Aufenthalt auf dem Stoos bei Schwächezuständen nach schweren Krankheiten, besonders nach Typhus, bei Blutarmuth, Hypochondrie und hysterischen Beschwerden.

Die Rigikurorte. Wie die am Fusse der Rigi liegenden Kurorte Gersau, Vitznau und Wäggis eine Gruppe von klimatischen Luftkurorten bilden, so auch die auf der Rigibergkette in der Alpenregion gelegenen höchsten Kurorte in einer absoluten Höhe von mehr als 4000 Fuss, nämlich: Rigi-Scheidegg, Rigi-Klösterli, Riggi-Staffel und Rigi-Kaltbad. Die Rigi hat im Laufe unseres Jahrhunderts sich einen Weltruf erworben. Kein Berg der Erde wird von allen ihren Völkern so oft besucht, wie die sechshalbtausend Fuss hohe Warte der Rigi-Kulm. Man rechnet gegen fünfzigtausend Menschen, die alljährlich über Land und Meer, aus Amerika wie aus Ostindien hergepilgert kommen, um die Wunder der Schöpfung in einer Fernsicht anzustaunen, wie kein zweiter Berg der Erde in solch eigenthümlicher Art sie wieder bietet. Der Umkreis des Rigi-Panoramas beträgt über 80 Stunden, und reicht vom Orteles über die ganze gewaltige Kette der Centralalpen bis zum langgestreckten, blauen Jura, und über das Hügelland hinaus bis an die fernen Vogesen, den dunkeln Schwarzwald, und an die Basaltkegel der schwäbischen Alp. In diesem weiten Rahmen bieten die grossartigen Naturerscheinungen von Sonnenaufgang und Sonnenniedergang, von Wolken- und Nebelbildung, von Gewitter und Mondscheinbildern, von wechselvollen Beleuchtungen nach den Tageszeiten eine Fülle von Naturgenüssen, an denen sich kein Menschenauge satt sehen kann. „Hier ist gut wohnen, hier lasst uns Hütten bauen," dieses Gefühl hat die zahlreichen Rigikurhäuser ins Dasein gerufen, und ihren europäischen Ruf gegründet. Wir wollen sie der Reihe nach etwas näher betrachten.

10. Die Kuranstalt auf Rigi-Scheidegg. Auf der Ostseite der Rigikette dehnt sich 5073′ ü. M. eine Viertelstunde lange schmale Hochebene aus, die Scheidegg oder auch das Schneeälpli genannt. Hier hat im Jahr 1840 Hr. Jos. Müller, der gegenwärtige Besitzer der Kuranstalt, so wie jener des „Hôtel Müller" in Gersau, die Kuranstalt gebaut, und seither mehrfach vergrössert, so dass die-

selbe jetzt 150 Betten hat, die aber im Juli und August die meiste Zeit besetzt sind, so dass neuankommende Gäste unten in Gersau oft einige Tage warten müssen, bis sie oben Platz finden. Die Kuranstalt hat einen sehr geräumigen Speise- und einen kleinern Damen- und Musiksaal. Ein Billard und Lese- sowie Rauchzimmer und eine gegen Wind und Regen geschützte weite Trinkhalle, in welche Kühe und Geissen aus dem Stalle hereingetrieben und je nach Wunsch in die Gläser hineingemolken werden. Nebenbei hat die Anstalt eine eigene Sennerei, die jeden Morgen frische Molken liefert. In einem Nebengebäude der Kuranstalt befindet sich eine dem heil. Wendelin geweihte Kapelle, in welcher an Sonn- und Feiertagen Gottesdienst gehalten wird.

Ein neben Alpenluft, Milch, Molken, und dem reinen frischen Quellwasser der Rigi-Scheidegg ganz eigenthümliches Kurmittel ist seine erdige Stahlquelle, die zehn Minuten unterhalb dem Kurhause in einer Nagelfluhfelsenschlucht in reicher Fülle entspringt, und zu 60 bis 80 Bädern täglich ausreicht. Das Wasser ist vollkommen klar, fliesst im Winter und Sommer gleich stark, und hat in beiden Jahreszeiten eine gleichartige Temperatur von 50° Wärme In seinem Abzugskanale bildet sich ein Niederschlag von Eisenoxydhydrat. Es enthält kohlensaures Eisenoxydul, kohlensauren Kalk und Magnesia, Kieselerde, Natron, freie Kohlensäure und Spuren von organischen Substanzen.

Die Anwendung der Mineralquelle sowohl zur Trink- wie zur Badekur wirkt vorzugsweise wohlthätig bei Blutarmuth, Magenschwäche und Magenkrampf mit vorwaltender Säurebildung, Schwäche des Darmkanals mit Durchfall, bei Schleimflüssen und Störungen der Periode, bei chronischer Gicht und Rheumatismus, bei Skropheln und Hämorrhoiden. Bei der Trinkkur beginnt man mit 1 Glas, und steigt auf 6 bis 10 Gläser. Später fällt man wieder bis auf ein Glas hinab und zwar nüchtern in den Frühstunden. Die Molken werden indessen auf Scheidegg häufiger als das Mineralwasser getrunken, und zwar Morgens von 6 bis 7 Uhr. Für das Kurgetränke und das Mineralwasser werden für die Woche 2 Franken berechnet. Für 1 Molkenbad 3 Fr. Für 1 Mineralbad 1 Fr. bis 1.60 R. Für 1 Sturzbad oder kaltes Bad $^1/_2$ Fr. Ebenso für eine Abreibung. Der Kurpreis für Frühstück, Mittag- Abend- und Nachtessen beträgt je nach dem Verhältniss der Zimmer 5 bis 6 Fr. Weil Rigi-Scheidegg den Windzügen ziemlich ausgesetzt ist, so wird sein Klima von Brustkranken und nervösen Personen sehr oft nicht ertragen, und ist daher bei solchen Vorsicht nöthig.

Es ist allen Kurgästen, welche nach Rigi-Scheidegg gehen, dringend anzurathen, sich mit warmen Kleidern wohl zu versehen, um bei raschem Witterungswechsel sie zur Hand zu haben, und ebenso bei Ausflügen auf Tag und Stunden aufmerksam zu sein, um nicht von starken Windzügen und Ungewittern überrascht zu werden. Sobald solche erscheinen, ziehe man sich rechtzeitig ins Haus zurück.

Nach angestellten Beobachtungen kann vor Mitte Juni bis Mitte September die mittlere Temperatur auf Scheidegg berechnet werden:

Morgens 2,4 — 5,8⁰ R.
Mittags 13, — 15⁰ R.
Abends 5,6 — 8,2⁰ R.

Man geniesst vom Kurhaus aus eine wundervolle Aussicht auf den Zuger- und Lowerzersee, auf die Umgebung von Schwyz und in das Muotathal, auf den grössten Theil des Vierwaldstättersee sowie die ganze Alpenkette vom Säntis bis zu den Berneralpen. Eine Menge schöner Spaziergänge in der Nähe wie in der Ferne werden bei günstiger Witterung von den Kurgästen bald in grössern, bald in kleinern Gruppen unternommen. In einer halben Stunde erreicht man die romantische Felsenschlucht, aus der die Mineralquelle sprudelt. In 20 Minuten kömmt man zum romantischen Burggeist; in 25 Minuten zum Grüseliboden; in 50 Minuten auf den Dossen.

Weitere Spaziergänge sind nach dem Klösterle 1 ¼ Stunde; Staffel 1 Stunde 50 M.; Rigi-Kulm 2 Stunden 15 Minuten, Kaltbad 1 Stunde 45 Minuten. Für Zeitungen und sonstigen Lesestoff ist reichlich gesorgt. Die Anstalt hat nun auch ein eigenes Telegraphenbureau. Auf Scheidegg ist die Musik zu Hause. Der freundliche stets heitere Kurwirth und seine Frau sowie ihre zahlreichen Kinder sind musikalisch,

und mit Freuden erinnert sich der Verfasser noch
der Zeit vor zwanzig Jahren, wo Wirth und Wirthin
mit ihren Gästen bei Guitarrespiel und Gesang
so · traulich schöne Abende verlebten. Der alte
freundliche, heitere Geist ist auch bei der
Vergrösserung der Anstalt dennoch der heimische Hausgeist geblieben, und empfiehlt daher dieselbe vor vielen andern auf das beste. Der gemüthliche Kurwirth Müller wird seinen Gästen stets im
lieben Andenken fortleben. Man erreicht Rigi-Scheidegg von Gersau in 3 Stunden. Wer den Weg nicht
zu Fuss zurücklegen kann, findet in Gersau Pferde
und Tragstühle in Menge. Der Tarif für ein Pferd
bis Scheidegg beträgt 7 Frk., bis Rigi-Kulm dagegen
12 Frk. Die Mehrzahl der Scheidegg-Gäste kommen
aus der Schweiz und dem deutschen Nachbarlande herauf, sowohl aus dem Norden wie aus dem Süden, und zwar
sind es Leute aus den mittlern und höhern Klassen
der Gesellschaft. Auch Amerikaner und Asiaten haben
schon in erheblicher Zahl den Weg auf die Scheidegg gefunden. Weniger fanden sich bisher die Russen
und Franzosen ein; mehr dagegen die Engländer.
Der grössere Theil der Kurgäste besucht Rigi-Scheidegg, ohne eben wirklich krank zu sein, sondern um
auf einige Zeit in herrlicher Alpennatur und fröhlicher
Gesellschaft die Mühen und Sorgen des Alltagslebens
und der beruflichen Wirksamkeit zu vergessen und sich
einem gemüthlichen *dolce far niente* oder einer urwüch-

sigen Bummelei hoch über dem Treiben der städtischen Arbeiten und Gewohnheiten sich hinzugeben.

Der kollegialischen Gefälligkeit des Herrn Kurarztes Fassbind in Gersau verdanken wir folgende ärztliche Beobachtungen:

Sowohl die Milchkur als der Gebrauch des Mineralwassers zusammen zeigen ihre heilsame Wirkung bei Blutarmuth in Folge raschen Wachsthums auf erethisch-skrophulöser Grundlage, bei jungen Frauen in Folge Erschöpfung durch langes Stillen, auf einanderfolgende rasche Schwangerschaften, sowie bei starken Blut- und Schleimflüssen.

Bei Bleichsucht bringen die Kurmittel in ihrem Zusamenwirken sehr oft überraschende Ergebnisse. Bleichsüchtige Mädchen indessen, welche in ihrer Jugend skrophulös, oder deren Eltern brustkrank waren, müssen in der Kurweise auf Scheidegg sehr vorsichtig vorgehen, und haben sich vorzüglich von zu früher Anwendung der Stahlquelle wohl zu hüten. Für dieselben sind vielmehr Milch und Molken vorzuziehen.

Die Verbindung von Molkenkur mit Stahlbädern hat sich besonders bei Katarrhen skrophulöser Personen als nützlich bewährt. Dagegen ist für floride Skropheln und Knochenskropheln Rigi-Scheidegg nicht passend. Ebenso bei Anlage zu Lungenblutungen und Blutandrang nach dem Kopfe.

Chronische Gicht und Rheumatismus haben nur bei längerer Ausdauer der Kur günstigen Erfolg, und zwar um so mehr, je ausgesprochener sie den Charakter der Schlaffheit und Reizlosigkeit tragen.

Die venöse Dyscrasie der Hämorrhoiden findet von der Molkenkur, mit frischem Quellwasser abwechselnd gebraucht, auf Scheidegg eine sehr wohlthätige Einwirkung. Ebenso Leberleiden mit venöshyperämischem Turgor und mannigfachen Gallenstörungen mit leichterm Grade von Lebervergrösserung, in Verbindung der Molkentrinkkur mit Stahlbädern. Günstige Erfolge bietet endlich die Kur auf Rigi-Scheidegg bei Krankheiten des weiblichen Geschlechtslebens, als: bei Störungen der Periode, Neigung zu Früh- und Fehlgeburt, Weissfluss, wenn fehlerhafte Blutbereitung und Schwäche zu Grunde liegt. Das Gleiche gilt von Nervenleiden, die auf gleicher Ursache beruhen, und daher eine stärkende Behandlung erfordern. Während die Bewohner der Umgebung der Kuranstalt ein gesunder und kräftiger Aelplerschlag sind, so findet sich unter der ursprünglich gesunden Bevölkerung unten in Gersau durch das sich daselbst entfaltende Fabrikleben bereits ein starkes Kontingent scrophulöser und tuberculöser Arbeiter eingenistet.

11. **Der klimatische Kurort Rigi-Klösterli.** So heisst man die Häuser alle, welche die berühmte Wahlfahrtskapelle „Maria zum Schnee" auf der Rigi umgeben. Das Klösterli liegt auf der südlichen Abdachung des nordwestlichen Stockes der Rigikette, nordöstlich vom Kaltbade und südwestlich

einer von Nordwest nach Südost streichenden Nagelfluhwand in ein tiefeingeschnittenes, schmales Gebirgsthälchen wie in einem Rinnsale eingebettet, doch immer noch 4002′ ü. M. Die Kapelle wurde im Jahre 1689 vom Rathsherrn und Kirchenvogt Sebastian Zay von Arth für den Gottesdienst der Hirten gestiftet, welche im Sommer die zahlreichen Alpen auf den Höhen der Rigi bewohnen. Später baute er noch neben das Gotteshaus ein kleines Hospizium als Wohnung der Kapuziner, welche hier in hochgelegener Bergeseinsamkeit Sommer und Winter des Gottesdienstes warten. Johann Steiner zu Arth malte das Bild der heiligen Mutter Gottes in die Kapelle, und der päpstliche Nuntius Julius Piazza weihte sodann am 11. Juli 1690 selbe unter dem besagten Namen „Maria zum Schnee" feierlich ein. Bald fanden sich gläubige Wallfahrer zu dem Gnadenbilde ein, deren Zahl so zunahm, dass man sich im Jahre 1716 genöthigt sah, eine neue grössere Kapelle zu bauen, die jetzt noch steht. Reichliche Ablassspenden der Päpste Clemens XII. und Pius VI. mehrten rasch die Zahl der Pilger, welche die umliegenden Wirthshäuser an den hohen Festtagen als an der Sennenkirchweih am St. Magdalenentage, und am Patronatfeste „Maria zum Schnee" am 6. September, nicht zu fassen vermögen. Trotz dem der Schnee im Winter hier zehn Fuss hoch einlagert, überwintern doch zwei Väter Kapuziner und ein Laienbruder in dem in neuester Zeit bedeutend vergrösserten, klösterlichen Gebäude, das namentlich leidenden Geistlichen eine gesuchte Zufluchtsstätte ist. Wegen der Tiefe des Thalkessels, in welchem das Klösterli liegt, ist seine Lage geschützter, als diejenige der übrigen Rigikurorte; seine Temperatur ist mild, und bleibt sich den ganzen Sommer so ziemlich gleich. In $^3/_4$ Stunden erreicht man vom Klösterli das Kaltbad, und in ebenso viel Zeit Rigi-Staffel, in $1^1/_4$ Stunde Rigi-Scheidegg. Es sind beim Klösterli 3 Gasthöfe, in welchen Kurgäste ein Unterkommen finden. Der oberste und von Kurgästen besuchteste ist das Schwert. Er hat einen grossen Speisesaal, und in einem Nebengebäude eine kleine Badeeinrichtung. Weiter unten ist das Gasthaus zur Sonne mit 2 schönen Sälen und ebenfalls einer Badeeinrichtung, und endlich unterhalb der Kapelle das Gasthaus zur Krone, das für minder bemittelte Leute eingerichtet ist.

Die Kurmittel im Klösterli sind neben Alpenluft und sehr frischem reinen Quellwasser Geiss- und Kuh-Milch, sowie Molken.

Das Klösterli wird meist von Kuristen aus dem Mittelstande besucht, welche eine geschützte Alpenluft suchen. Es eignet sich besonders für Lungenkranke mit reizbarem Katarrh oder mit Lungenknoten.

12. Das Gast- und Kurhaus Rigistaffel. Dasselbe liegt ganz oben auf der Kante des nordwestlichen Stockes der Rigikette und an der Vereinigungsstelle sämmtlicher auf Rigikulm führenden Wege, 4888′ ü. M. Es wurde im Jahre 1816 erbaut,

und in den letzten Jahren bedeutend vergrössert. Es hat 68 Zimmer und 120 Betten. Die Aussicht ist nach Osten und Westen sehr ausgedehnt, und bietet das erhabene Schauspiel von Sonnenaufgang und Sonnenniedergang in vorzüglicher Weise.

Rigistaffel ist den Winden sehr ausgesetzt, besonders von Osten und Westen, und passt daher für Brustkranke und gegen Verkältung empfindliche Personen nicht. Für Leute, welche nur zur Erholung von den Tagesgeschäften auf die Rigi gehen, bietet das Kurhaus den Vortheil, dass man täglich Schaaren von fremden Reisenden aller Nationen und Länder an sich vorbeiziehen sehen kann, was mitunter einigen Reiz bietet. In einer halben Stunde erreicht man von der Staffel die Kulm, in $^3/_4$ Stunden das Klösterli und in $^1/_2$ Stund das Kaltbad. Die Kurmittel sind Kuh- und Ziegenmilch und dessgleichen Molken. Für Bäder sind einige Badewannen bereit.

Rigi-Staffel ist in neuerer Zeit das Stelldichein protestantischer Pastoren der deutschen Schweiz so wie aus Süddeutschland geworden. Doch sendet auch der Kaufmanns- und Beamtenstand ein reichliches Kontingent von Kurgästen, und wird das Haus an schönen Abenden von Touristen überfüllt, so dass Viele genöthigt sind, auf dem Boden oder auf Tischen zu schlafen. Rigi-Staffel eignet sich besonders für hypochondrische Gemüthsverstimmung, bei welcher wirklich überraschende Kuren erprobt worden sind.

Nur 10 Minuten vom Staffelkurhause ragt als ein scharfabgeschnittener Felsenkamm der Rigi-Rothstock empor, der eine überraschend schöne Aussicht auf den Vierwaldstättersee und seine wechselreichen Ufer, sowie auf den weiten Halbkreis der Hochalpen von der Vorarlbergerkette bis zur Blümlisalp eröffnet. Die Aussicht auf dem Rigi-Rothstock wird von manchen Naturfreunden derjenigen auf Rigikulm vorgezogen, und hat auch ihre besondern Vorzüge durch den beschränkten aber sehr eigenthümlichen Ausblick auf den Vierwaldstättersee.

13. Rigi-Kaltbad. Wenige Minuten hinter der Staffel scheidet der Alpenhag und Gatter die Kantone Schwyz und Luzern, und kaum 25 Minuten weiter nach Süden auf sanft geneigtem grünen Alpenhang und Luzernergebiet befindet sich die grossartige Molkenkur- und Kaltwasserbadeanstalt Rigi-Kaltbad. Dieselbe liegt 1105 Fuss tiefer, als Rigikulm, und 4436 ü. M. Ein Bergkamm, der vom Rigi-Rothstock sich nach Südwesten hinzieht, und dessen Ende den reizenden Aussichtspunkt des Känzeli bildet, schützt die Kuranstalt von rauhen Nord- und Nordostwinden. Ein anderer Kamm zieht nach Südosten, und hält die frischen Ostwinde ab. Ein Tannenwäldchen endlich im Südwesten schirmt vor den Wetterwinden, die vom Pilatus herüberkommen. Dagegen bleibt die Aussicht nach Südwesten auf den Mittelsee und Kreuztrichter, auf den Garten des Unterwaldner- und Oberwaldnerländchens

offen. Da bei dieser südöstlichen Abdachung der Boden der Rückstrahlung der belebenden Sonne und den milden Südwinden offen steht, so wird er im Frühling am schnellsten von Schnee befreit, und erwacht und gedeiht der Pflanzenwuchs hier am schnellsten. Das **Kaltbad** hat eine viel geschütztere Lage, als **Rigi-Scheidegg** und **Staffel**, ohne desshalb, wie das Klösterli, die schöne Bergaussicht zu entbehren. Gleich hinter dem Kurhause steht zwischen gewaltigen Nagelfluhblöcken eine friedliche Kapelle, ursprünglich dem Erzengel Michael geweiht, aber wegen eines in ihr befindlichen Marienbildes auch wohl „**Maria zum kalten Bade**" genannt. Nur wenige Schritte von derselben quillt mit lautem Gemurmel eine eiskalte Heilquelle, der **Schwesterborn**, aus enger Felsenspalte hervor. Sie verdankt ihren Namen einer alten Sage. Als zur Zeit Kaiser **Albrechts** die österreichischen Vögte in den drei Landen Uri, Schwyz und Unterwalden ihr tyrannisches Wesen trieben, machte der lüsterne Burgvogt auf **Schwanau** den schönen Töchtern des Landes arge Nachstellungen. Damals lebten in Arth drei wohlhabende Schwestern, die eben so schön als fromm waren. Auf sie hatte der Vogt den gierigen Blick gerichtet. Um seinen Nachstellungen zu entgehen, floh das Schwesternkleeblatt in einer stillen Nacht in die damals noch unwegsame Wildniss des Rigiberges. Als sie zur Stelle kamen, wo auf der Sonnenseite des Berges in geschützter Lage der Born dem Felsen entquillt, beschlossen sie, da zu bleiben und errichteten aus Baumrinde eine kleine Hütte. Wie lange sie da gelebt von Wurzeln und Beeren, vermochte Niemand zu sagen. Im Thale unten waren sie verschollen. Da sahen die Sennen in klarer Sommernacht drei helle Lichtlein über Wald und Felsen, und gingen neugierig drauf los, um zu wissen, was das bedeuten soll. Nun fanden sie zur Stelle die Leichen der frommen Schwestern. Daselbst wurde sodann die Kapelle „Maria zum kalten Bade" erbaut, und erhielt die Quelle den Namen „Schwesterborn". Sie ist von vollkommen reinem, erfrischendem Geschmack, und sprudelt Winter und Sommer mit gleicher Fülle und Kühle (4° R.) aus der engen Felsenritze der Nagelfluhkluft hervor. Die Quelle enthält reine Kohlensäure, kohlensauren Kalk, Eisenoxydul, Chlornatrium und Kieselerde. Sie wurde schon im 16. Jahrhundert von den Sennen auf dem Berge, den Landleuten der Umgebung und von fremden Wallfahrern in sehr eigenthümlicher und derber Weise zu Kaltwasserkuren benützt. Bei Gichtbeschwerden, Wechselfiebern und verschiedenen Nervenleiden tauchten sich nämlich die Kranken mit sammt ihren Kleidern in einen kleinen Sammler der Quelle, und legten sich dann zum Trocknen auf den Alpenrasen an die Sonne hin. Von dieser Kur rühmte man damals schon glückliche Erfolge. Gegenwärtig wird der Schwesterborn sowohl zur Trinkwie Badekur benutzt, und zwar gegen Unterleibsstopfungen, Gicht, Rheumatismus, Hämorrhoidalleiden, bei langwierigem Katarrh, Schwächezuständen in Folge von Blutverlust und schweren überstandenen Krankheiten, bei Blutarmuth und Bleichsucht, bei hypochondrischen und histerischen Beschwerden. Man trinkt das Wasser Morgens einige Zeit vor dem Frühstücke und Abends vor dem Nachtessen in mässiger Menge. Die Bäder werden meistentheils kalt angewendet. Nur im Anfang der Kur und bei sehr empfindlichen Personen sind warme Bäder anzurathen. Auch das Sturzbad, mit einem Falle von vollen 28 Fuss, findet in seinen verschiedensten Gestalten sehr häufige und vortheilhafte Anwendung.

Nachdem im Herbste 1849 das alte Kurhaus abgebrannt war, wurde im Jahre 1850 ein neues mit 74 Gastzimmern aufgebaut. An dieses bedeutend vergrösserte Kurhaus hat der unternehmende Eigenthümer H. Xaver Segesser von Luzern, im Laufe des letzten milden Winters einen neuen grossartigen Mittelbau von 4 Stockwerken und 120 Fuss Länge angereiht, an den dann nächstes Jahr ein zweiter östlicher Flügel nach Art des alten Kurhauses angebaut werden soll. Der Neubau wurde mit Juli 1864 bezogen. Die ganze Kuranstalt hat nun 9 Säle, darunter hat der auf eine grosse Asphaltterasse sich öffnende Speisesaal, einen Raum für 200 Gäste. Ueber einer geschmackvollen Tropfsteingrotte mit lebenden Pflanzen erhebt sich eine Musikbühne, die zugleich für einen eigenen Concertsaal sowie für den Damensalon benutzt werden kann. Die Anstalt zählt im

Ganzen 156 Zimmer mit 220 Betten. Je eine Gruppe Zimmer mit einem Salon öffnet sich auf eine Altane, von der man eine reizende Aussicht auf den See und die Alpen geniesst. Im Ganzen zählt das Kaltbad 14,000 Fuss Asphaltboden. Es hat täglich 2mal Postverbindung, ein eigenes Telegraphenbureau und eigene Gasbeleuchtung. Die Ausstattung der Zimmer ist reich und bequem, und entspricht einem Gasthofe ersten Ranges. Katholischer und englischer Gottesdienst wird jeden Sonntag abgehalten. Von der Alpfahrt der Sennen im Frühling bis zur Alpabfahrt um Michaeli hält sich immer ein katholischer Geistlicher im kalten Bade auf, der täglich Messe liest. Am St. Laurenztage, den 10. August wird hier die Aelplerkirchweih mit Steinstossen, Schwingen, und Springen abgehalten.

Das Kaltbad wurde von jeher von dem wohlhabendern Theile der Gesellschaft besucht, der höhere Kur-Preise zahlen kann. Vorzugsweise sind es der hohe Adel von Süddeutschland, aus Württemberg und Baden, die reichen Banquiers aus Frankfurt, Stuttgart und Basel, die künstlerischen Grössen Deutschlands, die sich in der gesunden Bergluft auf Kaltbad zusammen finden. Darum kann man oft in diesen lichten Höhen musikalische Aufführungen anhören, wie solche selbst in grossen Residenzen in so überraschendem Zusammentreffen eine Seltenheit sind. Zur Unterhaltung im Hause dienen mehrere Pianos, ein

Billard, verschiedene Gesellschaftsspiele, und eine kleine Bibliothek.

Ohne Mühe lassen sich vom Kaltbade aus nähere und weitere Spaziergänge unternehmen. In Zeit von 10 Minuten führt ein fast ebener und sehr romantischer Weg durch Wald und Felsengeklüft zum Känzeli. Es ist dieses einer der lieblichsten Punkte auf der Rigi. Tief unten zu seinen Füssen sieht der erstaunte Wanderer das paradiesische Gelände von Wäggis und Vitznau, sodann den Kreuztrichter, das thurmreiche Luzern in seiner lieblichen Bucht, weiter draussen im Lande den Sempacher-, Baldegger-Hallwiler-, und ganz nahe zu Füssen den Zugersee. Drüben über dem südlichen Arme des Vierwaldstättersees ragt der zerklüftete ernste Pilatus als weit vorgeschobener Posten der Unterwaldner- und Bernerhochalpen empor. Das Tannenwäldchen hinter der Kapelle enthält eine Menge heimeliger Plätzchen, wo bald grössere bald kleinere Gruppen um einen Erzähler oder Vorleser sich sammeln, oder auch stille Einsamkeit und Ruhe zu finden ist. Aus dem Schutte, welchen die Ausgrabungen des Neubaus lieferten, ist eine tiefe Schlucht ausgefüllt, und hier soll nun ein kleiner botanischer Garten mit Alpenpflanzen sammt einem Springbrunnen und Wasserteich angelegt werden. Im Kaltbad werden neben dem trefflichen Quellwasser sehr häufig Molken getrunken, die jeden Morgen sorgfältig und gleichmässig bereitet werden. Ausser den schon angeführten Krankheiten finden Bleichsucht und Blutarmuth neben Hypochondrie und Melancholie im Kaltbad eine vorzügliche heilkräftige Wirkung. Personen, welche indessen an Luftröhren- oder Lungenübeln leiden, ist die Luft zu reizend, und daher das Kaltbad nicht anzurathen. Fast jeden Sommer hält sich im Kaltbad ein Arzt auf, der den Kurgästen auf Wunsch seinen Rath ertheilt.

Die Kurzeit dauert von Anfangs Juni bis Mitte September, und ist von Mitte Juli bis Mitte August am belebtesten. Die Alpenflora um das Kaltbad herum ist besonders reich. Rings um die Kapelle ragen ganze Büsche von Eisenhut und Niesswurz über Enzianen, Alpenvergissmeinnicht und Veilchen empor. Auf dem luftigen Alpenwohlverleih wiegt sich häufig der seltene Schmetterling Apollo. In den dunkeln Wäldern unterhalb dem Känzeli gegen den Seeboden hinab balzt im Frühling noch häufig der gewaltige Urhahn, und schmettert mit dem ersten Schein des jungen Tages der muntere Bergfink der Königin des Tages, der aufgehenden Sonne, seinen Morgenpsalm entgegen, während ein frisches Morgenlüftchen sein zartes Gefieder sträubt, und vom Thale herauf die Frühbetglocken von Wäggis und Vitznau so feierlich zum neuen Tageswerke mahnen.

Die Luftkurorte des Kantons Unterwalden.
(In der Hügelregion.)

14. Beckenried und St. Antoni. Das hübsche reinliche Pfarrdorf Beckenried mit seinen

schönen Gast- und Pensionshäusern ist unmittelbar am südlichen Ufer des Vierwaldstättersees, 1310 ü. M., zwischen prächtigen Wallnuss- und Obstbäumen in saftiggrünen Wiesen eingebettet, und 2 Stunden vom Hauptorte Stanz entfernt. Schon seit mehr als dreissig Jahren wird Beckenried in stets wachsender Zahl von Gästen aus Deutschland und der Schweiz und besonders auch von Engländern besucht. Die geräumigen Gasthöfe zur Sonne, und zum Monde vermögen auf der Höhe der Kurzeit die Menge der Gäste nicht mehr zu fassen, daher eine ziemliche Anzahl Privathäuser als Pensionen eingerichtet sind. Beckenried erfreut sich des mildesten Klimas im Unterwaldnerlande. Die Rigikette hält den Nord und Nordwestwind, das Buochserhorn den Westwind ab. Der Fön gelangt schon etwas abgekühlt über den See nach Beckenried. Im heissen Sommer vom Jahre 1857 stieg der Thermometer in Beckenried nie über 24° R. Während des Sommers ist daher in unmittelbarer Nähe des Sees die Hitze nie belästigend, und findet der Kurgast im Schatten des gewaltigen Nussbaumes neben der Kirche auf den dortigen Ruhebänken angenehme Kühlung. Das Klima von Beckenried sagt daher Lungenkranken sehr wohl zu, und nach der Behauptung von Herrn Arzt Odermatt sollen selbst Brustkranke mit Lungenknoten im vorgeschrittenen zweiten Zeitpunkte, daselbst wohlthätige Erleichterung gefunden haben. Am häufigsten wird Beckenried von Genesenen von schweren Krankheiten, auch wohl von bleichsüchtigen Mädchen mit gesteigerter Reizbarkeit besucht.

Die Kurmittel sind neben der milden Luft Milch und Molken, welche noch lauwarm am frühen Morgen von den benachbarten Alpen gebracht werden. Sodann Seebäder und gutes Trinkwasser. Das Kurhaus zur Sonne, im Besitz von Hrn. Jos. D u r r e r, enthält 53 Betten.

Der Kurpreis beträgt je nach der Lage der Zimmer 4 bis 5 Franken. Spaziergänge in reicher Auswahl führen im Schatten der Bäume dem See entlang, oder auf angenehmen Fusspfaden durch die Wiesen hin. Ein lieblicher Spaziergang ist der nach der Riedlikapelle und nach dem 1 Stunde entfernten grossen Dorfe B u o c h s. Auch hier sind bereits neue Badehäuser für Seebäder hergestellt. Das gleiche ist der Fall in dem eine kleine halbe Stunde entfernten B ü r g e n s t a d oder St. A n t o n i, einem heimeligen, grünen Winkel am Fusse des fruchtbaren Bürgenberges in ausgezeichnet geschützter Lage, wo einst ein zweckmässig eingerichtetes Kurhaus in dieser stillen Einsamkeit mit köstlicher Aussicht auf den See, die liebliche Rigikette, auf Gersau und die beiden Mythen gewiss eine Zukunft haben wird. Ganz in der Nähe braust ein periodischer Bach, „d e r F r i e d h ö f l e r" von Zeit zu Zeit mit aller Macht aus einer unterirdischen Felsengrotte. Wochen und Monate können vergehen, ohne dass er sein kühles und reines Wasser spendet. Wenn aber reichliche atmosphärische Niederschläge erfolgen wie im Jahre 1864 vom 30. Juni bis zum 1. Juli, dann tritt auch der „Friedhöfler" brausend aus tiefer Bergesschlucht ans Tageslicht. So verliess er damals in 24 Stunden siebenmal seine Höhle, und siebenmal wurde sein Bett wieder trocken. Sein Wasser blieb dabei immer rein. An seinem Ufer wächst die grüne Niesswurz, die sonst nur im südlichsten Theile unserer Schweiz wächst.

15. **Stanz und Rotzberg.** Mitten in dem grünen Wiesenplan, der zwischen Buochser- und Stanzerhorn, zwischen Rotzberg und Bürgenberg, seinen mit herrlichen Bäumen übersäeten Sammtteppich ausbreitet, liegt das freundliche **Stanzerdorf**, der Hauptort des Unterwaldner Ländchens. Von Weitem winkt der schlanke Metallhelm der prächtigen Pfarrkirche aus dem dichten Obstbaumwalde dem Wanderer freundlich entgegen. In diesem wahren Garten Gottes ist jeder Zoll Landes klassischer Boden. Stets waren die Unterwaldner in der Reihe der Eidgenossen die Vordersten, wo es immer den Kampf für Gott und die Freiheit galt. Noch zeigt man die Wohnung **Arnolds von Winkelried**, noch diejenige der heldenmüthigen **Zelger**, der **Luffi**, der **Wyrsche**, **Odermatt**. Das Denkmal der vierhundert Unterwaldner im Beinhaus in Stanz, die im heldenmüthigen Kampfe gegen die Franzosen gefallen sind, übertrifft an geschichtlichem Werthe das glänzendste Mausoleum eines siegreichen Eroberers. Das Klima von Stanz ist ungemein mild. Mehrere Pensionen

wie die von Langenstein, D. Christen und die Gasthöfe selbst sind zur freundlichen Aufnahme von Kuristen bereit. Im Schatten der prachtvollen Wallnuss- und Obstbäume, welche nach allen Seiten hin die Strassen umsäumen, bietet Stanz eine Menge schöner Spaziergänge, namentlich auf den reinlichen Fusswegen nach allen Seiten. So nach den Landesgemeindeplatz bei Wyl, nach dem Allweg, zu der klassischen Winkelriedkapelle mit entzückender Aussicht von der Vorhalle aus; nach Rotzloch; auf den aussichtreichen klassischen Rotzberg mit seiner geschichtlichen Ruine; nach Stanzstad; auf den Bürgenberg und nach Dallwil. Stanz ist besonders solchen Kuristen zu empfehlen, welche aus den Niederungen kommend, mehr ein mildes gleichmässiges, als ein sehr stärkendes und aufregendes Klima bedürfen. Es dient besonders als Zwischenstation für Engelberg.

16. Stanzstad liegt eine halbe Stunde vom Hauptorte entfernt, am südlichen Arm des Vierwaldstättersees am sogenannten Winkler- und Alpnachersee. Es fällt mit seiner alten, malerischen Ruine, dem sogenannten Schnitzthurme und seiner neuen hübschen Brücke über den See sehr überraschend in's Auge. Im neuhergestellten Gasthofe „Winkelried" finden Kuristen willkommene Aufnahme, und aufmerksame Bedienung. Die Aussicht aus den Fenstern des Gasthauses ist namentlich an schönen Sommerabenden wundervoll, wenn der **gewaltige** unmittelbar über dem Fussgestell des dunkeln

marmorreichen Lopperberges sich schroff emporthürmende Pilatus in bläulichen Düften schwimmt. Stanzstad ist dem Westwinde, dem Lopper, wie er hier heisst, und auch der Küssnachterbise ziemlich ausgesetzt und passt daher weniger für Brustkranke, aber um so mehr für Freunde der Natur, die botanische Ausflüge, Seefahrten und Seebäder lieben. Das nahe Rotzloch, der Bürgenstock, der nahe Lopperberg in der Gegend von Acheregg, woselbst die malerische Seebrücke ausmündet, sind wahre Fundgruben naturwissenschaftlicher Seltenheiten. Eine Menge seltener Sumpfpflanzen wie Wasserstern, Wasserlinse, Leimkraut wachsen in den Wassergräben um Stanzstad und gegen Rotzloch zu. Daselbst blüht schon früh im Frühling die grossblumige, schwefelgelbe, stiellose wohlriechende Schlüsselblume zwischen den zerklüfteten Felsen der Rotzlochschlucht. Am Bürgenstock wie am Lopperberg steigt die Alpenrose bis ans Ufer des Sees herab. Am letzteren Standorte blühen die seltenen Pflanzen: *Arabis turrita, cochlearia saxatilis, Orobus vernus, dentaria digitata, cynanchum vincetoxicum, coronilla nemorus, laserpitium Sillari geranium sanguinarium*. In den Marmorbrüchen finden sich eine Menge seltener Versteinerungen.

17. **Rotzloch.** Zwischen dem Rotz- und Plattiberg zieht sich eine sehr romantische schmale Felsenschlucht steil aufwärts zum Drachenried, durch welche schäumend und tosend in zahlreichen Wasserfällen der milchweise Mehlbach dem Alpnachersee entge-

geneilt. Neben dem Bach führt ein sehr steiler Pfad über das Drachenried nach Kerns, oder über den Allweg bei der Winkelriedkapelle vorbei nach Stanz. Am Ausgang der wildromantischen Felsenschlucht — Rotzloch genannt — liegen mehrere Gebäulichkeiten, die zur Papier-Fabrikation dienen, und ganz unten am See auf sorgfältiger Landanlage des Mehlbach-Schuttdeltas ein hübsch eingerichtetes, neues Kurhaus, mit schönen Gartenanlagen. Das ist die klimatische Kur- und Badeanstalt Rotzloch.

Sie wurde im Jahre 1856 vom Herrn Bauherr Kaspar Blättler gegründet, dem Erbauer des Pilatusweges von Hergiswil herauf, und der beiden Gasthöfe auf Klimsenhorn, der Achereggbrücke und zweier eigener Dampfboote „Rotzberg" und „Pilatus". Neben dem Kurhaus liegt, von Anlagen und Schattenplätzen rings umgeben, das Badegebäude mit 8 Badezimmern, die aber nach Bedarf durch Zwischenwände in 16 umgewandelt werden können. Das Kurhaus enthält 32 Gastzimmer mit 40 Betten, deren Zahl aber in nächster Zeit bedeutend vermehrt wird. Neben einem sehr geräumigen und geschmackvollen Speisesaale befindet sich ein kleinerer Unterhaltungssaal mit Klavier und reicher Musikauswahl. Ein gewisser Glanz und grosse Reinlichkeit überraschen den Gast an diesem stillen, einsamen Orte. Aus den Zimmerfenstern, welche gegen den See gehen, geniesst man eine wahrhaft zaubervolle Aussicht auf den stillen Alpnachersee, die malerische Achereggbrücke, den gegenüberliegenden, sehr breit sich aufthürmenden Pilatus, und in das bei Alpnach sich öffnende Oberwaldnerland. Freunde einer grossartigen Alpennatur und malerischer Romantik müssen sich wunderbar an diesen stillen Erdenwinkel gefesselt finden, in welchem eine freundliche Bedienung den Aufenthalt so heimelig macht.

Das Klima von Rotzloch ist milde, weil das Kurhaus von rauhen Winden grösstentheils durch Berg und Wald geschützt ist. Die Sonnenhitze wird durch die Nähe des Sees gemässigt. Die schönste und beständigste Witterung bringt in Rotzloch der Herbst. Man rechnet daselbst auf 2 sonnige Tage nur einen Regentag. Die Luft ist besonders Morgens und Abends sehr erquickend und angenehm. Die Kurmittel sind: Molken, Milch, Wasser und Seebäder. Die alkalisch salzige Schwefelquelle enthält kohlensauren Kalk, Magnesia, Natron, und Kali, schwefelsaures Natron, Kieselerde, Schwefelwasserstoff und freie Kohlensäure. Bei anhaltendem Regenwetter ist das Wasser etwas schwächer. Dasselbe hat eine Temperatur von 8 bis 9°R., die sich immer gleich bleibt. Es riecht und schmekt bei der Quelle, die oben in der Schlucht aus einer Felsenspalte hervorkommt ziemlich stark nach Schwefelwasserstoff. Die Kurgäste bemerken nach einer Trinkkur von 3—4 Tagen eine ausserordentliche Zunahme der Esslust, bei weichen, öftern Stühlen. Das Wasser wird gegen langwierige Krankheiten der Luftwege, Verdauungsstörung, Milz- und Leberanschwellungen, Unterleibsstörungen, chronischen Hautkrankheiten und

Störungen der weiblichen Geschlechtsthätigkeit angewendet. Die Anstalt wird vorzugsweise von Deutschen aus den höhern Volksklassen besucht. Die Vergnügungen der Kurgäste bestehen in Spazierfahrten auf dem See, sowohl mit den beiden Schraubendampfern, als mit einer eigenen Ruderschaluppe. Die Dampfschiffe landen täglich 10mal im Rotzloch. Lohnende Spaziergänge sind zu Fuss nach Stanzstad und nach Stanz, entweder durch die Schlucht oder über das Ried. Für Kurgäste, welche nicht zu Fuss gehen können, stehen in Rotzloch immer Wagen bereit. Die romantische Felsschlucht mit dem Wasserfall des Mehlbaches wird im Sommer einigemal beleuchtet, und zwar mit einer ganz ausserordentlich grossartigen Wirkung.

18. **Kerns, Sachseln und Sarnen**. Diese drei nahe bei einander gelegenen Ortschaften sind bis jetzt noch wenig zu Luftveränderungen benutzt worden, verdienen es aber wegen ihrer gesunden und geschützten Lage gar wohl.

Kerns liegt über dem Kernwalde, an der Landstrasse von Stanz nach Sarnen und nach dem Brünig. Es ist ein hübsches Pfarrdorf mit 2500 Einwohnern und liegt 1796′ ü. M. Ganz nahe beim Dorfe auf dem Hügel „am Bohl" befindet sich in äusserst freundlicher Lage ein kleines Pensionshaus, sonderbarerweise der „Schneggenhubel" genannt, welches dem Maler Niederberger gehört. Auch im Gasthof zur Krone finden Kurgäste eine vortreffliche

Aufnahme. Ziegenmilch ist leicht zu haben, dagegen müssen die Molken wie im Appenzellerlande eine weite Strecke von den Alpen herab getragen werden.

Sachseln ist ebenfalls ein grosses **Pfarrdorf** mit 1500 Einwohnern (1554' ü. M.) am romantischen Sarnersee, an der neuen Poststrasse von **Luzern** über den Brünig. In der Kirche ist das Grab des seligen Friedensstifters Nikolaus von der Flue, das von Wallfahrern sehr stark besucht wird. Sarnen ist der Hauptort des Kantons Unterwalden ob dem Walde. Es liegt 1460' ü. M. und hat 3400 Einwohner.

Alle diese freundlichen Ortschaften in wiesen- und obstbaumreicher Gegend eignen sich besonders als Erholungsorte für Personen, welche im Sommer gerne einige Wochen oder auch Monate weit entfernt von dem Geräusche grosser Städte und den drückenden Geschäften des Beruflebens in ländlicher Abgeschiedenheit und Ruhe ungestört zubringen wollen, ohne die grossen Kosten, welche die besuchten Kurorte mit sich bringen. Der mehrmalige tägliche Postverkehr hat dieses vorher von der übrigen Schweiz abgeschlossene Ländchen derselben und dem Auslande erschlossen. Kerns eignet sich besonders für ältere Leute und Kinder, welche Spaziergänge in der Ebene lieben. In Sachseln findet man im weissen Kreuz ein gutes Unterkommen. Sarnen hat mehrere gute Gasthöfe, nämlich: Sarnerhof, (Post- und Telegraphenbureau), Adler; — Schlüssel. — Auch soll in der Nähe des Dorfes auf einem sehr schönen und aussichtreichen Punkte ein grösseres Kurhaus gebaut werden. In Kerns wechselt die Sommertemperatur zwischen 15 und 20° R., in Sarnen zwischen 15 und 24°, in Sachseln zwischen 15 und 21°. Im Juli 1859 stieg in Sachseln die Temperatur bis auf 28° im Schatten.

Von Kerns führt ein sehr angenehmer und nicht ermüdender Weg nach der romantischen Thalschlucht im Ramft, wo Bruderklaus (Nikolaus von der Flüe) als Einsiedler lebte. Von Sachseln führt der Weg dahin an der Kapelle zum Flüeli und an der ehemaligen Wohnung des Seligen vorbei. Ebenso angenehm ist der Weg von Sarnen nach Gyswyl, sowie nach Kerns und Alpnach. Auch das linke Ufer des Sarnersees mit den dasselbe bekränzenden sanftansteigenden Gebirgsabhängen bietet Freunden der Natur reichen Genuss und volle Befriedigung ihrer Wanderlust. Bewohner des Flachlandes werden die Luftveränderung im Oberwaldnerthal noch immer bemerkbar finden, was sie für uns Schweizer kaum sein kann.

Die klimatischen Unterwaldnerkurorte in der Alpenregion.

19. **Engelberg.** Dieses 3180' ü. M. erhabene, grüne Bergthal mit seinen mit ewigem Schnee und Eis bedeckten Gebirgsstöcken ist unstreitig ein der merkwürdigsten Luftkurorte in unserm Schweizerlande. Er vereinigt die Lieblichkeit einer Gebirgs-

idylle mit der Grossartigkeit der Hochalpenwelt, welche sie in himmelhohen Felsenmauern rings umthürmt.

Das 2 Stunden lange, und $^1/_2$ Stund breite Wiesenbecken hat die Gestalt eines etwas unvollkommenen Eirundes, dessen Hauptzugang nach Westen liegt, so dass er im Thale selbst nicht einmal sichtbar wird. Durch solche Lage ist das Engelbergerthal gegen die Windströmungen geschützt, und behält eine ziemlich gleichmässige mittlere Temperatur. Im Sommer überschreitet dieselbe selten 20º R. In den kältesten Wintern fällt sie selten unter 12º Kälte herab. Die Luft ist im Sommer in dem Thalkessel immer mild und warm, und wird erst am Abend kühler. Die Nacht ist erfrischend, ohne die empfindliche Kälte der Tropenländer. Die Vorzüglichkeit seiner abgeschlossenen Lage, die Grossartigkeit der das Thal umgebenden Gebirgsstöcke, und der Charakter einer friedlichen Gebirgsidylle, welche über demselben schwebt, haben dem Engelbergerthal in dem kurzen Zeitraum von drei Jahrzehnten gleichsam einen Weltruhm erworben. Wie eine grüne Oase in dürrer Sandwüste, liegt der saftiggrüne Wiesenplan des Thales zwischen den mit ewigem Schnee und Eis bedeckten Gebirgen da. Mitten durch den schönen sonnigen Wiesenkessel fliesst friedlich und sanft die Engelberger-Aa oder das Aa-Wasser dahin, den kecken Uebermuth des Jugendtrotzes vor solcher überraschender Anmuth beugend. Rings von den Hügeln und Vorbergen schauen zahlreiche, einfache, mitunter recht schmucke Hütten herab ins lachende Thal, und hinüber zu den Häuserreihen des kleinen Dorfes, welches die stattliche Benediktinerabtei mit ihrer hübschen Kirche würdig krönt. Ueber dem Thal und den Vorbergen thürmen die gewaltigen Bergriesen ihre himmelhohen schroffen Wände kühn empor, und erfüllen den schwachen sterblichen Menschen, der oft aus weiter Ferne hier oben Kraft und Stärkung sucht, mit Ehrfurcht und Staunen. Vor allem hebt im Südosten der gewaltige Titlis sein stolzes firnbekränztes Haupt über 10,000 Fuss hoch in die Wolken hinauf, und sein blendenweisser Gipfel — der Nollen — funkelt wie ein Edelstein im hellen Sonnenschein. Oestlich von ihm recken die beiden Spannörter ihre riesigen Felsennadeln aus zerissenen Gletschermassen kühn zum Himmel hinan, und thürmt der breite Grassen seine mächtigen Felsenwände empor. Im Westen und gegen Norden umschliessen die Wallen- und Rigidalstöcke, im Süden der Bitzlistock, und im Osten der sagenreiche Engelberg das Thal. Der letztere tritt mit seiner malerischen Felsenpyramide am meisten in den Thalgrund hervor, und steigt unmittelbar aus seinem grünen Wiesenplan zum Himmel empor. Die fast senkrecht unter dem Gipfel sich empor windende Alpentrift nennen die Engelberger das „Gemsspiel", weil man in früherer Zeit häufig daselbst grössere und kleinere Rudel Gemsen weiden sah.

Das grüne schöne Thal ist reich an frischen Quellen und Bächen. So der kristallhelle **Erlenbach** mit seinem köstlichen Trinkwasser, und einer gleichmässigen Temperatur von 5° R.; der **Tätschbach**, der einen prächtigen Wasserfall von 100 Fuss Höhe bildet.

In dem kleinen Seitenthale — das „**End der Welt**" genannt — fliesst ein sogenannter Maibrunnen oder eine periodische Quelle, der **Dürrbach**, welcher mit dem Monat Mai zu fliessen beginnt, und im Oktober wieder versiegt. Berg und Thal sind reich an balsamischduftigen Alpenpflanzen gar seltener Art, welche der Milch und den Molken der Geissen und Kühe besondere Kräfte verleihen. Sie sind neben der frischen Alpenluft und dem ebenso frischen Wasser die **Hauptkurmittel** von Engelberg. Die Gäste finden in dem alten und neuen **Wirths- und Kurhause zum Engel**, bei Thalarzt **Cattani**, bei Regierungsrath **Müller**, bei Hrn. Karl **Amrhein** zum **Engelberg** sowie in mehreren Privathäusern, freundliche Aufnahme, reinliche Zimmer und einfache aber sorgfältige Pflege. Vom Speisesaal des Gasthauses „**zum Engel**" geniesst man eine wundervolle Aussicht auf den **Titlisgletscher** und auf diejenigen, welche die Zacken der **Spannörter** umstarren. Der **obere Gasthof der Wittwe Cattani und ihrer Kinder** hat 52 grössere und kleinere Zimmer mit 75 Betten. Er hat 3 Speisesäle, einen Musik- und Gesellschaftsaal, ein Lese-

und Rauchkabinet. Weiter ein Badhaus mit warmen und kalten Bädern und Sturzbad. Nach Verlangen können auch **Molken- Salz- und Stahlbäder** genommen werden.

Das **untere** noch nicht ausgebaute **Kurhaus** wird im Jahre 1865 bewohnbar. Es steht am **Eingang des Dorfes** mit freier Aussicht und ringsum hübschen Gartenanlagen. Es wird ganz nach der Bequemlichkeit unserer Neuzeit eingerichtet. Die Zimmer sind geräumig und enthalten 70 bis 80 Betten. **Es hat** einen entsprechenden Speise- und Lesesaal, ein grosses Billardzimmer, das zugleich als Kaffee dient, und endlich einen gemeinsamen Damensaal.

Der **Kurpreis** ohne Zimmer beträgt frk. 3. 50 cts. Der Preis der Zimmer wechselt je nach der Lage von 50 cts. bis zu 1.50 cts.

Ziegenmilch, Molken und Bedienung werden besonders berechnet. Im **neuen** Gasthof sind die Preise etwas höher. Um ein Uhr wird grosse gemeinsame Tafel *(table d'hôte)* gehalten, und Abends nach der Karte gespeist.

Herr Dr. Cattani wohnt gleich neben dem oberen Gasthause „zum **Engel**", und kann in seinen beiden Häusern bei 40 Kurgäste unterbringen, die jedoch im Gasthause speisen, das man in wenig Schritten erreicht. Seine Zimmer haben ebenfalls eine schöne Aussicht, und sind ruhiger, als die im Gasthause. Sie sind sowohl für ganze Familien, als auch für einzelne Kuristen eingerichtet. Hr. **Regierungs-**

rath Müller hat für 20 bis 25 Kurgäste Raum. Für eben so viel das Kurhaus „Engelberg". Neben den erhabenen Naturschönheiten ist das Kloster die grösste Merkwürdigkeit des Thales. Es wurde im Jahre 1106 von einem Freiherrn von Seldenbüren in der Bergwüste des „Surenenthales" gegründet, und 1120 mit Benediktinern aus dem Schwarzwalde bevölkert. Der Erbauer stiftete gleichzeitig auch ein Frauenkloster, das im Jahre 1360 nicht weniger als 200 Nonnen zählte. Allmälig siedelten sich um die Klöster Einwanderer an, und wurden durch Schenkung, Kauf und Tausch Hörige des Stiftes, das alle umliegenden Alpen und den Thalboden besass. Von kenntnissreichen und wohldenkenden Aebten wurde für die rasch wachsende Thal-Bevölkerung väterlich für allerlei Erwerbsquellen gesorgt, und so das Seidenspinnen und Krämpeln, aber in neuester Zeit die Seidenweberei eingeführt. Neben einer Bibliothek von 10,000 Bänden besitzt das Kloster eine mineralogische und Münzen-Sammlung, und einen gewaltigen Käskeller, in welchem die aus den Klostersennereien kommenden, oder auch angekauften Käse zu tausenden wohlgeordnet auf Gerüsten aufgespeichert werden, um dann nach einer gewissen Speisung mit Salz ihre Reise nach allen Himmelsgegenden der Erde anzutreten. Das Frauenkloster in der „Wetti" wurde schon im Jahre 1615 nach Sarnen versetzt, wo es sich noch jetzt befindet. Das Thal von Engelberg ist reich an schönen Spaziergängen. Bald ist das

Reiseziel die nahe St. Jakobs- oder St. Anna-Kapelle, bald ein malerischer Wasserfall, bald „Das End der Welt", oder der Dürrbach; auch die grosse Mustersennerei des Klosters in der Herrenrüti. Für rüstigere Fussgänger die nahe, schöne Gerschnialp; die obere Trübseealp; und der Bitzlistock, auch wohl die eine Stunde entfernte Schwand, von der man schon eine hübsche Aussicht in die Ebene hinaus geniesst. Ein weiterer Ausflug führt über das Joch hinüber in den Kanton Bern in die romantische Engstlenalp, wo Herr Major Ratz eine sehr gut eingerichtete Wirthschaft errichtet hat. Noch rüstigere Fussgänger, darunter sogar zarte Damen wagen muthig die Ersteigung des eisbedeckten Titlis, und den Bergübergang über die Surenenegg, wohl auch sogar die Erklimmung des steilen Engelberges.

Die Bewegung in der frischen Thalluft von Engelberg ermüdet unvergleichlich weniger, als unten in den Niederungen. Der Aufenthalt in Engelberg eignet sich, wie derjenige in St. Moriz im Engadin, vorzugsweise für solche Schwächezustände des menschlichen Organismus, welche nach bedeutenden Säfteverlusten, körperlichen und geistigen Anstrengungen, nach Nervenleiden und schweren, überstandenen Krankheiten entstanden sind. Nicht minder wohlthätig bewährt sich die Engelbergeralpenkur bei Skropheln, Bleichsucht, bei Hysterie, ebenso bei Hypochondrie und Schwermuth. Der Hauptbesuch in Engelberg fällt auf die Monate Juli und August. In guten Jahrgängen kann Engelberg schon im Maimonat besucht werden, und bietet im Herbstmonat oft noch sehr viele warme sonnige Tage.

Seit dem September 1863 ist Engelberg eine eidgenössische, meteorologische Station. Der wohl unterrichtete Hochw. Pater Placidus Wismann, Bibliothekar des Klosters, besorgt dieselbe. Seiner freundlichen Gefälligkeit verdanken wir nachfolgende Notizen über die Temperaturverhältnisse in Engelberg. Die vorherrschenden Winde in Engelberg sind Süd-Ost, Süd-West, und West. Die ersteren herrschten namentlich in den letztjährigen Frühlingsmonaten. Im Juni war das Verhältniss der Regentage zu den regenlosen wie 3 zu 1. Das Monatsmittel für die relative Feuchtigkeit nach Prozenten war in den Monaten März, April und Mai folgendes:

März.

7 Uhr Vormittag 0,66.   1 Uhr Nachmittag 0,64.
9 Uhr Nachmittag 0,80.
Tagesmittel: 0,72.

April.

7 Uhr Vormittag 0,79.   1 Uhr Nachmittag 0,56.
9 Uhr Nachmittag 0,78.
Tagesmittel: 0,71.

Mai.
7 Uhr Vormittag 0,78. 1 Uhr Nachmittag 0,59.
9 Uhr Nachmittag 0,22.
Tagesmittel: 0,73.

(Die Lufttemperatur nach Celsius).
Monatsmittel.

März.
7 Uhr Vormittag 0,21°. 1 Uhr Nachmittag 5,09°.
9 Uhr Nachmittag 0,94°.
Tagesmittel. 2,08°.

April.
7 Uhr Vormittag 1,63°. 1 Uhr Nachmittag 8,53°.
9 Uhr Nachmittag 2,75°.
Tagesmittel 4,32°.

Mai.
7 Uhr Vormittag 8,28°. 1 Uhr Nachmittag 13,67°.
9 Uhr Nachmittag 8,49°.
Tagesmittel 10.4°.
Höhe der Station 1024 Meter.

20. Schwendikaltbad. In einem einförmigen Hochthale der Pilatuskette, in ihrer südwestlichen Richtung gegen das Rothhorn hin, liegt nahe an der Luzernergrenze und an der Quelle des zum gefährlichen Wildbache rasch anwachsenden Schlierenflüsschens, zwischen Föhrengruppen auf grüner

Oase einer Alpenfläche das neue Kurhaus „Schwendi-Kaltbad", 4815′ ü. M. Es hat seinen Namen von einer eiskalten Quelle, welche im Erdgeschoss des Hauses unter einem dünnen Torflager aus einem mit Lehmschichten abwechselnden Mergelgrunde entspringt. Das Wasser hat einen ausnehmend kühlenden und erfrischenden, später schwach dintenartigen Geschmack. Im offenen Glase setzt es Glasperlen an, und kühlt sich allmälig, indem es einen bräunlichen Bodensatz bildet. Waschtücher und Leinenzeug bekommen bei fortgesetztem Gebrauche eine rostige Farbe. Die Quelle enthält Chlorkalium und Chlornatrium, doppeltkohlensaures Natron, Kalk, Magnesia, Eisenoxydul, Kieselerde, freie Kohlensäure und deutlich erkennbare organische Säuren, als Ameisen-, Essig-, Prapion- und Buttersäure. Sie ist daher ein eisenhaltiger Natronsäuerling, der zwischen Seewen und den Bündnereisensäuerlingen die Mitte hält, sich aber durch seine beständige, niedrige Temperatur (3.73° R.) charakterisirt. Die Entdeckung der Heilquelle hüllt sich im Munde des Volkes in eine sinnige Sage. Der Geissbub der Genossensame Schwendi sah einst einen angeschossenen und gehetzten Hirschen in den von der Quelle gebildeten Sammler stürzen und sich darin baden. Das wiederholte das Edelwild alle Tage, bis es heil war. Der Geissbub hat die Wunderkur erzählt, und so die Blicke seiner Mitlandleute auf die Heilquelle gelenkt. Bald erhob sich eine kleine Schirmhütte über dem Wunderbrunnen. Im Jahr 1732 wurde ein Wärmkessel heraufgeschafft, und gegen eine feste Taxe das Wasser zum Bade gewärmt. Der berühmte Dr. Kappeler von Luzern, der die Quelle im Jahr 1756 untersuchte, spricht schon von 2000 Personen, welche hier Heilung gefunden hatten. Erst im Jahr 1806 wurde die alte Hütte in ein Bauernhaus umgewandelt, und endlich das jetzige Kurhaus gebaut, nachdem die bisherigen Pächter, Alt-Kirchenvogt Burch und seine Söhne, im Jahre 1861 Quelle und Haus der Theilsame Schwendi abgekauft. Seine Söhne, die Gebrüder Burch, haben sodann das jetzige Kurhaus erweitert, dem indessen wegen Mangel an Raum in nächster Zeit eine bedeutende Vergrösserung bevorsteht. Die Anstalt zählt gegenwärtig 83 Betten und hat 8 Badezimmer mit vollständiger Sturzbad- und Dampfbadeinrichtung. Der Kurpreis ist für die Höhe des Kurortes und seine Entfernung vom Thale ungemein billig, nämlich 3.50 für die erste, und 2.50 für die zweite Tafel. Sturz- und Vollbäder werden besonders bezahlt, ebenso besondere Auswahl der Zimmer und Bedienung.

Neben dem Quellwasser werden auch Milch und Molken getrunken. Bei schwächlichen und nervösen Personen, welche das kalte Quellwasser für sich rein nicht ertragen, wird dasselbe häufig mit warmen Molken oder Milch gemischt. Gewöhnlich werden früh nüchtern zwei bis drei Gläser in Pausen getrunken, und dann im Laufe des Vormittags noch weitere 4 bis 6 Gläser. Die Hauptwirksamkeit der

Schwendibadkur besteht unzweifelhaft in der Einwirkung der frischen und erquickenden Alpenluft, bei fleissiger Bewegung im Freien. Zwar ist der Boden um die Kuranstalt meistens Moorgrund, der mit Farren und Haidekraut überwachsen ist, und macht daher einen etwas eintönigen Eindruck, aber in mässiger Entfernung bieten sich einige sehr lohnende Aussichtspunkte. So erreicht man in 25 Minuten die Hohenegghütte, von wo man den obern Theil des Oberwaldnerlandes übersieht. Weit umfangreicher ist auf dem anderthalb Stunden entfernten Seeligüpfi die Aussicht auf den Vierwaldstädtersee, den Stanzerboden, die Rigi und die beiden Mythen, so wie auf das Thal bei Luzern. Auf dem dritthalb Stunden entfernten Feuerstein, der die Grenzscheide zwischen Obwalden und Luzern bildet, geniesst man eine ausgedehnte Fernsicht auf das obere Emmenthal, das Entlebuch und in das Luzernergäu, sowie auf die Berner-, Unterwaldner,- Glarner-, und St. Galleralpen. Sehr reiche Ausbeute bietet dem Pflanzenkundigen die Umgebung des Kurhauses an seltenen Alpenpflanzen, z. B. Alpenrosen, Enzianen, Schneeglöcklein, Fluhblumen, sogar die seltene Möhrli oder Brändli (*nigritella*), Hungerblümchen u. s. w. Sie schmücken das zerklüftete Felsengestein rings umher.

  Das Klima des Hochthals, welches von Nordosten nach Südwesten sich hinzieht, von keinen Felsen geschützt, sondern den Winden ausgesetzt ist, bietet allerdings sehr starke Temperatursprünge, und muss daher als ein strenges bezeichnet werden. Selbst an sonnigen Tagen ist auf der Nordseite des Hauses eine ziemlich scharfe „Bise" bemerkbar. Im höchsten Sommer steigt der Barometer selten über 15° R. und fällt nach Sonnenuntergang rasch um einige Grade. Bei anhaltendem Regenwetter fällt bisweilen selbst im Juli und August noch Schnee. Allen Kuristen auf Schwendikaltbad ist daher dringend zu empfehlen, sich mit warmen Kleidern und genüglichem starkem Schuhwerke zu versehen, und Ueberwürfe und Shawls nicht zu vergessen.

Schwächlichen Personen, bei ausgesprochenen Lungenknoten, oder bei organischen Herzleiden, sowie bei übergrosser, nervöser Reizbarkeit ist Schwendikaltbad zu missrathen. Sowohl als klimatischer Kurort, wie vermöge des chemischen Gehaltes nähert sich das Schwendikaltbad den Kurorten Schuols-Tarasp und St. Moritz im Engadin, und zeigt sich auch bei den gleichen Körperleiden heilkräftig; dieselben sind: Bleichsucht des jugendlichen Alters, auch wenn sie mit Reizzuständen des Magens behaftet ist, in welchem Falle die Mischung des Quellwassers mit Milch oder Molken sehr empfohlen werden muss; Blutarmuth in Folge von Blutverlust oder nach Fehlgeburten; Schwächezustände nach schweren überstandenen Krankheiten; Nervenleiden in Folge reizbarer Schwäche besonders bei alten Personen, mit Gesichts- und Kopfschmerzen; Nervenrheumatismen; Geschlechtsschwäche der Männer, mit Unvermögen und Samenfluss; Geschlechtsstörungen der Frauen mit Weissfluss und abnormer Periode; **Erkrankungen der Blase und Vergrösserung der Vorsteherdrüse**, bei auffallend saurer Reaktion des Harns; **Chronische Gicht- und Rheumatismus**, (Gsüchter wie wir Schweizer sagen) die sich als örtliche Nervenleiden der Haut, der Gelenkbänder, Gelenke und Muskeln kund geben, und welche zurück getretenen Schweissen und der Verstopfung der Hautdrüsen ihren Ursprung verdanken, wenn noch keine gichtischen Ablagerungen, Gliederanschwellungen, Knochenaufreibungen, Wucherungen und Missbildungen vorhanden sind.

Seit alter Zeit berühmt ist das Bad bei **Lähmungszuständen**, die auf reiner Schwäche der Innervation ohne organische Verbildungen und mechanische Zusammenhangsstörungen beruhen. Hier bringt die methodische Anwendung der Trink- und Badekur oder auch der Dampfbäder mitunter in auffallend kurzer Frist merkwürdige Heilungen. Ebenso wohlthätig bewährt sich eine sorgfältige Trinkkur mit warmen Bädern bei **rheumatischen Brustschmerzen** und **langwierigen Brustkatarrhen**, ohne tiefergehende Lungenerkrankungen.

Fettleberbildungen und speckige Entartung derselben wird bisweilen durch Schwendibadekur gänzlich gehoben oder doch gemildert. Die Anwendung des Badeschlammes oder die sogenannten Moorbäder zeigte bei **Fussgeschwüren**, welche auf Schwäche beruhen, einen günstigen Erfolg. Von Sarnen aus erreicht man das Schwendibad in drei Stunden, und zwar führt der Weg zuerst über eine grosse Berghalde auf einer neuangelegten Fahrstrasse von 9% Steigung. Ueber sonnige Berge und mit Obstbäumen besetzte Matten und Weiden gelangt man an freundlichen Bauernhöfen vorbei, zur Kapelle im Stalden. Dort findet man beim Hochw. Herrn Kaplan für kurze Rast freundliche Aufnahme und Erfrischung. Weiter führt der Weg durch liebliche Matten auf schwanken Stegen über brausende Waldbäche im Zickzack an hübschen Heimwesen der Gemeinde Schwendi vorbei. Prächtige Aussichten öffnen sich nach allen Seiten. Ueber Moorgrund, durch Buchen- und Tannenwälder, führt der Weg endlich zum Kurhaus. Ein anderer wenig besuchter Bergpfad führt in 6 Stunden hinüber in das Entlebuch, über den sehr beschwerlichen Bernersteig.

Die Kurordnung ist: $7^{1}/_{2}$ Uhr Frühstück, Kaffee mit Milch, Weissbrod, Butter, Honig. $11^{1}/_{2}$ Uhr Mittagessen mit Suppe, Fleischkost und Gemüse, zwei Gänge. Wein nach Auswahl der Gäste und allfälliger Nachtisch. An katholischen Fasttagen schmackhafte Forellen, Obst- und Käskuchen, Eierspeisen. 3 Uhr wird von den Kurgästen der Kaffee genommen. $7^{1}/_{2}$ Uhr folgt das Nachtessen mit Suppe, Braten, Rippstücken, Gemüse und Wein. Tägliche Postverbindung findet von Sarnen aus statt. Zweimal in der Woche besucht der Badearzt die Anstalt. Die Badegäste gehörten früher vorzugsweise nur den Kant. Unterwalden und Luzern, zum Theil auch Bern an. Später rückten auch Züricher, Basler und Aargauer heran. Letztes Jahr kamen schon viele Deutsche aus den Hauptstädten des Nordens wie des Südens, von Berlin, Dresden, Frankfurt, Stuttgart, und zwar Gäste aus den obern Klassen der Gesellschaft. Der Gesellschaftston ist ein ungezwungen freundlicher und fröhlicher, fern von aller Steifheit. Es wird viel musizirt, wozu ein Klavier, Guitarre und Violine Gelegenheit geben. Schwendikaltbad hat zweifelsohne eine Zukunft vor sich, muss aber bei weiblichen Krankheitsfällen mit Vorsicht gewählt werden.

21. Schönegg. Diese erst im Jahre 1863 eröffnete klimatische Luftkuranstalt liegt wenige Minuten unterhalb dem idyllischen Bergdorfe Emmetten, auf der Kante des grünen Berggrates, der vom Seelisberg sich nach dem Spiess hinüberzieht.

Die Aussicht vom Kurhaus aus auf den anscheinend ganz abgeschlossenen Mittelsee und seine reizenden Ufer, auf das zu Füssen so malerisch daliegende Buochs und Beckenried, auf das ferne Wäggis und das nähere Gersau und Brunnen, auf die ganze Rigikette, den Vitznauerstock, die Hochfluh, den Urmiberg, die beiden Mythen und den hübschen Fronalpstock ist wirklich wundervoll, doch ist die Anstalt den Nord- und Westwinden ziemlich ausgesetzt. Die Kurmittel sind neben der Alpenluft ein frisches, reines Quellwasser, Milch und Molken.

Kurpreis und Zimmerzahl kann nicht angegeben werden, da der Erbauer und Besitzer der Anstalt, Herr Kuhn-Munzinger, das Kreisschreiben des Verfassers unbeantwortet liess, was jedenfalls nicht zum Vortheile der jungen Anstalt spricht. Bei zweckmässiger Einrichtung und entsprechender Bedienung, muss mit der Zeit dieser neue Kurort vor andern in gleicher Höhe wegen seiner so zauberhaften Aussicht einen Vorzug haben.

22. Die Pilatusgasthöfe „Blättler" und „Bellevue". Diese beiden, bereits in der Hochalpenregion gelegenen, gut eingerichteten Gasthöfe sind zwar bisher nur noch von Touristen, nicht aber von Kuristen besucht worden, weil beide sehr den Luftströmungen ausgesetzt sind, und das Trinkwasser aus ziemlicher Entfernung heraufgetragen werden muss. Dennoch wirkt die Alpenluft hier oben ausserordentlich stärkend, aufregend, und erfüllt die grossartige Gebirgsnatur des weltberühmten ehemaligen Zauberberges mit seinen zahllosen Sagen das sinnige Gemüth des Naturfreundes mit Staunen und neubelebender Kraft. Das Gasthaus Blättler auf Klimsenhorn-Egg (5900 Fuss ü. M.) ist sehr bequem eingerichtet, und hat 80 gute Betten. Der Sonnenaufgang und Niedergang ist hier besonders schön.

Hotel Bellevue, am Fusse des „Esels", ist das Unternehmen einer Obwaldner-Aktiengesellschaft. Hier fand im Winter 1863 die grauenvolle noch immer nicht aufgeklärte Ermordung des Hauswächters oder des sogenannten „Gäumers" statt. Die Aussicht auf dem Pilatus, besonders auf seinen höchsten Spitzen Tomlishorn und Esel, wetteifert mit jener auf Rigikulm, und übertrifft letztere unzweifelhaft durch den unmittelbaren Einblick in die Berneralpen, und in das Eismeer, welche ihre Gipfel weithin umstarrt. Der erste Gasthof auf Klimsenhorn wurde vor sieben Jahren von dem eben so unternehmenden, als beharrlichen Bauherrn Kaspar Blättler im Rotzloch ausgeführt, nachdem er auf eigene Kosten und ohne Hilfe eines Ingenieurs den gelungenen Bergweg dahin angelegt, und dann vom Gasthause bis zum Kriesiloch weitergeführt. Derselbe steht auf dem Joch am Fusse des Klimsenhorns 5900′ ü. M. und ist in $2\frac{1}{2}$ Stunden bequem ersteigbar. An den ersten Gasthof reihte er bald den grossen zweiten und eine Kapelle, nach frommer Unterwaldnerart. Eine Aktiengesellschaft von Obwalden errichtete sodann unmittelbar am Fusse des Esels das obere Gasthaus, Bellevue genannt, 6500′ ü. M. Die Aussicht auf dem Pilatus ist unbeschränkter, als auf der Rigi, weil gerade der südöstliche Theil der Bernerhochalpen, welcher durch den Pilatus verdeckt wird, auf demselben frei vor Augen liegt, und diese kolossale Alpenwelt viel näher erscheint. Es ist daher zu erwarten und zu wünschen, dass der Ausspruch des H. Hofrath Werber in Freiburg sich erwahre, dass der Pilatus als klimatischer Kurort eine grosse Zukunft finden werde, denn einzig in ihrer Art ist seine Aussicht; leicht zugänglich von Hergiswil und Alpnach, wie von Kriens und durch das Eyenthal sind seine Höhen, bequem seine Gasthöfe und gut, freundlich, und billig ihre Bewirthung. Dem Gasthofe auf Klimsenhorn steht, als sorgliche Wirthin, eine verwitwete Tochter von K. Blättler, Frau Rathsherrin Engelberger vor; die Bellevue haben zwei Obwaldner (Herr Britschgi und Hermann) in Pacht.

Die klimatischen Kurorte des Kanton Luzern.
(In der Hügelregion.)

23. **Die Stadt Luzern und ihre Pensionshäuser.** Weltbekannt ist die reizende Lage dieser Stadt, welche ein namhafter Reisender als die drittschönste in Europa bezeichnet hat. Zu hinderst im lieblichen Busen des Luzernersees, am Ausfluss der smaragdgrünen Reuss, die in raschem Laufe dem See entspringt, liegt sie zwischen grüne Hügel sorglich eingebettet, wie ein verhätscheltes Lieblingskind der gütigen Natur. In dem Mauerkranze ihrer Museggthürme, in der malerischen Kapellbrücke mit dem merkwürdigen Wasserthurm, sowie in der Spreuerbrücke mit dem Todtentanze, in den engen Gassen mit manchen noch alterthümlichen Häusern tritt die alte Zeit in einen lebhaften Gegensatz mit der neustmodernen die auf dem, dem See abgerungenen Schweizerhof-

Strande in den grossartigsten palastähnlichen Gasthöfen und Pensionshäusern sich breit macht. Die Aussicht aus den Fenstern dieser Bauten der Neuzeit auf den See und den Alpenkranz, von der lieblichen Rigi, der Königin der Berge, im weiten Halbkreis der Urner-Unterwaldner- und Berneralpen bis hin zum ernsten zerklüfteten Pilatus, der unmittelbar über die Stadt auf dunklem Fussgestell des waldgekrönten Schattenberges sich so mächtig emporthürmt, ist entzückend, und nach den Stunden des Tages ebenso wechselvoll in Ton und Färbung. Zwei Eisenbahnen, die Centralbahn und diejenige der Nordostbahn, leiten den Strom der fremden Reisenden in mehr denn zwanzig täglichen Fahrten nach Luzern und ins Herz der Urschweiz.

Das Klima von Luzern ist sehr mild. Die Stadt ist durch die sie umgebenden Hügel und Berge von allen scharfen Windzügen sorglich geschützt. Jedoch ist und bleibt der Pilatus ein Wettermann, der aus den vielen Wolken, die sich zu allen Jahreszeiten um seine schroffen Felsenwände sammeln, Donner und Blitz, reichlichen Regen und bisweilen sogar gräulichen Hagel niedersendet. Böse Zungen haben Luzern auch schon ein „Regenloch" genannt. Sind aber böse Zungen das! Kein Ort der Schweiz ist als Uebergangspunkt für Bewohner der Niederungen zu den klimatischen Kurorten der Alpenregion so geeignet, wie Luzern. Wer zu diesem Zwecke in Luzern einen längeren Aufenthalt nehmen will, der findet in den vielen Pensionshäusern der Halde entlang und auf dem linken Seeufer bequeme reinliche und billige Einrichtungen in reizender Lage. Zu den bestgelegenen gehören: Pension Faller, Pietzger auf Felsberg, Tivoli, Schweizerhaus; Pension Worley, die Villa der Frau General Elgger; Pension Suter auf Gibraltar, Pension Kaufmann und etwas entfernter Seeburg und gegenüber Stutzhof. Neben dem herrlichen Aussichtspunkte Gütsch baut Robert Wallis ein neues Pensionshaus in englichem Schlossstyle. In neuester Zeit hat Herr Egli bei St. Karli an der Reuss eine Molken- und Badeanstalt errichtet, mit kalten und warmen russischen und türkischen Bädern, Douch- und Dampfbäder verbunden mit Flussbädern in der Reuss. Die Lage des Kurhauses ist überaus freundlich, die Aussicht reizend. Näher bei der Stadt ist noch ein zweites Flussbad mit Schwimmanstalt. Seebäder sind in der Badeanstalt am Neuplatz, im Tivoli und auf Seeburg billig zu haben.

An Spaziergängen ist Luzern ebenso reich, als an hübschen Aussichtspunkten. Der freundliche Spaziergang über die Musegg, der Philosophenweg des gelehrten Stadtschreibers Cysat, führt zu dem schönen Punkt zu „Allenwinden". Von dem berühmten Löwendenkmal führen mehrere Wege hinauf aufs Wesemlin, dem Mutterhause der Kapuziner in der Schweiz, und von da nach den „3 Linden". Von da hinaus erreicht man in einer kleinen halben Stunde die „kleine Rigi", den Dietschiberg, mit herrlichem Ausblick auf die grosse Rigi. Ebenso lohnend ist ein Spaziergang am linken Seeufer durch dass Moos, Tribschen vorbei und Stutzhof nach St. Niklausen, wo Blättlers kleiner Schraubendampfer landet, und mit diesem zurück nach Luzern, oder dann zu Fuss über Horw und die Allmend durch den Schattengang des obern Grundes. In 10 Minuten ist der Gütsch erstiegen, wo eine gutbestellte Wirthschaft mit freundlicher Bedienung und hübschen Gartenanlagen zum angenehmen, längern Aufenthalte einladet. Ein weiterer, hübscher Spaziergang führt der grünen Halde entlang nach Seeburg, oder weiter zur neuen Bierbrauerei in der Balm, zu den Ruinen von Neu-Habsburg, nach Meggen, wo das Dampfschiff an zwei Haltstellen Reisende aufnimmt. Zu den schönsten Fahrten laden die 11 Dampfschiffe voraus ein, die nach allen Richtungen mehreremal täglich die klare Spiegelfläche des klassischen Vierwaldstädtersees durchfurchen. Eine äusserst lohnende Rundfahrt kann seit Eröffnung der Bahn Zürich-Zug-Luzern in wenig Stunden gemacht werden. Man fährt mit dem Dampfschiff nach Küssnacht, von da mit der Post nach Immensee. Von Immensee mit dem Dampfschiff nach Zug, und von Zug mit dem Eisenbahnzug zurück nach Luzern. Das neuhergestellte Kaffee „am See" (Café du Lac) neben der protestantischen Kirche entspricht ziemlich den Bedürfnissen einer an Aufwand gewöhnten Menschenklasse. Die grosse Orgel in der Hofkirche wird an bestimmten Abenden in ihrem unerschöpflichen Reichthume den Kunstfreunden vorgeführt. Die Fahrten auf dem See, in leichter Ruderschaluppe, bei heller, stiller Mondscheinnacht, stehen an Zauber den „venetianischen Nächten" nichts nach. Wer ein offenes Auge und ein fühlendes Herz für die Schönheiten der Natur hat, der muss sich durch Luzerns reizende Lage gefesselt fühlen, und darum ist die Annahme eine begründete, dass diese jetzt noch kleine Stadt sicher für die Fremdenwelt, welche die Schweiz bereist, zu einem Haupt-Sammelplatze derselben werden dürfte.

24. **Wäggis.** Am südlichen Fusse der Rigi, in sanfter Bucht des nördlichen Arms des Kreuztrichters äusserst lieblich eingebaut, geniesst das schöne Pfarrdorf Wäggis mit seinen Gasthöfen und Pensionen ein ausgezeichnetes, mildes Klima, das dem von Nizza nahekömmt. Im Norden, Westen und Osten durch die Rigi und ihre Ausläufer sorglich von rauhen Winden geschützt, bleibt es einzig dem warmen Südwinde zugänglich, der als Sturm oder Fön hier in wenig Stunden im Frühling das weisse Schneekleid des Winters wegfegt. Der Winter ist nur kurz und mild; die Sommerhitze wird durch die Ausdünstung des Sees gemässigt. Frühling und Herbst sind in dem Obstbaumwalde der Gegend sehr genussvoll. Früher, als an jedem andern Orte der Centralschweiz, Vitznau und Bürgenberg ausgenommen, erwacht hier die Natur im Frühjahr zu neuem Le-

ben, und im Herbste, wenn in andern Gegenden die Bäume wieder ihres Blätterschmuckes beraubt sind, prangen sie hier noch mit herrlichem Grün. Ganze Kastanienwälder umgeben das Dorf, und gehen ziemlich weit am Rigiberg hinauf. Der Feigen und Mandelbaum gedeiht im Freien und bringt reife Früchte. Ueberall begegnet dem Blicke die üppigste Vegetation, und ein Park von Buchen und Kastanien-, Wallnuss- und andern Obstbäumen rahmt Unterwäggis und das Dorf ein. Wäggis ist daher mit gutem Grunde der Gemüsegarten von Luzern, indem es die Stadt das ganze Jahr hindurch mit Gartenfrüchten versieht. Ebenso prachtvoll wie die Lage von Wäggis ist seine Aussicht auf den See und auf die Berge. Die schöpferische Einbildungskraft des begabtesten Landschaftmalers vermag nimmermehr in dem wechselvollsten Spiele der Beleuchtung vom frühesten Morgen bis zum spätesten Abend diese bald blumigen, bald bewaldeten, bald felsigen Ufer, diese prachtvollen Baumgruppen, kleinen Buchten und vielgestaltigen Erdzungen auf der Leinwand so wiederzugeben, wie die Natur sie in reicher Fülle in Wäggis in der Wirklichkeit bietet. Jeder Spaziergang in diesem paradiesischen Gelände bietet immer neue Ueberraschungen und fesselnde Aussichtspunkte. Eine fahrbare Strasse, die aber selten von Fuhrwerken benützt wird, führt von Küssnacht hieher. Disselbe wird nun nach Vitznau fortgesetzt, und diese Strasse, wenn sie einmal vollendet ist, wird eine der anziehendsten werden, die es wohl auf Erden giebt. Im Sommer bringt der Zug der Fremden auf die Rigi ein bewegtes, mitunter sehr lautes Leben nach Wäggis. Sonst aber geniesst der Kurgast hier einer ländlichen Ruhe und Stille, die sehr wohlthuend ist. Unter den Pensionshäusern von Wäggis ist voraus dasjenige von Dr. Gehrig zu empfehlen. Es liegt nur wenige Minuten westlich vom Dorfe entfernt, an der Strasse nach Küssnacht, auf einer kleinen Anhöhe, mit hübschen Gartenanlagen, eigenem Badehause, eigener Schaluppe und einer prachtvollen Fernsicht über den See und auf den erhabenen Kranz der Hochgebirge. Die Kuranstalt enthält 11 Zimmer, darunter 2 Salons; die übrigen 9 Schlafzimmer zu je 2 Betten. In dem neugebauten Gartenhause befinden sich noch 4 kleine Zimmerchen je mit einem Bette, die sehr niedlich sind. In solcher Weise zählt die kleine Anstalt 15 Zimmer mit 22 Betten. Das Badehaus ist sowohl für Seebäder, als warme Bäder mit 4 Wannen eingerichtet.

Der Kurpreis wechselt nach der Wahl der Zimmer und nach der Jahreszeit von $3\frac{1}{2}$ Fr. bis 6 Fr. für den Tag. Warme Bäder und besondere Bedienung auf dem Zimmer werden besonders aber billig berechnet.

Für den Schoppen Milch werden 15 Cts., für einen Schoppen Molken 30 Cts. berechnet.

Das Kurhaus von Dr. Gehrig wurde im Jahre 1854 mit 11 Personen eröffnet; im letzten

Jahre beherbergte es deren 51, in zehn Sommern 309 Personen. Die Kurgäste waren bisher Schweden, Russen, Deutsche, Franzosen, Engländer, Schweizer und zwar Basler und Züricher. Die Kurzeit dauert von Anfangs April bis Ende Oktober. Es sind auch schon im März Fremde daselbst eingetroffen. Der Kurwirth, ein erfahrener praktischer Arzt, ist eine biedere, derbe, fröhliche Schweizernatur, ein eifriger Theater- und Musikfreund, und ein heller Kopf, der seinen Kurgästen stets im lieben Angedenken bleibt, und Trübsinn und Langeweile durch musikalische Aufführungen, durch Ausflüge zu Wasser und zu Land bei seinen Gästen gründlich zu bannen versteht. Neben der Pension Gehrig sind weitere: **Pension der Eintracht**, deren Bewohner indessen im Gasthause „zur Eintracht" speisen, **Pension F. Waldis, Pension W. Waldis**, dann der **Gasthof zur Eintracht** und zum **goldenen Löwen, Pension Hoffmann** und **Zimmermann**.

Dr. **Gehrig** will in 20jähriger ärztlicher Wirksamkeit in Wäggis nur einen einzigen Lungenschwindsüchtigen behandelt haben. Lungenkranke, welche bereits an Schwindsucht leiden, werden sich in Wäggis ordentlich erträglich finden, und können unter Umständen noch gerettet werden, oder können wenigstens ihr Leben verlängern. Dr. **Helfft** in Berlin ist der Ansicht, das Wäggis in der grössten Sommerhitze unter allen den Orten, welche sich zur Aufnahme von Brustkranken mit Lungenknoten eignen, den Vorzug verdiene, und zwar weit mehr als Interlacken, Thun, Beckenried und Brunnen. Wir möchten hinwieder Vitznau vor Wäggis den Vorzug geben.

25. Vitznau. Dieses kleine aber idyllische Pfarrdorf, mit hübscher Kirche und reinlichen Häusern sammt einer guten Bierbrauerei, liegt östlich von Wäggis am Fusse des Vitznauerstockes und der berühmten rothen Wand am Rigiberg, die an schönen Sommerabenden in rosiger Gluth so weithin strahlt. Die Lage von Vitznau in diesem heimeligen Bergeswinkel, wo die Molasse an dem Alpenkalk des Vitznauerstockes sich aufstaut, ist wo möglich noch geschützter, als die des reizenden Wäggis, und daher ist auch sein Pflanzenwachsthum um einige Tage früher. Der Ort hatte bis noch auf die neueste Zeit keinen Wagen, weil er bis jetzt auch keine Fahrstrasse hatte. Nun aber haben die regsamen Vitznauer bis an die Gemeindemarken von Wäggis ihre neue Strasse vollendet, und harren mit Ungeduld, bis ihre Nachbarn von Wäggis das Gleiche werden gethan haben. Eine gute Stunde oberhalb dem Dorfe liegt die berühmte Grotte der Waldis-Balm, die eine weitläufige unterirdische Höhle von 170 Klaftern Tiefe in der Molassenbildung der Rigi ist. Eine zweite nicht weit von der Waldisbalm entfernte Höhle heisst die Stigelfuttbalm. Sie ist so gross, dass sich das weidende Vieh in ihr verirrt. Die dichterische Volkssage verlegt in dieselbe gar dienstbereite Erdmännchen

und ihren Gnomenspuck. Im Wirthshaus zum **Kreuz** finden Kurgäste in Vitznau freundliche Aufnahme, jedoch nur in geringer Zahl und eine ländlich einfache, aber auch billige Bedienung.

Eine Kuranstalt in grösserem Massstabe für Brustkranke und nervenschwache Personen wäre hier ganz am Platze, und die beste Kurzeit für dieselben Frühjahr und Herbst. **Milch** und **Molken** sammt frischem **Wasser**, sind als Unterstützungsmittel der klimatischen Luftkur leicht zu haben. Von Vitznau kann zweifelsohne der leichteste und aussichtreichste Weg auf die Rigi hergestellt werden. Ein strebsamer Mann mit entsprechenden Geldmitteln wäre daher für den freundlichen Ort eine grosse Wohlthat.

Kurorte der Voralpenregion.

Hieher gehören eine Anzahl von Kurorten am breiten Fussgestelle der langgestreckten Pilatuskette, und ihrer Vorberge.

26. **Der Sonnenberg.** Als ein solcher Vorberg des Pilatus ist der vereinzelt dastehende **Sonnenberg** anzusehen, der im Westen der Stadt Luzern bis zur Höhe von 2460^0 ü. M. sich emporhebt. Auf demselben befindet sich, einige hundert Schritte unter der Höhe des Berges, in geschützter Lage eine neu und sehr zweckmässig errichtete Kuranstalt, die eine unvergleichlich schöne Aussicht auf die Berge und den Vierwaldstättersee sowie ins offene Land

hinaus bis hin zum blauen Jura und zum fernen Weissenstein geniesst. Die Kuranstalt ist nur ³/₄ Stunden von Luzern entfernt, und hat eine reine stärkende Bergluft. Der herrschende Wind ist der West, vor dem aber die Höhe des Langföhrenkreuzes schützt.

Die Kuranstalt enthält 36 Wohnzimmer mit 70 Betten, hübsche Gartenanlagen, Kegelplatz, eine Menge aussichtsreicher heimeliger Plätzchen, und gutes wenn auch nicht reiches Quellwasser mit Badeeinrichtung.

Weitere Kurmittel sind Kuh- und Ziegenmilch sowie Molken. Die Anstalt ist für Personen aus bemittelten und höhern Ständen eingerichtet, und wurde seit ihrem kurzen Bestande schon von solchen aus der Ferne, von Polen, Russen, Engländern und Deutschen besucht.

Die Anstalt verdient wegen ihrer ausgezeichneten Lage vorzugsweise die Aufmerksamkeit von Kuristen, die einfach der Erholung, weniger besonderer Kurmittel bedürfen.

27. **Hergottswald.** Anderthalb Stunden von Luzern entfernt, in einer Höhe von 2520′ ü. M. liegt die Wallfahrtskirche Hergottswald, und nebenbei befindet sich ein ländliches Wirthshaus, welches im Sommer von Kurgästen aus der Stadt und aus dem Kanton Luzern, und nun in neuerer Zeit auch von Basel aus besucht wird. Die Kurmittel sind ein gutes reines Quell-

wasser, Milch und Molken. Die Aussicht auf den Krienserboden, die Stadt Luzern, einen Theil des Vierwaldstädtersees und ins Land hinaus ist sehr hübsch. Der Kurpreis entspricht der Einfachheit der Bewirthung.

28. **Eigenthal.** Auf etwas beschwerlichem Wege erreicht man in einer Stunde vom Hergottswald weg, das lieblich grüne, waldumsäumte Alpenthal, in einer Höhe von 3202′ ü. M. Das **Eigenthal** — bisweilen auch **Eyenthal** geschrieben — zieht sich zwischen dem Pilatusgebirg, dem Schwarzflühli und dem Malterserberg von Westen nach Norden und Osten dem forellenreichen **Rümling** entlang, der am Fusse des Pilatus entspringt, und beim Dorfe Schachen in die Emme mündet. Den obern Theil des Thales bildet ein schönes grünes Gelände, das 21 Alpen zählt; der untere besteht grösstentheils aus wilden Gebirgsschluchten. Da, wo jetzt die freundliche Kapelle „zum guten Hirten" neben dem neuhergestellten Kurhause steht, soll nach einer alten Sage einst ein Schloss und Dorf gestanden, und dadurch der Weg auf den Pilatus geführt haben. Der obere Theil des Eigenthals, da wo das Kurhaus steht, ist von drei Seiten mit ziemlich hohen Waldhügeln schützend umschlossen, und nur gegen Süden offen. Die Luft ist hier sehr rein und stärkend, aber doch mild. Der Frühling ist etwas spät, dagegen der Herbst schön und nebelfrei. Der Winter fängt erst mit dem Dezember an, ist aber zeitweise sehr streng. In der

Nähe des Kurhauses stehen einige Gruppen prächtiger Wettertannen, deren tiefherabhängende, dunkle Aeste kühlenden Schutz und Schirm gegen Sonnengluth und Regen bieten. Herrlich ist der Anblick des Pilatusgebirgs unmittelbar vor Augen, vom Klimsenhorn über alle die namenreichen Gipfel bis hin zum Mittaggüpfi. Majestätisch hallt der Donner an diesen schroffen Felsen hin, wenn, was häufig der Fall ist, Gewitter die Gipfel des Gebirgs umhüllen. Auf der nahen Höhe, der Würzenegg, hat man eine sehr schöne Aussicht auf die Stadt Luzern und Umgebung, den See und die Rigi.

Das Kurhaus und die umliegenden Güter sind Spitalgut der Stadt Luzern. Der Pächter desselben ist Herr Niklaus Pfyffer von Luzern, ein kundiger Naturfreund der Thier- und Pflanzenwelt unseres Landes. Das Kurhaus ist einfach, aber freundlich eingerichtet. Es hat einen ziemlich geräumigen hellen Saal, und mehrere hübsche und reinlich ausgestattete Zimmer, mit 30 guten Betten. Die Bedienung ist gut. Der Kurpreis ist sehr billig und beträgt blos 4 Frk. für den Tag. In der Nähe des Kurhauses befindet sich eine Quelle, welche das ganze Jahr eine gleichmässige Temperatur von blos 4° R. beibehält. Molken und Milch sind sehr aromatisch kräftig. Im Rümmling können stärkende Flussbäder genommen werden. Sein Wasser erzeugt schon am ersten Tage einen Badeausschlag, der sich aber bald wieder verliert. Die Bergmännchen sind verschwunden, welche einst die flinken Forellen gegen die Nachstellung zudringlicher Fischer beschützt haben, wovon zu Cysats Zeiten der Untervogt Hans Bucher von Malters erzählt hat, der im Jahr 1592 als eifriger Jäger und Fischer am Rümmling hinaufgekommen war, um einige der vielen schmackhaften Fornen (Forellen) zu fangen. Wie er eifrig mit dem Fischen beschäftigt war, da sei ihm am heitern hellen Tag ein Bergmännchen hinterrücks auf den Hals gesprungen, und habe ihn mit Gewalt darnieder in den Bach gedrückt, dass er geglaubt habe, sterben zu müssen. Endlich habe es ihn losgelassen, und dann mit zorniger Miene und rauhen Worten angefahren: „Bist auch einer der öden Gesellen, welche mir meine „Thierlein schon viel geplagt und zerstreut haben. „Sollst jetzt eine Strafe haben, dass du mich und „meine Thierlein in Zukunft in Ruhe lässt". Darauf sei es verschwunden. Wie nun aber der Untervogt schwach und elend heimgekommen, sei er auf einer Seite erlahmet, so dass er die Wilde habe meiden, und sein Haus vergaumen müssen. Das habe der Untervogt dem Stadtpfarrer von Luzern bei seinem Gewissen als wahr erzählt. Ohne die Rache der Bergmännchen schmücken die köstlichen Rümmlingforellen an katholischen Fasttagen die Tafel der Kurgäste im Eigenthal. Die Mehrzahl der Letztern kommen aus den Städten Zürich und Luzern, und gehören grösstentheils den höhern Ständen an. Sie kommen theils zur Erholung, oft aber sind sie Genesende von schweren, überstandenen Krankheiten, die sich dann im Eigenthal sehr rasch erholen. Bleichsucht und Skrophelsucht senden auch hieher ihre Contingente. Lungenschwindsüchtigen dagegen ist die Luft da droben zu rein; sie müssen daher wieder hinunter.

Am leichtesten gelangt man über Kriens und Hergottswald nach dem Eigenthal. Ein anderer Weg führt über Malters- und Schwarzenberg dahin. Letzterer führt indessen von Schwarzenberg sehr steil bergan und ist ziemlich holprig, somit nicht besser, als der vom Hergottswald hinauf. Zu Ausflügen locken die beiden letztgenannten Kurorten, sowie die benachbarten, zahlreichen Alpen, besonders Bründlen, Buchsteg, Mühlenmäss, Trockenmatt, Rothstock, Schwarzflüchli; sodann die nächsten Gipfel der Pilatuskette, besonders das aussichtreiche Mittaggüpfi, der rothe Totzen, und das Klimsenhorn. Ringsum das Kurhaus wachsen Erd- und Heidelbeeren, später Himbeeren und Brombeeren in Menge, und locken die naschhaften Kuristen an. Da das Eigenthal im Gebiete der Moränenbildung liegt, so ist sein Boden sehr trocken und das Viehfutter keineswegs sauer, sondern sehr aromatisch. Daher auch die ausgezeichnet kräftigen aromatischen Molken und Milch. Auf Verlangen können auch Molkenbäder bereitet werden.

Das romantisch schöne, friedlich stille Eigenthal verdient wegen seines vorzüglich milden Klimas von Seite der Aerzte, wie auch leidender Kuristen mehr Beachtung, als bisher der Fall gewesen ist. Es ist zu wünschen, dass der gegenwärtige Kurwirth, der für Hebung des Kurortes sich bemüht hat, für sein wohlthätiges Bestreben auch durch entsprechenden Zuspruch belohnt werde.

29. **Schwarzenberg**. Nordwestlich vom Hergottswald, auf der gleichen Bergkette, aber auf der Südseite derselben liegt, eine Stunde von Malters entfernt, das kleine Pfarrdorf Schwarzenberg mit zwei klimatischen Kuranstalten, die nur etwa 15 Minuten von einander entfernt sind. Die eine davon, das Wirthshaus zum Kreuz, liegt am westlichen Fusse des Kirchhügels. Sie besitzt 23 Zimmer und kann 36 Kurgäste aufnehmen. Die zweite liegt östlich vom Kirchhügel, in einer Wiese am Fusse eines andern Hügels, und besteht aus einem einzelnen Bauernhause, das „an der Matt" genannt wird, und eine geschützte Lage hat. Das Letztere wird vorzugsweise von unbemittelten Landleuten besucht, während Personen aus dem höhern Mittelstande, die bescheidene Ansprüche machen, und nur ein einfaches Land- und Kurleben suchen, im Wirthshause zum Kreuz ein solches finden.

Schwarzenberg bietet schöne Spaziergänge, doch nicht ohne mässiges Steigen.

Die Kurmittel sind ein vortreffliches Trinkwasser in der nahegelegenen Quelle zu Ennetmatt, sodann Kuh- und Ziegen-Milch und Molken.

Von Malters führt eine schöne, für Kutschen fahrbare Strasse auf den Schwarzenberg.

30. **Farnbühl**. Diese Kuranstalt liegt am nordöstlichen Abhange der Bramegg, an der alten Strasse ins Entlebuch, $\frac{1}{2}$ Stund vom Dorfe Schachen entfernt, bei 2000' ü. M. Dieselbe ist durch Wald und Hügel gegen West- und Südwind geschützt, dagegen für den Ostwind offen, der an heissen Sommertagen angenehm die Luft erfrischt. Sie hat eine schöne Aussicht auf das hübsche Thal von Malters. Der jetzige Besitzer der Anstalt, Herr **Stabshauptmann Siegwart-Lehmann**, hat neben dem älteren Kurhause letzten Winter ein ganz neues Gebäude im Oberländerstyl hergestellt. Die Anstalt zählt gegenwärtig 70 Betten, und kann ebensoviele Gäste aufnehmen. Die Mineralquelle ist dieses Jahr neu gefasst worden, und ist nun bedeutend stärker wie früher. Dieselbe wurde schon im 16. Jahrhundert entdeckt. Sie enthält nebst Eisen auch Schwefel, Alaun und Magnesia, und wird gegen rheumatische Beschwerden, Lähmungen, Störungen der Periode, Schwächezustände des Blutes und der Nerven, gestörte Thätigkeit der Unterleibsorgane und Bleichsucht, gegen Harnbeschwerden, und langwierige Hautkrankheiten angewandt. Das Wasser wird als „Eisensäuerling" zur Trinkkur, und zu Vollbädern (durch Dampfheizung), auch als Dampf- und Sturzbad benutzt. Das gewöhnliche Trinkwasser wie der Eisensäuerling haben eine Temperatur von 7° R. Weitere Kurmittel sind neben der gesunden Bergluft **Ziegenmilch** und **Molken**.

Der Thermometer bleibt sich ziemlich gleichmässig, und soll im Sommer höchst selten 18° R. überschreiten. Kirschbäume und Pfirsiche blühten im Jahr 1864 nach der Aussage des jetzigen Besitzers 14 Tage früher, als in der Nähe der Stadt Luzern.

Die Mehrzahl der Gäste, welche Farnbühl zu besuchen pflegen, gehören dem Kanton Luzern an. Es kommen indessen bereits Anmeldungen aus benachbarten Kantonen.

Ein Lieblingsaufenthalt der Kurgäste ist ein benachbartes Buchenwäldchen, wo die Natur mit nur wenig Nachhilfe der Kunst die zierlichsten Ruheplätzchen, und erhöhte Sammelpunkte unter dem grünen luftigen Laubdache schlanker Buchen darbietet.

Spaziergänge sind: zu der ½ Stunde entfernten Höhe von Eggischwand, und zu der eine Stunde auf der alten Landstrasse erreichbaren Bramegghöhe, zum dortigen Wirthshause.

31. Menzberg. Auf einer vom hohen Napf (4335′) nach Osten auslaufenden Bergkette liegt das Pfarrdorf Menzberg mit der klimatischen Kuranstalt gleichen Namens, 3144′ ü. M. Die Kuranstalt ist gut eingerichtet, und wird von Personen aus den mittleren Volksklassen, aus den benachbarten Kantonen von Solothurn, Aargau, Bern, sowie aus dem Kanton Luzern besucht. Sie kann indessen nur etwa 30 Kurgäste aufnehmen. Ihre Lage ist vor rauhen Winden nicht geschützt. Die Aussicht ist schön.

Die Kurmittel sind neben der frischen, mitunter scharfen Bergluft, Kuh- und Ziegen-Milch und Molken, kalte und warme Bäder, auch Sturzbäder.

32. **Heiligkreuz im Entlebuch.** Auf einer Vorstufe der aussichtreichen Fahnern, 3780' ü. M. liegt die alte Wallfahrtskapelle Heiligkreuz mit einem Kapuzinerhospizium und einem geräumigen Wirthshause, das als klimatisches Kurhaus benutzt wird. Die Mehrzahl der Gäste besteht aus Bewohnern des Entlebuchs, das man von der Höhe mit seinen bald grünen, bald felsigen Höhen und Bergen fast ganz überschaut. Ungehemmt schweift der Blick weit ins offene Land hinaus, bis an den Jura hin. Einst lebten hier Einsiedler. Der Ort heisst auch **Wittenbach**.

Am **Michaelstag**, vor der Alpabfahrt, wird hier von den Entlebuchern ein Schwingfest gefeiert.

Der jetzige Besitzer der Kuranstalt, **Anton Lötscher**, hat letztes Jahr eine neue Badeanstalt mit Sturzbad-Einrichtung für warme und kalte Bäder hergestellt.

Das **Trinkwasser** hat einen leichten Schwefelgehalt. **Milch** und **Molken** dienen als weitere Kurmittel.

Das **Klima** ist mild, und soll selbst bei beginnender Lungenschwindsucht noch zuträglich sein. Oft wird die Kuranstalt von Kuristen besucht, welche an Störungen der Magen- und Darmthätigkeit, und daher gestörter Ernährung und fehlerhafter Blutbereitung, wie z. B. an Bleichsucht leiden.

33. **Der Schymberg.** Der **Schymberg**

(Scheinberg, im Volksmund Schimbrig) 5802′ ü. M., ist eine hohe, wilde, durch eine Menge von Schluchten zerrissene Gebirgskette, die westlich mit der Schafmatt zusammenhängt, und in der Fahnern ob Schüpfheim den berühmten Aussichtspunkt bildet, im Osten dagegen in die langgestreckte Pilatuskette übergeht. Ihre höchste Erhebung in der Form eines länglichen Grates beträgt 6428 Fuss und wird „Hengst" genannt. Am westlichen Abhange desselben, 4750′ ü. M. entspringt das Schymbergerwasser, und erhebt sich das neugebaute Kurhaus. Der Berg besteht aus gleicher Gebirgsart, wie der Pilatus, mit dem er zusammenhängt; nämlich aus vier über einander liegenden Schichten. Die oberste Schichte ist dunkelgefärbter Spatangenkalk, dann folgt hellgrauer festerer Schrattenkalk, beide bekanntlich der Kreideformation angehörend; sodann folgen zwei der Tertiärbildung angehörende Schichten, der Nummulitenkalk und das Flyschgebilde. Darin liegt der Grund, dass der Schymberg eine ebenso reiche Alpenflora entfaltet, wie der Pilatus. Zu den seltenen Pflanzen des Schymberges gehören folgende:

Das gezähnte Habichtskraut (*Hieracium dentatum*) wird einzig auf Schymberg gefunden. Ebenso als der Pilatuskette eigenthümlich: die Flockenblume, (*Centaurea Kotschyana*); ferner die gelbe Walderbse (*orobus luteus*); der gelbblüthige Feldtragant (*astragalus campestris*); die Zaunblume (*anthericum Liliago*); die echte Alpenrose (*rosa alpina*); das einblüthige

Wintergrün, (*Pyrola uniflora*); das sternförmige Hornkraut (*cerasteum Stallarioidis*); der Alpenkellerhals (*Daphne alpina*); am nahen Feuerstein: der buntscheckige Hafer (*avena versicolor*); das gefranzte und massliebblüthige Gänsekrant (*arabis sciliata* und *billidifolia*); und endlich die sonst nur vom Gletschwasser getränkte *Lloydia serotina*.

Die **Mineralquelle** ist schon lange bekannt, und wurde schon zu Anfang unseres Jahrhunderts von mehreren Aerzten in Gebrauch gezogen. Erst im Jahr 1662 hat indessen eine Aktiengesellschaft das Umgelände gekauft, und die Bauten aufgeführt. Das **Kurgebäude** ist ohne Erdgeschoss zweistöckig, und aus Holz gebaut. Es enthält einen geräumigen Speise- und einen kleineren Herren- und Damen-Saal, eine Dienststube, eine zierliche Hauskapelle, in der alle Sonn- und Feiertage Gottesdienst gehalten wird. Die Schlafzimmer haben Raum für 60 Gäste, und sind hoch, hell und geräumig. Ein 9 Schuh breiter, mit Teppichen bedeckter Gang trennt dieselben. Das Badehaus hat 6 Badezimmer, und ist mit Dampfheizung versehen. Ein mit Steinen gut besetzter Weg führt in nördlicher Richtung in hundert Schritten zur Quelle, welche mit einer kleinen Trinkhalle überbaut ist. Geruch und Geschmack des Schymbergerwassers zeigt frisch an der Quelle getrunken einen geringen Gehalt von Schwefelwasserstoffgas an; bei längerem offenem Stehen desselben verliert er sich unter Trübung. Dasselbe enthält: kohlensauren Kalk,

Natron, Magnesia, Chlornatrium, schwefelsaures Kali, Schwefelnatrium, Kieselsäure, Eisenoxyd und Thonerde, Schwefelwasserstoff und halbgebundene Kohlensäure. Es ist daher ein alkalinisches Mineralwasser, und zwar mit Vorwalten des kohlensauren Natrons, wodurch es etwas Aehnlichkeit mit Töplitz bekömmt, und durch die festen Bestandtheile auch mit den Quellen von Vichy. Professor Bolley nennt daher den Schymbergbrunnen auch eine verdünnte Lösung von Vichy. Die physiologische Wirkung des Wassers gibt sich voraus durch eine Vermehrung der Darm- und Nierenausscheidung kund. Dabei hebt sich bei fleissigen Spaziergängen in der frischen Alpenluft rasch die Esslust. Seine Heilwirkung erstreckt sich besonders auf abnorme Absonderungen sämmtlicher Schleimhäute, wenn dieselben nicht schon in den Zeitpunkt der Schwindsucht übergegangen sind. Chronische Lungenkatarrhe, mit und ohne Lungenluftgeschwulst (Emphysem) eignen sich besonders für die Kur auf Schymberg. Ebenso Katarrhe des Magens, des Darmkanals, der Blase und der Nieren; Stockungen im Unterleibe besonders in der Pfortader; blinde Hämorrhoiden, allgemeine Schwächezustände, Bleichsucht und Störungen der Periode, aus Schwäche. Ebenso langwierige Anschwellungen der Leber. Die Geschäftsführung der Anstalt besorgt Herr Gerichtspräsident F. Renggli, Besitzer des Gasthofes zum Port in Entlebuch.

Der Kurpreis beträgt vom 1. Juli bis 10. August

4 Frk. bis 4 Frk. 50 Cts. für den Tag. Von Eröffnung der Kur bis 1. Juli, und vom 10. August 3.50 bis 4 Frk., je nach Auswahl der Zimmer. Die Kost ist: Morgens 8 Uhr Kaffee, Brod, Butter, Honig und Zucker. Mittag ein genügliches und gutes Mittagessen mit 2 Gängen. Abends 4 Uhr wieder Kaffee mit Zuthat, und Abends ein Nachtessen.

Das Kurhaus ist von 3 Seiten gegen die Winde geschützt, und hat im Sommer trotz seiner Höhe eine milde Temperatur. Aus den Fenstern desselben geniesst man eine weitausgedehnte und schöne Aussicht nach dem Norden und Westen der Schweiz, herab auf das Hügelland des Kanton Luzern, des Emmenthals, der Kantone Bern, Solothurn und Aargau bis hin zum blauen Jura. Sodann im Osten und Süden auf die Alpenkette vom Alpstein bis zu den Berneroberländergletschern, auf den Albis, die Rigi, auf den mittlern Theil 'des Vierwaldstättersees, und die Kurorte Beckenried, Brunnen und Gersau.

Spaziergänge: Von der Trinkquelle weg, führt in wenig Minuten ein ebener Weg ins sogenannte „Wäldchen", wo man auf einem reizenden Bergvorsprunge die schönste Aussicht frei geniesst. Auf dem Hengst, der indessen nicht ohne Gefahr erstiegen wird, ist die Aussicht noch ungleich ausgedehnter, als beim Kurhaus, und unstreitig eine der bezauberndsten in unserm schönen schweizerischen Vaterlande. Auf dem Hengst sind schon vor alten Zeiten mehr junge Burschen zu todt gefallen, als irgendwo. Auf seinem Gipfel wächst nämlich die seltene Fluhblume *(primula Auricula)* in grosser Menge. Ein Strauss davon ist der Entlebuchermädchen grösster Stolz und höchstes Liebeszeichen. Daran hat mancher Bursche schon sein junges Leben gewagt. Neben diesen kleinern Spaziergängen werden weitere Ausflüge von den Kurgästen unternommen, und zwar in anderthalb Stunden nach Heiligkreuz; in 2 Stunden nach Flühli zu den dortigen Glashütten; in 2 Stunden auf den Feuerstein, und ebenfalls in 2 Stunden nach dem Schwendibad in Obwalden.

Die Reisegelegenheit ist ziemlich bequem. Nach Ankunft des ersten Bahnzuges von Zürich geht in Luzern ein Postwagen Morgens 8 Uhr ab, und kömmt Mittags in Schüpfheim an. Ebenso ein zweiter Wagen von Langnau nach Ankunft des ersten Bahnzuges von Bern. Ganz bequem kann man dann bis Abends das Kurhaus erreichen. Ein zweiter Postwagen geht Abends $4\frac{1}{2}$ Uhr ab, sowohl von Lunzern, als Langnau, und trifft Abends in Entlebuch und Schlüpfheim ein. Man übernachtet daselbst, und tritt dann in aller Früh die Badefahrt nach dem Schymberg an. In Entlebuch findet man im Port Reitpferde, Führer und Träger.

Vom Renggwirthshause auf der Bramegg erreicht man über Wyden, Feldmoos, Mettelimoos, Finsterwald, Schwändeli und Stilllaubbrücke in 3 Stunden bequem das Kurhaus. Auch kann man bis Sarnen mit der Post fahren, und von da in $2\frac{1}{4}$

Stunden ins Schwendibad, wieder von da in 2 Stunden nach Schymberg. Es ist kein Zweifel, dass der Schymberg als klimatischer Kurort wie wegen seiner sehr kräftigen Heilquelle eine sehr schöne Zukunft vor sich hat.

Die Trinkkur darf nicht überstürzt werden. Man beginnt früh nüchtern mit 1 bis 3 Gläsern, und steigt von 2—3 Tagen wieder um 2 bis 3 Glas, bis auf 8 bis 9. Mehr als 12 Gläser zu trinken ist nicht rathsam. Tritt Verstopfung ein, so hilft man mit Bittersalz etwas nach. Das Wasser wird womöglich an der Quelle getrunken. Die ungemein stark sich einstellende Esslust befriedige man mit Vorsicht. Die Bewegung in freier Luft bleibt stets eine Hauptbedingung für einen günstigen Erfolg. Als weitere Kurmittel können auch Milch und Molken getrunken werden.

Die klimatischen Kurorte des Kanton Zug.
(In der Hügelregion.)

34. Die Stadt Zug. Am Fusse des schönen und lieblichen Zugerberges, der den Zugersee vom Aegerithale scheidet, liegt die kleine alte Stadt Zug (1293′ ü. M.) in dem fruchtbarsten, anmuthigsten und wechselvollsten Gelände, angesichts seines blauen Sees und des erhabenen Alpenkranzes von der Rigi bis hin zum Pilatus und den eisbedeckten Berneroberländeralpen. Ein Garten von Obstbäumen, in deren Schatten die angenehmsten Spaziergänge in reicher Fülle sich darbieten, umgibt das alte Tugium

mit seinen sechs Kirchen und Kapellen, mit seinem neuen, stattlichen, modernen Bahnhof, der seit wenig Wochen die kleine Hauptstadt des kleinsten Kantons unseres kleinen Schweizerländchens dem Weltverkehr erschlossen hat. Das Klima von Zug ist ungemein mild und behaglich. In guten Gasthöfen, wie in Pensionen von Privatfamilien findet der Kurist in Zug, als Zwischenstation für die Bergkurorte desselben Kantons bereitwillige Aufnahme. Der liebliche See ladet zum Bade, und seine reizenden Ufer zu schönen Spaziergängen ein. Ein kleines Dampfschiff vermittelt die lohnendsten Rundfahrten zwischen Eisenbahnzügen und den Dampfschiff-Kursen auf dem Vierwaldstättersee, wie wir schon angedeutet haben. Wer zu einer längern Luftveränderung aus Deutschland oder aus andern niedrigern Ländern in die Schweiz reist, und wegen geschwächten Zustandes der Athmungsorgane einer Zwischenstation bedarf, bevor er sich in die Bergregion wagen darf, dem ist anzurathen, schon zur Zeit der Baumblüthe nach dem lieblichen Zug zu kommen, dort drei bis vier Wochen zu weilen, und dann nach Felsenegg oder Schönbrunn, oder je nach Umständen selbst zu den Rigibergkurorten hinanzusteigen. Zug wetteifert mit Luzern als Zwischenstation in Bezug auf Milde seines Klimas und den landschaftlichen Zauber seiner Umgebungen.

35. Felsenegg. Auf der Höhe des fruchtbaren Zugerberges, am südlichen Abhange desselben, 3023′ ü. M. steht seit 1854 diese wohleingerichtete,

im Laufe der Jahre bedeutend vergrösserte klimatische Kuranstalt, mit einem sehr geschmackvollen grossen Mittelbau, und zwei kleinern Nebengebäuden, in deren einem die Stallung und die Sennerei, in dem andern aber das Badehaus sich befindet.

Die Anstalt hat 70 Betten, soll aber nächsten Sommer durch Erstellung eines neuen Nebengebäudes und Umbau der bisherigen Trinkhalle auf 100 Betten gebracht werden.

Die Badeanstalt enthält 10 Badekästen für warme und kalte Molken- und künstliche Mineral-Bäder. Das Dampfbad ist auch für Anwendung von Fichtennadel- und Terpentindampf eingerichtet. Ebenso finden sich Sitzbadzuber, warme und kalte Sturzbäder und Vorrichtungen zu Augen-, Ohren- und innern Einspritzungen von warmen und kalten Wasser oder Molken. Der Eigenthümer der Anstalt ist zugleich Besitzer des Gasthofes Bellevue in Zug, Herr P. P. Weiss, Altstadtrath von Zug. Sie hat einen eigenen, wohlunterrichteten Kurarzt: Dr. Ch. Ziegler.

Die Einrichtungen sind bequem, und den gesteigerten Forderungen unserer Neuzeit entsprechend. Das hübsche Hauptgebäude enthält 30 Schlafzimmer mit einem schönen grossen Speise- und einem Gesellschaftssaale. Im Speisesaal steht ein Pianino, im Gesellschaftssaale ein Billard, und finden sich Zeitungen. Vor dem Speisesaale dehnt sich ein grosser Balkon aus, von dem man, wie von der Terrasse, eine prachtvolle Aussicht geniesst. Tief unten am Fusse des Zugerberges legt der liebliche Zugersee seinen tiefblauen Spiegel aus, mit seinen vielgestaltigen Ein- und Ausbuchtungen, seinen lachenden Ufern und Hügelvorsprüngen, aus deren mit Obstbäumen so reich bewachsenem Vordergrunde die freundlich gelegenen Pfarrdörfer Risch und Cham mit ihren Schlössern Buonas und St. Andreas, mit den hübschen Kirchen und den schlanken, weithin sichtbaren Helmthürmen, zerstreuten Häusergruppen und Gehöften so lockend herausschauen. Hüben und drüben erhebt sich sanft ansteigendes Hügelgelände, das in eine fruchtbare Ebene hinausläuft, und den Baarerboden mit der Zugerallmend umschliesst, aus deren Obstbaumwäldern das grosse und schöne Dorf Baar und das kleinere Steinhausen hervorblicken, während unmittelbar am Fusse des Berges die Stadt Zug sich anschmiegt. Das weite liebliche Landschaftsbild findet im Norden in der Albiskette seinen Abschluss, im Westen in dem sanften über dem Reussthal sich erhebenden Lindenberg, und im Südwesten in dem bewaldeten dunklen Udligenschwiler- und Rootenberg. Im Süden dagegen öffnet sich über dem waldumgürteten Kiemenvorsprunge zwischen der lieblichen Pyramide der Rigi und dem schroffen Felsengebirge des Pilatus ein freier Ausblick in das idyllische Unterwaldnerländchen. Den fernen Hintergrund bildet sodann der Brünig mit dem Gyswilerstock und Hohenstollen, und über ihnen erheben sich zuletzt noch stolz und majestätisch in weitem Halbkreise die Gletscher des

Berneroberlandes. Im Westen schweift der Blick bis hin zum blauen Jura, und nordwestlich bis zum dunkeln Schwarzwald hinaus. Und diese weite Aussicht wechselt in unendlicher Mannigfaltigkeit je nach den Tageszeiten und den Wolkenbildungen in Beleuchtung und malerischer Wirkung. Eine klare Sommermondscheinnacht auf Felsenegg wird jedem Kurgaste unvergesslich bleiben.

Eine kleine Viertelstunde östlich vom Kurhause erhebt sich die „Hochwacht", 280 Fuss über der Terrasse des Kurhauses, von der man eine sehr ausgedehnte Fernsicht in die Alpen geniesst. Zu weiteren Spaziergängen und Ausflügen bietet sich vielfache Gelegenheit; so nach dem Hüngistock (in 20 Minuten); oder nach dem Horbachergrat (in $^3/_4$ Stunden); auf den Rossberg und Wildspitz (in $2^1/_2$ Stunden); nach den Ortschaften Allenwinden, Unterägeri und Walchmil; hinab an den See und nach Zug. Von letzterer Stadt führt eine fahrbare Strasse in anderthalb Stunden auf Felsenegg, und bietet sich täglich mehreremal Omnibusfahrt-Gelegenheit zum Bahnhof in Zug und zurück.

Der Kurpreis für Kost und Zimmer beträgt in den Monaten Juli und August 4—$5^1/_2$ Frk.; in den übrigen dagegen 3—$4^1/_2$. Wein, Milch, Molken und Bäder werden besonders aber zu billigen und festen Preisen berechnet. Wenn auch die Lage von Felsenegg etwas luftig ist, so ist sie doch durch die Hochwacht und den Hüngistock von den Nordost-

und Südostwinden geschützt, dagegen dem Südwind und dem Südwestwind ziemlich ausgesetzt. Das Klima kann daher nach dem richtigen Ausdrucke von Dr. Lombard, als ein **stärkendes**, aber nicht **aufregendes**, sondern vielmehr als ein **mildes** bezeichnet werden. Nebel sind auf Felsenegg selten. Dieselben lagern sich meist in der Tiefe über dem Zuger- und Vierwaldstättersee, oder im Reussthal und in den tiefergelegenen Thälern des Zugerbietes. Gegen stärkere Windströmungen findet der Kurgast in den beckenförmigen Vertiefungen der Hochebene und in den zahlreichen Waldgruppen windstille Ruheplätze.

Kurmittel neben der stärkenden Bergluft sind die verschiedenartigen, bereits angedeuteten Bäder, die Trinkkur des reichlich vorhandenen frischen Quellwassers von $6\frac{1}{2}^0$ R. Wärme. Das sonst chemisch reine Wasser hat nur einen schwachen Gehalt von Kohlensäure, die Luftperlen am Glase ansetzt. Es ist erfrischend, leicht verdaulich und eignet sich besonders zu Kaltwasserkuren. Neben dem frischen Quellwasser werden Kuh- und Ziegen-Milch und Molken getrunken, und auf Verlangen auch Käutermolken bereitet. Der Thermometer steigt auf **Felsenegg** in den heissen Sommermonaten selten über 20° R., und fällt bei anhaltendem Regenwetter selten auf 8° R. Wärme herab. Die Schwankungen während der verschiedenen Tageszeiten sind sehr **mässig**. Regen fällt auf Felsenegg weit seltener, als **auf dem Pilatus**, der Rigi und dem Rossberg. In günstigen Jahrgängen eignen sich auch noch die Monate Mai und September zu klimatischen Kuren auf Felsenegg.

Sie kommen vorzugsweise mit gutem Erfolge in Anwendung bei Genesenden von schweren Krankheiten, von Typhen, Wechselfiebern, Lungenentzündungen, katarrhalischen Leiden (weniger nach Gelenkrheumatismen); bei Störungen der Verdauung und Stoffbildung, bei Blutmangel und Blutschwäche, bei Unterleibsunthätigkeit und Blutstockungen, bei Leber- und Milzanschwellung, bei Gicht mit Anwendung der Fichtennadelbäder, bei Goldader- und Skrophelleiden; bei chronischen Brustkatarrhen und Anlage zu Lungenknotensucht, vor erfolgter Geschwürbildung und Lungenblutung. Endlich bei nervöser Schwäche in Folge Ueberreizung; bei Schwermuth, Hypochondrie und Hysterie.

Die Bergkrankheit, wie sie Kottmann, Dacosta, Lombard, Tschudi, Meyer-Ahrens beobachtet haben, pflegt sich bei schwächlichen und ältern Personen auf Felsenegg gewöhnlich am zweiten Tage nach der Ankunft einzustellen, und äussert sich durch vermehrtes Herzklopfen, beschleunigte Athembewegungen, Beschleunigung des Pulses, Blutandrang zum Kopf und auf die Brust, vermehrten Durst, Gefühl von Müdigkeit und Schlafsucht. Diese Erscheinungen dauern kaum zwei Tage lang an, und machen dann dem Frohgefühle grösserer Stärke und Beweglichkeit der Glieder, vermehrter Esslust und einer heitern Gemüthsstimmung Platz. Während der Bergkrankheit erleiden die Kurgäste eine vorübergehende Zunahme ihrer Krankheitserscheinungen, daher eine sogenannte arzneiliche Verschlimmerung. Die Kurgäste, welche Felsberg besuchen, sind sowohl aus der deutschen, wie französischen Schweiz und dann Ausländer, besonders Deutsche und Engländer, auch aus dem benachbarten Elsasse. Der Gesellschaftston ist ein fröhlicher und ungezwungener. Gemeinsame Spaziergänge, musikalische Aufführungen (Piano und Guittarre), Billardspiel, gymnastische Uebungen und fleissiges Kegeln sind die wechselvollen Unterhaltungen der Gäste. Erdbeeren und Heidelbeeren locken in ihre reichen Schläge und werden auch selbst kurmässig verwendet.

Die Tagesordnung beginnt 6 Uhr früh mit Wasser-, Milch- oder Molkentrinken. Um 8 Uhr wird gefrühstückt, um 12 Uhr ist Mittagtafel, um 4 Uhr wird der Kaffee gereicht, und um 8 Uhr folgt ein einfaches Nachtessen. Die Kuranstalt wird schon im Maimonat eröffnet und bietet noch im Spätherbst einen sehr angenehmen Aufenthalt. Sie eignet sich für Personen aus der wohlhabenden Mittelklasse und aus den höhern Ständen. Weniger bemittelte Leute finden in einer, nur wenige Minuten von der Kuranstalt entfernten kleinen Wirthschaft „zum Frohsinn" ein Unterkommen.

36. Schönbrunn. Diese klimatische Luftkur-, Molken- und Kaltwasserheilanstalt wurde im März 1859

eröffnet, und von ihrem jetzigen Besitzer, Dr. Hegglin, einem wohlunterrichteten, jungen Ärzte erbaut. Sie liegt am westlichen Abhange des Menzingerberges, am Ausgange eines von drei Seiten eingeschlossenen fruchtbaren und stillen Thälchens, 2360′ ü. M., auf einer terrassenförmigen, der Sonne stets zugänglichen, aussichtreichen Hochebene, anderthalb Stunden von Zug, 4 Stunden von Zürich und 6 Stunden von Luzern entfernt.

Da die Anstalt vor Nordwinden geschützt ist, so ist ihr **Klima** trotz der hohen Lage ein **mildes und gleichmässiges**. Nebel sind daselbst selten. Die Kuranstalt steht auf einer horizontalen Molassenschichte, welche aus weichem, an der Luft zerfallendem Sandsteine und aus Mergel besteht. In dieses leicht zerstörbare Gestein hat die Lorze westlich ihr tiefes Bett gegraben. Das Grundgestein tritt selten zu Tage, sondern ist mit Kies und Schutt, Lehm und Ackergrund bedeckt. In der ganzen Umgebung sind zahlreiche Fündlinge der einstigen Eiszeit vorhanden, welche aus Sandschiefer und Kalksteinen bestehen, und daher aus dem Kanton Glarus stammen. Die Ufer steigen von der Lorze terrassenförmig in vier Lagen an. Auf der untersten derselben liegt der **Kurort Schönbrunn**, auf der obersten und aussichtreichsten das Kloster Gubel.

Die geologische Beschaffenheit des Bodens bedingt die **Reichhaltigkeit** und die **Mannigfaltigkeit seiner Quellen**, und die Ueppigkeit des

Pflanzenwuchses. Während der Menzingerberg, wie schon angedeutet, die kalten Nordwinde abhält, schützen der Gubel und Rossberg die Kuranstalt von dem erschlaffenden Südwind, dagegen ist sie den West- und Südwestwinden zugänglich, welche die Luft erfrischen, und erquickenden Regen bringen. So kommt es, dass auch in beträchtlicher Höhe hier die **reine Gebirgsluft** doch mild, aber **stärkend und leicht belebend** ist.

Meteorologische Beobachtungen ergaben folgende Verhältnisse der Mitteltemperatur: für den Mai 14,4, Juni 16,2, Juli 17,1, August 18,8, September 13, Oktober 10,7, somit eine mittlere Temperatur des Sommers = 15°. Die höchste Sommerhitze von 30°, die niedrigste 7°.

Die Regenmenge ist im Mai und August am grössten, die Zahl der Regentage im Juni und September. Nebel sind nur selten und die Herbsttage von Mitte September bis Mitte November sind besonders heiter, und erfreuen sich einer köstlichen gleichmässigen Luft.

Das Kurhaus hat Raum für 50 Gäste, gut eingerichtete heizbare Zimmer, mit vorzüglichen Betten, einen geschmackvollen Speisesaal mit daran stossendem Gesellschaftssaal und Rauchzimmer. Zur Unterhaltung dienen Pianino, Turnapparate, eine gedeckte Kegelbahn und hübsche Spaziergänge in den Gartenanlagen und Schattengängen, dann auf die nahen aussichtreichen Höhen. Sowohl vom Kurhaus aus, als noch mehr von der fünf Minuten davon entfernten Kapelle überblickt man den lieblichen Zugersee und seine fruchtbaren Ufer, sowie die herrlichen Gauen von Aargau und Zürich. Ein neuer, schöner Fussweg führt hinab in das wildromantische Lorzentobel zu seinen äusserst merkwürdigen und prachtvollen Tropfsteinhöhlen. Eine ausgedehnte Aussicht geniesst man auf dem $^3/_4$ Stunden entfernten Josephsgütsch bei Neuheim. Frei überblickt hier das trunkene Auge die ganze Kette der Hochalpen vom hohen Säntis bis hin zur starren Gletscherwelt des Berneroberlandes in weitem Halbkreis. Ebenso hübsche Zielpunkte für Spaziergänge der Kuristen sind der Weg zu den Linden, auf den Gubel und Rossberg. Die sogenannte Menzingerlinde ist nur eine halbe Stunde östlich von Schönbrunn entfernt. Hier überrascht den Wanderer eine der schönsten Fernsichten der Schweiz, bei nur geringer Steigung. Sie umfasst zu den Füssen den lieblichen Zürichersee von Zürich bis Rapperswil, und bietet einen Wechsel von Seen und Flüssen, Hügeln und Bergen, Wäldern und Wiesen, Dörfern und Städten, der einzig in seiner Art genannt werden darf. Auf dem ebenfalls eine halbe Stunde südöstlich entfernten Gubel, wo neben der alten Schlachtkapelle ein neues Nonnenkloster steht, hat man eine hübsche Aussicht auf das Aegerithal, den Rossberg, die liebliche Rigi, die Schwyzer- und Urneralpen. Der Rossberg endlich ist der bedeutendste Höhenzug des Kantons Zug. Die

Aussicht auf dem Wildspitz kömmt derjenigen auf Rigikulm nahe. Der Kurpreis für Kost und Wohnung ist auf den Tag $3^1/_2$—5 Frk., je nach Auswahl der Zimmer. Für Zimmerbedienung wöchentlich 2 Frank.

Kalte Bäder Wellen- und Sturzbäder: 50 Cts. Warme Bäder: 60 Cts.; Dampfbad 1 bis 2 Fr.; Molkenbad 5 Frk.

Kurmittel: Neben der frischen Alpenluft, voraus das reine frische Wasser. **Dasselbe ist kristallhell, und bildet beim Stehen durchaus keinen Bodensatz.** Es ist reich an freier Kohlensäure und enthält nur Spuren von doppeltkohlensaurem Kalk. Seine Temperatur beträgt 7° R. und bleibt sich immer gleich. Es ist wohlschmeckend und leicht verdaulich, wenn es langsam und unter steter Bewegung getrunken wird.

Neben dem Quellwasser werden auch Molken getrunken, die in der benachbarten Sennerei in vorzüglicher Beschaffenheit, nach Appenzellerart, bereitet werden. Ihre Einwirkung als Kuhmolken zeigt sich besonders auf die Nieren und den Darmkanal, durch Förderung des Bildungsprozesses in denjenigen Weichtheilen des Körpers, die reich an Kalk, aber arm an Stickstoff sind. Nach den bisherigen Erfahrungen des Kurarztes bot die Kur in Schönbrunn günstigen Erfolg: bei reiner Schwäche der Körperkräfte nach schweren Krankheiten, bedeutenden Säfteverlusten, bei mangelhafter Blutbildung und mannigfachen Störungen der Nerventhätigkeit mit vorwaltender Unempfindlichkeit. Bei Lungenknotensucht gelingt es oft der frischen und stärkenden Luft in Verbindung mit Molkenkur den Blutandrang gegen die Lungen zu mindern, die Verdauung anzuregen, geringe Ausscheidungen durch die Haut einzuleiten und die allgemeine Ernährung zu heben. In solcher Weise wird die krankhafte Blutmischung gemindert, neue Ablagerung verhütet, und der ganze Krankheitsprozess in die Länge gezogen.

Das Personal der Kaltwasseranstalt auf Schönbrunn ist in Albisbrunn eingeübt worden, und hat daher praktische Fertigkeit. Neben der Wasser- und Molkenkur wird auch Heilgymnastik geübt. Die bisherigen Kurgäste von Schönbrunn kamen meistens aus der deutschen Schweiz, und zwar von Basel und Zürich und gehörten dem Gelehrten- und Handelsstande an. Doch erschienen in neuester Zeit auch Deutsche, Franzosen, Italiener, Engländer und Russen aus höhern Ständen.

Der Gesundheitszustand der Umgebung der Kuranstalt ist sehr gut.

Oertliche Volkskrankheiten sind unbekannt, und allgemein herrschende seit Jahren nie aufgetreten. Im Sommer gibt es in der luftigen Höhe fast keine Kranke. Die Anstalt ist ganz besonders Kuristen zu empfehlen, welche kein geräuschvolles Bade- und Kurleben, sondern eine noch ungestörte Ländlichkeit und ruhige Stille bei ungezwungenem, von Steifheit und

Mode unberührtem Gesellschaftston, bei frischer Alpenluft, gutem Trinkwasser, aromatischen Molken, und einer naturgemässen und genüglichen Nahrung und Lebensweise suchen. In neuester Zeit hat Dr. Hegglin bei ausgesprochener **Lungenknotensucht** mit kalten Waschungen der Brust und Molkenkur sehr überraschende Heilerfolge erzielt.

Die klimatischen Kurorte des Kanton Zürich.

Dieselben gehören alle der Hügelregion an, und dienen vorzugsweise als Mittelstationen für schwächliche Kuristen, welche zum Gebrauche unserer Alpenkurorte aus tiefer gelegenen Ländern zu uns heraufsteigen, und sich nach und nach an die Luftveränderung gewöhnen müssen. Eine derartige Zwischenstation bildet die Stadt Zürich und die Umgebung des Sees, sodann einige höher gelegene Luftkurorte, wie die **Weid, Bocken, Nidelbad, Uetliberg, Albisbrunn** und **Gyrenbad**.

39. **Die Stadt Zürich und Umgebung.** Zürich liegt zu beiden Seiten der Limmat, die hier dem See entfliesst, und sie in zwei ungleiche Hälften theilt. Sie dehnt sich immer mehr den beiden schönen Seeufern entlang aus. Ihre Lage Angesichts der Hochalpen ist sehr reizend, und der Ausblick auf den See, und seine mit städteähnlichen Dörfern reichbesetzten Ufer bezaubernd. In einer

Höhe von 1268′ ü. M. bietet Zürich ein sehr mildes Klima, und den angenehmsten Uebergangspunkt für die Bewohner der Flachländer zur Bergkur auf den Alpen. Die Ufer des Sees, die sanften Höhen des Züricherberges, sowie der Albiskette bieten eine Auswahl der Luft- und Molkenkurorte. Hieher gehört die aussichtreiche Weid (1694′ ü. M.), die Stefansburg mit reizender Aussicht am Saume des Burghölzlis, „der Forster", die „Karolinenburg". Höher gelegen ist: Albisbrunn (1955′ ü. M.) am westlichen Fusse der Albiskette, seit 1839 eine wohleingerichtete, weitberühmte Kaltwasserkuranstalt unter Leitung von Hrn. Dr. Brunner und seines Tochtermannes Hr. Dr. Wagner. Neben der Kaltwasserkuranstalt werden als Kurmittel Milch und Molken angewendet, welche nahe Sennereien liefern. Ebenfalls auf der Albiskette liegen 2 klimatische Luft- und Molkenkurorte: Uetliberg und Albispass. Der Uetliberg (2687′ ü. M.) ragt schon in die Vorbergregion hinein, und hat einen gut eingerichteten, im Schweizeroberländerstyl erbauten Gasthof, doch ist die Lage zusehr ausgesetzt, und der Andrang von Bergsteigern an Sonntagen zu gross für ein gemüthliches Kurleben. Das Wirthshaus auf dem Albispass, das in einer kleinen Einsattlung 2441′ ü. M. liegt, ist besser geschützt, jedoch seit der Herstellung der Eisenbahnen ziemlich vereinsammt.

38) Nydelbad und Bocken. Am westlichen oder linken Ufer des Zürichersees erhebt sich eine

freundliche, mit Weinbergen und obstbaumreichen Wiesen geschmückte Hügelkette, und auf ihrer Höhe liegen zwei besuchte Kurorte, das Nydelbad und die Bocken.

Das Nydelbad liegt 1576′ ü. M. 1¾ Stunden von Zürich entfernt, in der Gemeinde Rüschlikon. Es hat eine erdigalkalische Stahlquelle von 10° R., welche Kali, Natron, Kieselerde, Thonerde, Kalk, Eisenoxydul, Manganoxydul enthält, mit einer geringen Menge von Kohlen- und Phosphorsäure. Das Wasser wird nur zum Baden benutzt. Dagegen werden Milch, Molken und reines Quellwasser getrunken. Die Besucher sind grösstentheils Zürichbieter.

Die Bocken liegt 1690′ ü. M. und 432′ über dem Zürichersee, 3¾ Stunden von Zürich entfernt. Das alterthümliche Kurhaus wurde vor mehr als anderthalbhundert Jahren von dem reichen Bürgermeister Meier erbaut, und schon im Jahr 1775 von einem preussischen Feldscherer, Namens Joh. Stocker, in eine Kuranstalt umgewandelt. Dieselbe hat eine wunderschöne Aussicht auf den grössten Theil des Zürichersees und das rechte Ufer, mit seinen vielen grossen Dörfern, Kirchen, Höfen, Weinbergen, Aeckern und Wiesen. Die Umgebungen bieten die anziehendsten Spaziergänge dar. In einer halben Stunde erreicht man Horgen, wo die Dampfschiffe täglich bei 20mal landen. Tisch und Bedienung ist gut. Der jetzige Besitzer heisst Rudolph Scheller. Die

Anstalt hat 40—45 Betten, 2 Badezimmer zu warmen und kalten Bädern, und 1 Sturzbad.

Der Kurpreis bei einem Aufenthalt von 8 Tagen beträgt nach Auswahl der Zimmer für den Tag 4 bis 6 Frank.

Die Kurmittel sind neben der Bergluft ein vorzügliches Brunnenwasser mit bedeutendem Gehalte von Magnesia, Milch und Molken. Das Klima in geschützter Lage ist mild, und die Temperatur gemässigt. Die Kurgesellschaft der Bocken gehört fast nur den gebildetern Ständen an, und zählte schon Besucher von „allen Nationen". Die Mehrzahl der Kuristen ziehen meistens zu ihrer Erholung auf die Bocken. Doch kommen auch Genesende und Bleichsüchtige herauf.

30. Das innere und äussere Gyrenbad. Das erstere liegt 2404' ü. M., an einer schönen Anhöhe am Fusse des Bachtels im Weiler Gyrenbad. Es hiess ehemals „Fressbad" (*balneum vutturinum*), weil das Bad und das Quellwasser sehr die Esslust befördern sollen, und wurde von den angesehensten Leuten des Landes, von Prälaten und Standespersonen vor etwa 300 Jahren stark besucht. In neuerer Zeit ist es wieder mehr in Aufnahme gekommen. Die Aussicht ist sehr schön. In einer halben Stunde erreicht man die Höhe des Bachtels mit seiner grossartigen Fernsicht und einem guten Wirthshause. Die Anstalt kann etwa 60 Personen aufneh-

men. Die Molken werden jeden Morgen frisch bereitet, und zu Molkenbädern verwendet.

Das äussere Gyrenbad liegt noch 4 Stunden östlicher, auf einer schmalen Terrasse des südwestlichen Abhanges des Schauenberges (2278' ü. M.).

Die Kuranstalt besteht aus 2 Gebäuden, einem ältern und einem neuern, die durch einen gedeckten Gang miteinander verbunden sind.

Sie hat 76 Gastzimmer und Raum für 100 bis 120 Kurgäste.

Vom Balkon des schönen Speisesaales im neuen Hause geniesst man eine herrliche Aussicht auf das Tössthal und das Hochgebirge. Neben dem Speisesaal befindet sich der Gesellschaftssaal mit dem unentbehrlichen Pianino.

Der Kurwirth, Hr. Peter, hat ebenfalls eine Bibliothek unterhaltender Schriften angeschafft, und baut immer neue Anlagen zu Spaziergängen. Das erdige Heilwasser enthält kohlensauren Kalk, Magnesia, Eisenoxydul, Kieselerde, freie Kohlensäure, und wird meist nur zum Baden benützt.

Kurmittel: Ziegenmilch und Molken zum Trinken, Kuhmolken zu Bädern. Die Bäder des Quellwassers werden empfohlen gegen Hautausschläge, Gelenkschwamm, gichtische Leiden und Verwachsungen, Lähmungen, fressende Hautgeschwüre.

40. Tiefenau. Diese seit 12 Jahren unter der Leitung von Dr. Winkler bestehende Kaltwasseranstalt liegt am Abhange des Schauenberges, unweit

der Eisenbahnstation Elgg und Aadorf (1800′ ü. M.) und ist rings von schönen Waldungen umgeben, deren balsamisch würzigen Fichtennadelgeruch der Kurist auf seinen angenehmen und schattigen Spaziergängen einathmen kann. Das Wasser der zur Kaltwasserkur benützten Quellen hatte eine Temperatur von 7 bis 8° R.

II. Klimatische Kurorte der Ostschweiz.

Dieselben liegen alle im Gebiete der Hügel- und Voralpenregion und in demjenigen der Molassen und Kreidenbildung. Hieher gehören:

Die klimatischen Kurorte des Kanton Glarus.

Gewaltige Gebirgsstöcke von 11,000 bis hinab zu 7000 Fuss Höhe umschliessen in himmelhohen schroffen Felsenwänden, von der tiefen Thalsohle sich aufthürmend, das Gross- und Kleinthal des Kanton Glarus, so wie das kleine idyllische Klönthal. Diese eigenthümliche Beschaffenheit der Berge machen es begreiflich, dass wir auf keinem derselben einen Alpenkurort finden, wohl aber klimatische Luftorte der Voralpenregion in den beiden Kurhäusern Richisau und Stachelberg.

41. **Der Kurort Richisau.** Zwischen dem breiten Fusse des rauhen Glärnisch und dem Re-

derten- und **Scheyenstocke**, zieht sich ein höchst romantisches, grünes Alpenthälchen mit dunkelblauem Alpensee nach Südwesten hin. Dasselbe ist von Seerüti, wo die brausende **Lönth** dem lieblichen Becken des Sees entspringt, bis zum östlichen Fuss des Pragel bei drei Stunden lang. Das saftige Grün der Ufer bildet einen lebhaften Gegensatz zu dem wilden Gebirgsrahmen, welcher die liebliche Alpenidylle umgibt. Südwärts hebt der Glärnisch seinen Gipfel mit dem tiefblauen Gletscher des Vrenelisgärtlis hoch in die Lüfte empor, neben ihm der steile **Klönstalden**. Die Nordseite umschliesst eine mauerähnliche, hohe Felsenwand, wo Thürmen gleich der **Wiggis**, die **Scheibe** und der **Redertenstock** bis zum Pragel hinansteigen. Eine Schutthalde senkt sich mit Gesträuch, Rasen, und frischen Streifen von Trümmergestein bis zu dem stillen dunklen Alpensee hinab, an dessen nördlichem Ufer man beinahe eine Stunde lang nach Vorauen fortschreitet. Prächtige Wasserfälle schmücken die Gegend. Von Vorauen, einer Anzahl Alpenhütten, führt der Saumweg eine steile Wiesenhalde bis zur obersten Fläche des Klönthales, wo im Schatten riesenmässiger Ahorne sich ein ganzes Sennendörfchen befindet. Daselbst liegt die ganz ländlich eingerichtete Kuranstalt **Richisau**, den Gebrüdern **Strähli** von Nettstal gehörend, welche neben der dortigen Alpenkurwirthschaft die Sennerei betreiben. Die Anstalt besteht erst seit 1853. In stets wachsender Zahl kamen nämlich im

Laufe der Jahre Brustkranke und nervenschwache Personen hinauf in das hochgelegene Alpenthal (3200′ ü. M.), und baten um Aufnahme, um eine Luftveränderung mit Molken- und Milchkur zu machen. Wegen Unzulänglichkeit des Raumes bauen die unternehmenden Kurwirthe noch dieses Jahr ein neues Kurhaus, wozu alle Vorkehrungen schon getroffen sind. Der bisherige Anstalt enthält 30 Betten. Sie bietet noch das urwüchsige Bild einer ersten schweizerischländlichen Kuranstalt, wie wir sie vor hundert Jahren überall fanden, bevor noch die Karawanen fremder Reisender ihre nimmersatten Bedürfnisse mit in unsere Berge hinaufgeschleppt hatten. Hier wird von den meisten Kurgästen einfache Alpenkost genossen. Die beliebte würzige Fenz, eine fette nahrhafte Alpenspeise aus Butter, Molken und Mehl, wird täglich mit unverwüstlicher Esslust verzehrt. Daneben frische Milch, Rahm, Suffi, Butter, Brod, Zieger, junger Käse. Der Kurpreis beträgt dann aber auch nur 2 Frk. Verlangt man mehr, und zwar Fleischspeisen und sehr guten Wein, den man auch haben kann, so steigt er auch auf 4 Frk. Die Kurwirthe sind einfache, verständige, und gemüthliche Landleute, voll Gefälligkeit und freundlicher Aufmerksamkeit, deren Bewirthung wie die Anstalt einfach und wahrhaft patriarchalisch ist.

Das hochgelegene Alpenthal ist von allen Seiten von Windströmungen durch die umgebenden Berge abgeschlossen. An heissen Sommertagen steigt der „Schoonwind" angenehm kühlend vom Klönthalsee herauf, und spielt mit leisem Lispeln in dem Laubwerk der herrlichen Ahorngruppen, welche die Anstalt umgeben, während das mächtige Rauschen der Klön herübertönt, die in prächtigem Wasserfalle ins stille Seebecken sich hinabstürzt. Die mittlere Temperatur von Richisau in den Sommermonaten von Juni bis Ende September beträgt $17\frac{1}{2}°$ R. Höchst selten steigt der Thermometer über $20°$ R. Das Klima ist daher gleichmässig mild, ohne starken Temperaturwechsel. Die Gäste, welche bisher Richisau besuchten, gehörten der Mittelklasse des Glarnerlandes an, doch kommen in neuester Zeit auch Zürcher und Ausländer, welche dann meistens den gebildeten und höhern Ständen angehören.

Die Kurmittel sind neben der stärkenden Alpenluft treffliches Wasser, Molken und Milch; und die Kranken, welche hier Hilfe suchen solche, welche an langwierigen Brustbeschwerden, sowohl an Katarrhen, sowie an beginnender Lungenknotensucht leiden; ebenso an Blutschwäche und Blutarmuth, und endlich krankhafter Nervenverstimmung, an Hypochondrie und Hysterie.

Das Kurhaus liegt mitten in einem schattigen Ahornwäldchen, und hat eine entzückende Aussicht auf den Klönthalsee, den prächtigen, gewaltigen Glärnischstock, der mit seinen Gletschern so herrlich auf der klaren, ruhigen Fläche des Sees sich wiederspiegelt. Unter den Ahorngruppen und in dem nahen dunklen Tannenwalde sind eine Menge hölzerner Ruhebänke und Tische angebracht, und anziehende Spaziergänge durchschlängeln nach allen Seiten die lieblichgrünen Alpentriften, in welchen schmucke Viehheerden mit ihrem melodischen Glockengeläute friedlich weiden, und der Umgebung ganz den Charakter eines idyllisch gemüthlichen Alpenlebens verleihen. Grössere Ausflüge führen über den Pragelpass hinüber in das romantische Muottathal, oder auf den 7000 Fuss hohen Gipfel der Scheie, wo eine grossartige Fernsicht die Mühen des Hinaufsteigens hinlänglich lohnt.

Richisau darf Brustleidenden voraus als eine sehr zweckmässige Luftkuranstalt empfohlen werden, und verdient wegen seiner patriarchalischen Einfachheit alle Beachtung.

42. Stachelberg. Diese Kuranstalt liegt 2044′ ü. M., zehn Minuten unterhalb dem Dorfe Linththal, in dem weiten, romantischen Thalkessel gleichen Namens, in reizender Umgebung, und mit einem erhabenen Ausblick auf die gewaltige Tödikette, welche unmittelbar dem Kurhause gegenüber sich zu dem Himmel emporthürmt.

Die Kuranstalt besteht aus zwei durch eine Gallerie verbundenen Haupt- und Nebengebäuden und einem 50 Fuss langen und 30 Fuss breiten Badegebäude, das 24 Badezimmer enthält. Sie hat einen Speise- und Billardsaal und 52 Gastzimmer. Die Einrichtungen entsprechen den Anforderungen eines Gasthofes ersten Ranges, und desswegen wird Stachelberg auch meist von Gästen aus den höhern Ständen besucht. Es hat eine sehr kräftige Schwefelquelle mit Zusatz von Kali, Natron, Lithion, Kalkerde, Magnesia, Thonerde, Phosphorsäure, Schwefelwasserstoffgas, Kohlensäure, Thon, Kieselerde und Schwefelleber.

Das Wasser, als Unterstützungsmittel der kräftig erregenden Bergluft, zeigt sich zur Trink- und Badekur besonders heilsam bei allen Unterleibskrankheiten, welche auf Stockung der Pfortader beruhen, bei Skropheln, Syphilis, besonders bei Hautleiden derselben, bei Gicht und Rheumatismus, bei Metallvergiftungen, besonders durch Blei und daraus erfolgten Lähmungen, bei Krankheiten der Athmungsorgane und Störungen der Periode, so wie bei einer Menge langwieriger Hautkrankheiten und chronischer Geschwüre.

Eine vollständige Kur erfordert 21—24 Tage.

Als Trinkkur wird das Stachelbergerwasser Morgens nüchtern zu $1/_2$ Flasche mit Zwischenpausen getrunken, und bis $1 1/_2$ Flaschen gestiegen, bei steter Bewegung in den schönen Schattengängen, welche die Anstalt umgeben, und durch welche mit gewaltigem Tosen der weissschäumende Braunwaldbach seine klaren Fluthen der unten vorbeifliessenden Linth entgegendrängt. Neben dem Mineralwasser werden in neuester Zeit in Stachelberg auch Milch und Molken kurmässig getrunken, und zwar von vorzüglicher Art, indem sie jeden Morgen noch ganz warm von den Braunwaldbergen in die Kuranstalt herabgebracht werden. Das Klima in Stachelberg ist mild, aber erfrischend. Die Nächte sind meist kühl. Der Kurgast thut daher wohl, sich mit warmen Kleidern gut zu versehen, indem zuweilen das Wetter, wenn es kurz vorher sehr heiss gewesen, plötzlich regnerisch und kühl wird, und der Temperaturwechsel, wenn es in den Bergen oben schneit, dann sehr bedeutend und empfindlich umspringt.

Die klimatischen Kurorte des Kanton St. Gallen.

43. Rorschach und Umgebung. Dieser rasch aufblühende Flecken liegt am deutschen Binnenmeere des Bodensees, 1227' ü. M., und ist der Hauptstappelplatz deutschen und ungarischen Getreides in der Schweiz, zugleich auch der Seehafen der gewerbereichen Hauptstadt St. Gallen, und des benachbarten Appenzellerlandes. In herrlicher Lage ist Rorschach ein freundlicher und sehr belebter Ort, dem mehr als zwanzig Dampfschiffe, und ebenso viele Eisenbahnzüge täglich ein wechselvolles Leben bringen. In neuester Zeit ist Rorschach als Zwischenstation für die Appenzellerluftorte, so wie als Seebadeort aus dem benachbarten Deutschland in den Sommermonaten sehr besucht. Ja, der hübsche Flecken wimmelt recht eigentlich von Deutschen in allen Mundarten. Süddeutschland indessen ist besonders stark vertreten. In heissen Sommern, wenn der See nur wenig bewegt wird, steigt die Temperatur seines

Wassers bis auf 22° R., und erfrischt und belebt dann nicht mehr, während die benachbarten beiden stillern Seebadeorte Horn und Romanshorn im Kanton Thurgau grössern und kühlern Wellenschlag darbieten. Die Umgebungen von Rorschach sind sehr schön, und bieten sowohl in ihrem, von vielen schattigen Wegen durchschnittenen, Berggelände, als den Seeufern entlang eine Menge Spaziergänge und eine prächtige Aussicht auf den weiten blauen Bodensee, seine belebten Ufer, die Gebirge des Vorarlbergs und des baierischen und schwäbischen Oberlandes.

Nahe beim Flecken, der Feldmühle gegenüber, liegt die Molkenkuranstalt Baumlistorkel (Torkel soviel als Kelter), die zugleich warme Bäder hat. Die Lage ist sehr gesund. Seit Menschengedenken soll in Rorschach nie eine Epidemie geherrscht haben. Auch im heissen Hochsommer herrscht hier am Morgen und Abend angenehme und erfrischende Kühle. Die Nächte sind nie kalt. Die Kurzeit dauert von Mitte Juni bis Mitte September. Es finden sich 2 Seebadeanstalten, die auf Pfählen im See hinaus gebaut sind. Die eine ist eine Aktienbadeanstalt, die andere Privatanstalt vom Hrn. Sattlermeister Kaufmann. Mehrere Gasthöfe, wie die Krone, die Post, der Schweizerhof, der grüne Baum, der Hirsch und das Schiff nehmen Kurgäste auf. Ebenso viele Privathäuser.

Die Ziegenmolken werden alle Tage früh

von den Appenzelleralpen herabgebracht, und langen in sorgfältig geschlossenen hölzernen Traggeschirren (Taussen) noch warm im Flecken an. Für den Freund der Natur bietet Rorschach reichen Genuss in seiner wechselvollen Umgebung. Der Kaffeewirth Fretsch ger hat einen Lustgarten angelegt, in welchem allerhand Säugethiere und Vögel gehegt werden, und in dem jeder Kurgast nach Belieben lustwandeln und etwas geniessen kann.

44. Stadt St. Gallen und Umgebung. Diese gewerbreiche Handelsstadt (2081′ ü. M.), ist eine der höchstgelegenen Städte Europas, welche auf ihren nächsten Anhöhen, besonders auf dem Freuden- und Rosenberge, herrliche Fernsichten und in den Umgebungen mehrere gutgelegene Luftkurorte in Verbindung mit Molken und Milch darbietet. So „auf der Waid", 1 Stunde von St. Gallen, Kaltwasserheilanstalt des als Schriftsteller über Wasser- und diätetische Heilkunde bekannten Arztes Theodor Hahn, mit verschiedenen guten Trinkquellen, und freier Aussicht auf den ganzen Bodensee. Dann Tivoli, 20 Minuten oberhalb der Stadt, an der Strasse nach Trogen in aussichtreicher freundlicher Lage, mit einem täglichen Kurpreis von 4 Frk. Fröhlichsegg, 1 Stunde von der Stadt, mit grossartiger Aussicht und guter Wirthschaft. Vögelisegg, 1 Stunde entfernt, mit vorzüglicher Aussicht auf den Bodensee und in das grüne Berggelände von Appenzell, mit ebenfalls guter Wirthschaft. Alle diese Punkte

dienen als Zwischenstationen der höher gelegenen Appenzeller- und Rigikurorte.

45. Wallenstad. Das kleine Städtchen (1314′ ü. M.) liegt am Ufer des wildromantischen, und oft so tückischen Wallensees, am südöstlichen Fusse der schroff aufsteigenden, zerklüfteten sieben Churfirsten in grossartiger Umgebung, und an einer der merkwürdigsten Eisenbahnen der Welt, die in 9 Tunnels dem Wallensee entlang, durch senkrechte Felsenwände gebrochen ist. Hr. Dr. Gubser zum Adler hat hier eine Seebad-, Molken- und im Herbst sogar eine Traubenkuranstalt errichtet, die indessen noch ganz neu ist, aber eine glückliche Zukunft verspricht.

Die Temperatur des Seewassers bleibt sich den ganzen Sommer ziemlich gleich, und schwebt zwischen 16 und 17° R. Dasselbe hat einen starken Wellenschlag, und ist desshalb stärkender, als jenes des Bodensees. Bei der Seemühle, 10 Minuten von der Kuranstalt, und bei Tscherlach, eine halbe Stunde weg, sind Natursturzbäder von im Staub zerfliessenden Wasserfällen hergerichtet. Natur und Kunst bieten somit in Wallenstad sich einträchtig die Hand, um den Kurort auszuzeichnen.

Das Klima ist sehr mild, indem die Churfirstenkette vor dem rauhen Nordwind schützt, und der Ort nur dem Südost- und Südwestwind offensteht. Die Molken kommen jeden frühen Morgen von den Alpen der Churfirsten herab. Die Trauben zur Traubenkur kommen im Herbste von den berühmten Weinbergen des bekannten „Oelbergs". Die Traubenkur beginnt schon Anfangs September.

46. Buchenthal. Diese sehr gut eingerichtete Kaltwasseranstalt (1550' ü. M.) ist eine halbe Stunde von der Eisenbahnstation entfernt, und vereinigt die verschiedensten Kurweisen zu ihren Heilzwecken. Man findet daselbst ein vortreffliches Wellen- und Schwimmbad in der Glatt, sodann kalte und warme Bäder, Fichtennadel- und Dampfbäder, Anwendung der Elektrizität und trockene Schrottische Kur, blosse Pflanzenkost, Milch und Molken. Die Luft ist rein und stärkend, und die Aussicht auf das Hochgebirg wie über die fruchtbaren Gefilde des Thurgaus sehr angenehm. Das Kurhaus hat Raum für 50 Gäste. Preis für Wohnung und Zimmer 5—7 Frk. täglich. Die Leitung steht unter Dr. Freuler-Ringk.

47. Pfäffers und Ragatz. Diese beiden Kurorte, welche die gleiche Heilquelle benutzen, haben dennoch eine sehr verschiedene Lage und Benutzungsweise.

Pfäffers — die *Thermae fabarienses* der Römer — ist seit dem grauen Alterthume schon als segensreiche Heilquelle benutzt worden. Die alte Kuranstalt liegt in einer wildromantischen, engen, düstern Felsenschlucht, 2120' ü. M., hart am Ufer der wildreissenden Tamina, die mit ihrem Tosen die Kluft erfüllt. Nur von zehn Uhr Vormittags bis Abends 4 Uhr dringt die Sonne hinab zum Kurgebäude. Die

Luft ist immer kühl und feucht, und die Temperatur ziemlich gleichmässig. Wenn in Ragatz in heissen Sommern die Temperatur auf 26° R. steigt, bleibt sie dagegen in Pfäffers blos auf 22° R. stehen. Wenn daher in heissen Sommern der Aufenthalt in Ragatz zu warm wird, so vertauscht man ihn besser gegen den in Pfäffers, dagegen ist im Frühling und Herbst Ragatz wegen des längeren Sonnenscheins und grösserer Wärme immer wieder vorzuziehen.

Ragatz liegt 500 Fuss tiefer als Pfäffers, und ist mit ihm durch ein neues, eine Stunde langes, Bergsträsschen verbunden. Von 6 bis 8000 Fuss hohen Bergen im Süden umgeben, und nur den Südost- und Nordwestwinden offen, geniesst Hof-Ragatz ein sehr mildes, gleichmässiges Klima, und kann daher für Kurgäste, welche aus fernen Niederungen zu unsern Alpenkurorten hinansteigen, ebenfalls als eine sehr passende Zwischenstation dienen. Die Kuranstalt hat 130 Wohn- und 25 Badezimmer, einen sehr schönen Garten, und eine gedeckte Trinkhalle.

Wie in Pfäffers, strömt auch in Ragatz das Wasser in der Badewanne beständig zu und ab, so dass das Bad immer die gleiche Temperatur hat. Die Pfäffersquelle entspringt über der Tamina, aus einer senkrechten Felsenwand, in höchst schauerlicher Felsenkluft mit einer Temperatur von 30° R. In der Trinkhalle von Pfäffers zeigt sie noch 29,8° R., in Ragatz 28,3° R. Der Gehalt an festen Bestandtheilen ist äusserst gering, daher das Wasser häufig zu den sogenannten indifferenten Heilquellen gerechnet wird. Es enthält geringe Mengen von Chlornatrium, Chlorkalium, schwefelsaurem Kali, schwefelsaurer Magnesia, schwefelsaurer Kalkerde, kohlensaurer Magnesia, phosphorsaurer Kalkerde, Eisenoxyd, Thonerde, Kieselsäure, freier Kohlensäure, Stickstoff, Sauerstoff und organischer Materie.

Das innere oder Pfäfferserbad kann 300 Kurgäste beherbergen, und die Kurzeit dauert von Anfangs Juni bis Ende September.

Die Quelle von Pfäffers ist bei Unterleibskrankheiten besonders wirksam, welche auf langdauernder Reizung, mit krampfhaften und schleichendentzündlichen Beschwerden beruhen, selbst bei schon beginnender Verbildung, besonders in der Leber, in der Milz, dem Magen, den Nieren und in den Geschlechtsorganen. Ebenso wohlthätig wirkt die Quelle, in Verbinduug mit der stärkenden Bergluft, bei Ueberreizung und Lähmung, die vom Rückenmark ausgehen, bei allgemeinen und auch blos örtlichen Krämpfen und Zuckungen, hysterischen und hypochondrischen Beschwerden. Sehr wohlthätig wirkt das Wasser bei Hautkrankheiten, Geschwüren und Wunden, bei Gicht, Rheumatismus und veralteten Katarrhen, und mannigfachen Altersbeschwerden.

Das Wasser wird sowohl innerlich wie äusserlich gebraucht, und wirkt bethätigend auf die Ausscheidung der Haut und Nieren, sowie der Schleimhaut der Athmungsorgane. Man beginnt bei der

Trinkkur mit 2 bis 4 Glas und steigt bis auf 8. Gebadet wird in Ragatz nur $1/_2$ bis 1 Stunde. Bei häufigerem Baden in Pfäffers, wo man 8 bis 12 Stunden täglich badet, stellt sich vom 5. bis zum 9. Tage ein Badeausschlag ein.

Zu angenehmen kleinern und grössern Ausflügen hat man in Pfäffers und in Hof-Ragatz die beste Gelegenheit. So bietet der Gang zur Quelle eines der sehenswerthesten Naturwunder, das man sich denken kann. Ebenso lohnend ist der Spaziergang nach dem Dorfe Pfäffers, zur Ruine Freudenberg und Wartenstein, auf den Tabor, zu den Festungswerken auf Luziensteig, auf den aussichtreichen Gonzen und den gegenüberliegenden Falknis, sowie den rechtsliegenden Pizalun. Im Herbste können in Hof-Ragatz auch Traubenkuren gemacht werden.

Klimatische Kurorte des Kanton Appenzell.

Dieselben befinden sich alle in der Voralpenregion, und in jener langen Nagelfluh- und Sandsteinformation, welche sich vom Genfersee durch das Emmenthal über den Pilatus und die Rigi in der Richtung nach Bregenz bis tief in den österreichischen Kaiserstaat hinein erstreckt. Neben der frisch anregenden Bergluft sind Molken ihr Hauptkurmittel. Das Appenzellerländchen mit seinen tiefein geschnittenen Schluchten, seinen grünen Hügelwellen, mit reinlichen Häusern und Hütten überdeckt, mit seinen hübschen Dörfern, zwischen denselben hineingezwängt, ist ein malerisches, saftiggrünes, wenn auch etwas eintöniges Stück Schweizerboden, wie es nicht leicht ein zweites auf Erden gibt. Ein frisches lebendiges Völklein, voll urwüchsigen Witzes und heitern Sinnes, wohnt in Dörfern und Hütten, und der Appenzellerjodler tönt heller, als der des Tirolers dort drüben über den Vorarlbergeralpen. Nimmer wäre der sorgfältig bepflanzte Boden im Stande, das fruchtbare Völklein zu nähren, wenn nicht eine strebsame Gewerbsthätigkeit zwei Drittheile des benöthigten Unterhaltes aus fernen, meist überseeischen Ländern herbeizauberte, und die Söhne des Landes, wie jene des Glarnerlandes, ihren Weg nach allen Welttheilen fänden, ohne jedoch das grüne liebe Heimathland je zu vergessen.

48. **Appenzell.** Die Flecken Appenzell (2406' ü. M.) war vor der Landestheilung Hauptort des ganzen Kanton Appenzell, und ist es jetzt des katholischen Landestheiles oder von Inner-Rhoden. Es liegt sehr anmuthig am linken Ufer der Sitter, über welche hier eine gedeckte Brücke führt, in einem schönen und fruchtbaren Thale. Seine von Alter gebräunten Häuser, zu denen indessen in neuerer Zeit viele neue gekommen sind, geben dem Orte ein sehr ansprechendes Aussehen. Die freundlichen Umgebungen bieten eine Menge anmuthiger Spaziergänge, und die schönen grünen Hügel, die höhern Gebirge und

endlich der gewaltige Alpenstein mit seinen zahlreichen Gipfeln und Zacken verleihen der Landschaft hohen Reiz. Appenzell ist in der Neuzeit ein sehr besuchter Alpenkurort geworden.

Die Kurmittel sind die gewohnten: eine reine frische Bergluft, frisches Wasser, Milch und Molken, bei fleissiger Bewegung.

Auch ein Bad ist in Appenzell vorhanden.

49. Weissbad. In drei Viertelstunden von Appenzell erreicht man die auf einem lieblichen Wiesengrunde am nördlichen Fusse der Ebenalp gelegene Molkenkuranstalt Weissbad, an der Stelle, wo aus drei verschiedenen Thalöffnungen die wilden Bergbäche, der Schwendi-, Bären- und Weissbach, hervorrauschen, und zusammen die Sitter bilden. Die Kuranstalt besteht aus mehreren, zu verschiedenen Zeiten hergestellten, ansehnlichen Gebäuden, welche jedoch zusammenhängen. Sie hat in 100 gut eingerichteten Zimmern Raum für 140 Kurgäste. Dazu einen Speisesaal und Gesellschaftssalon mit Pianino, und fünf Badezimmer. Wiesen und Garten, Gebüsche und Schattengänge umgeben die freundliche Kuranstalt, und bieten den Bächen und der Sitter entlang schattige, kühle Spaziergänge auch in grösster Tageshitze des Hochsommers.

Das Klima ist wegen der eingeschlossenen und geschützten Lage des Kurhauses trotz der Höhe des Thales (2524' ü. M.) sehr mild auf dem sonnigen und wasserreichen Grunde. Vom Zusammenflusse der drei Bäche ist die Luft stets feucht und dunstig, und eignet sich daher in warmen Sommern ganz besonders für Brustkranke, nicht weniger aber auch für Unterleibsleiden. Der tägliche Temperaturwechsel ist hier sehr gering.

Die weitern **Kurmittel** sind gutes **Wasser**, **Kuh-** und **Ziegen-Milch** und **Molken**. Letztere kommen jeden Morgen von der Seealp herab. Molkenbäder werden auf Verlangen aus Kuhmolken bereitet. Der Andrang der Kurgäste ist immer sehr stark, und zwar von Gesunden und Kranken. Die Mehrzahl derselben sind Süddeutsche und Schweizer, und der Aufenthalt bietet reiche Unterhaltung. Eine Badequelle, mit starkem Kalkgehalte, dient hauptsächlich zum Baden, soll aber wegen des Kalkgehaltes mit Molken getrunken bei Schleimflüssen günstig wirken. Es können endlich auch kalte Bäder im Weissbad benutzt werden.

Ein Lieblingsspaziergang der Kurgäste ist nach der, eine kleine Stunde entfernten, Schwendi zur freundlichen „Kaffe-Kathri", sodann nach Appenzell, Gonten, Gais; über die Bergpässe hinüber ins Rheinthal und ins Toggenburg.

50. **Gontenbad.** Dieser ziemlich einsame Molkenkurort liegt 2721′ ü. M., eine halbe Stunde westlich von Appenzell, auf einem etwas erhöhten ebenen Wiesengrunde, in einem von Anhöhen rings umgebenen Thale, am Fusse des Kronberges, und hat eine nach Schwefelwasserstoff riechende kohlensaure

Eisenquelle. Unweit dem Kurhause entspringt die Schwarzach, welche das grüne, offene Thal durchfliesst, mit der vom Kronberg kommenden Weissach den Kronbach bildet, und sich in die Urnäsch ergiesst. **Gonten** ist wohl das älteste Bad im Lande Appenzell. Vor hundert Jahren war es im Besitze des **Landammann Suter**, des witzigen Badewirth-Seppli, den die Volksgunst auf den Landammannstuhl erhoben, und dann falsche Anklagen bei dem wetterwendischen Wechsel der Menschenlaunen auf das Blutgerüst geführt haben.

Die geräumige Kuranstalt besteht aus ansehnlichen hölzernen Häusern von mehreren Stockwerken, enthält 2 grössere und 2 kleinere Säle, 18 gewölbte Badezimmer mit 90 Wannen. Der jetzige Badebesitzer hat durch Anlegung von neuen Spaziergängen die Anstalt wesentlich verschönert.

Das **Klima** von Gonten ist ziemlich rauh, weil der Kurort den Ost- und Westwinden ausgesetzt ist, doch ist die Luft rein und gesund.

Die **Molken** werden von der Ebenalp herabgebracht.

Die beste Kurzeit ist von Mitte Juni bis Anfangs September. Vorher und später ist die Luft zu kalt und sind die Molken zu wenig kräftig.

Die Mehrzahl der Gäste sind Frauenspersonen, besonders Bleichsüchtige, und solche, welche an Störungen der Periode und an Weissfluss leiden. Die Bade- und Trinkkur findet ferner ihre Anwendung bei Gicht und Rheumatismus, Skropheln, Nervenschwäche, Lähmungen, Gelenkssteifigkeiten, Krätze und Flechten.

51. Gais. Dieser alte berühmte Kurort (2875′ ü. M.) wetteifert in starkem Fremdenbesuche und europäischem Rufe mit Interlacken im Berneroberlande. Gais liegt am Fusse des aussichtreichen Gäbris, mitten in grünen Matten einer beinahe baumlosen Hochebene, welche vom Rothbache bewässert wird. Schon im Jahr 1749 machte hier ein brustkranker reicher Züricher auf den Rath von Dr. Meyer in Arbon eine glückliche Kur, und begründete den guten Ruf des Kurortes. Das Aufblühen desselben hatte das Entstehen anderer ähnlichen Anstalten im Kanton Appenzell und anderwärts zur Folge, und so kann Gais als das Muster aller andern Molkenkuranstalten der Schweiz betrachtet werden.

Der Kurort besteht aus 40 wohlgebauten Häusern, welche mit der Kirche einen grossen viereckigen Platz umgeben. An den beiden Enden dieses Platzes stehen die grossen Kurhäuser zum Ochsen und zur Krone; in der mittlern Häuserreihe befindet sich das Lamm, und nach Osten der Hirsch. Der Gasthof zum Ochsen ist zur Aufnahme von Kurgästen aus den höchsten Ständen eingerichtet; die Krone dagegen ist für Personen aus dem Mittelstande. Lamm und Hirsch eignen sich für weniger bemittelte Leute. Auf der Rückseite der Häuser ziehen sich Lauben und ein Schattengang hin.

Gais ist gegen Nord- und Südwinde durch die Gebirge ziemlich geschützt, steht dagegen dem Ost- und Westwinde offen, und ist daher luftbewegt. Es hat im Sommer eine ziemlich gleichförmige Temperatur, welche in ihrem Mittel 17° R. beträgt. Die reine trockene Bergluft empfängt von den Moorgründen und Wasserwiesen ziemlich viel Feuchtigkeit. Es steigen daher daselbst oft Nebel auf, welche die Sonne aber bald wieder zerstreut. In heissen Sommern steigt die Hitze bis 25° R., die Nächte dagegen sind kühl, die Temperatur Morgens und Abends erfrischend.

Die Luft von Gais, in einer Höhe von beinahe 3000 Fuss, ist sehr kräftig anregend auf die geschwächten Verdauungs- und Athmungsorgane, auf die Nerven, die Blutbildung; dagegen ist sie bei entzündlichen Brustleiden und vorgeschrittener Lungenschwindsucht schädlich. Nach dem Zeugnisse des erfahrenen Kurarztes Dr. Heim ist die Luftkur mit und ohne Molken besonders in folgenden Fällen wirksam: 1. Bei reizbarer Nerven- und Muskelschwäche der Kinder und zarter Frauen, beim Welken der Jugend, in Folge Selbstschwächung; bei Abmagerung und Schwäche, in Folge von Krankheiten und erschöpfender, geistiger und körperlicher Anstrengungen. In Verbindung mit Molken wirkt die Luft von Gais besonders heilsam bei Kranken, bei denen in Folge überstandener entzündlichen Hals- und Brustkrankheiten Schwächezustände zurückgeblieben sind;

ebenso bei chronischen Halsentzündungen, Heiserkeit, ja selbst bei beginnender Hals- und Lungenschwindsucht, wenn sie selbst mit Blutspeien in Folge geschwächter Lungenthätigkeit verbunden ist.

Lieblingsspaziergänge der Kurgäste sind: zur Schlachtkapelle am Stoos, mit schöner Aussicht auf dem nahen Sommersberg; zur Starkenmühle, in deren Nähe im Gschwend man eine prächtige Aussicht auf das obere Rheinthal geniesst. Eine andere schöne Aussicht geniesst man westlich vom Dorfe auf der „hohen Wiese" und auf dem „Saurücken". Andere Spazierziele sind: Freundschaftssitz; Elisenruhe; Klausenbühl; Hohneggbühl; die hohe Kalla; der Guggei.

52. Heiden. Dieses aus dem Brande von 1838 wie ein Phönix wiedererstandene hübsche Pfarrdorf ist nächst Gais der bedeutendste Kurort der Ostschweiz. Es liegt am nordöstlichen Saume des Appenzellerberglandes, 2424′ ü. M. und 1200 über dem Spiegel des Bodensees. Von der Hochebene, welche den obern Theil des Ortes bildet, schweift der Blick frei über den reizenden östlichen Theil des Bodensees, auf die schwäbischen, baierischen und voralbergerischen Alpen hinüber. Heiden wird von einem östlichen und westlichen Ausläufer der Appenzellerberge eingeschlossen und geschützt. Noch mehr eingeschlossen ist der untere Theil des Dorfes, daher nervenschwache Personen und Brustkranke unten sich besser befinden, während dagegen Unterleibs-

kranke und solche mit Nerven- und Blutschwäche oben sich besser fühlen. Heiden hat mehrere grössere Kurhäuser und kleinere Pensionen. Das bedeutendste Haus ist der Gasthof zum „Freihof", dessen Besitzer, Präsident Kellenberger, sich für Hebung des Kurortes sehr verdient gemacht hat. Das Kurhaus enthält alle Bequemlichkeit einer Anstalt ersten Ranges, und prächtige Gartenanlagen.

Die Molken werden jeden Morgen warm von der Ebenalp hergebracht, und haben einen starken aromatischen Geschmack und eine klare reine Farbe.

Das Klima von Heiden ist mild, und sehr erfrischend, gesund.

Spaziergänge: In $1/_2$ Stund nach Grub und zur schönen Aussicht der hohen Hermannsreuti, auf die Schwarzegg; zur Weinacht, auf den Kaien (3395' ü. M.); nach Oberegg; Walzenhausen und Wolfhalden, mit herrlicher Aussicht vom Thurme. Heiden erreicht man von Rorschach in $1^1/_2$ Stund, von Rheineck in 1 Stunde.

53. Wolfshalden. Von Heiden kaum 20 Minuten weit entfernt, liegt nahe an der Grenze gegen das Rheinthal der klimatische Kurort Wolfshalden. Das Dorf zählt blos etwa 15 Häuser, die übrigen 361 Häuser dieser Gemeinde liegen zerstreut dem Berge entlang.

Nahe bei der Kirche befindet sich die kleine Molkenanstalt vom Hr. Dr. Zürcher, welche bei 20 Kurgäste aufnehmen kann. Die Anstalt, zum

„Friedberg" genannt, hat eine prächtige Aussicht auf den Bodensee. Das Klima ist milder als dasjenige von Heiden. Wolfshalden ist daher vorzugsweise Personen zu empfehlen, welche wirklich ein milderes Klima bedürfen, und denen es in Heiden zu geräuschvoll ist. Wenn in Friedberg kein Platz mehr zu finden ist, so finden die Kurgäste in Privatwohnungen ein Unterkommen.

54. Heinrichsbad. Diese vor 30 Jahren sehr berühmte und besuchte Kuranstalt liegt $\frac{1}{4}$ Stund nordöstlich vom grossen Flecken Herisau, seitwärts der Strasse nach St. Gallen, und 10 Minuten von der Eisenbahnstation Winkeln weg, am Ausgange eines schönen Wiesenthälchens, 2361' ü. M. Sehr häufig beehrte der jüngst verstorbene König von Württemberg in den Zwanzigerjahren die frischaufblühende Kuranstalt. Dieselbe hat einen 200 Fuss langen Speisesaal, und für 120 Gäste bequemes Unterkommen. Ihre Einrichtung ist für Personen und Familien aus den höhern Ständen. Zum Gebrauche der Bäder dienen 20 Badezimmer. Die Mineralquelle enthält kohlensauren Kalk und Magnesia, Eisenoxydul, Kieselerde, Kali, Magnesia, Kalk und Natron; an Schwefelsäure gebunden. Das Wasser wird meist zum Baden gebraucht, und empfohlen gegen chronische Nervenleiden, Bleichsucht, Rheumatismen, Hautausschläge, Harnbrennen, Blasen- und Nervenschmerzen.

Mehr als wegen der Bäder wird Heinrichsbad wegen der Luft-, Milch- und Molkenkur besucht.

Die Tagesordnung ist diejenige anderer Molkenkurorte. Auch hieher werden die Ziegen-Molken jeden Morgen früh von der Ebenalp herabgebracht. Kuhmolken werden zu Molkenbädern verwendet. Die Anstalt ist vor rauhen Winden geschützt, und zwar mehr wie Gais und Gonten. Wegen des torfigen Bodens ist die Luft oft feucht, und leicht legen sich daher Nebel in das kleine Wiesenthal hinein.

Das Klima hat somit viel Aehnlichkeit mit Weissbad, und passt daher für Brustkranke und nervenschwache Personen. Die Umgebung ist freundlich und mit parkähnlichen Kunstanlagen geschmückt. Sie bietet Gelegenheit zu angenehmen Spaziergängen; z. B. zu den Ruinen von Rosenberg; nach der merkwürdigen Sitterbrücke; nach St. Gallen. Ein Billard, eine Kegelbahn und ein Lesekabinet dienen zur Unterhaltung.

Die klimatischen Kurorte des Kanton Graubünden.

Kein Kanton der Schweiz ist so reich an verschiedenartigen Mineralquellen, wie Rhätiens erhabenes Hochland, „das Netzgewirr von Bergen und Thälern", wie der Dichter von Waldau es so schön bezeichnet. Wir heben indessen von den zahlreichen Kuranstalten nur diejenigen hervor, welche zugleich als klimatische Kurorte bezeichnet werden dürfen.

1) In der Voralpenregion.

55. **Fideris.** In einem rauhen und steinigen Seitenthale des lachenden Prättigäus liegt, zwischen hohen Felsenwänden und von zwei wilden Gebirgsbächen eingeengt, der Kurort **Fideris**, eine halbe Stunde oberhalb dem Dorfe Fideris und 3251' ü. M. So unfreundlich die Lage des Kurhauses, so reizend dagegen ist die des Dorfes auf grüner waldumkränzter Anhöhe, mit seinem nahen, freilich schwer zu ersteigenden Bergvorsprunge, von dem man eine prächtige Fernsicht über das ganze grüne Wiesenthal mit seinen zahlreichen Dörfern und Burgen geniesst.

Das **Klima** von Fideris ist gesund, obwohl aus dem wilden St. Antonienthale und aus den engen Klüften der beiden Bergbäche mitunter heftige Windstösse daher brausen, und Nebel- und Regentage hier nicht zu den Seltenheiten gehören.

Die Kuranstalt wurde schon im fünfzehnten Jahrhundert errichtet, und hat Raum für 100 Kurgäste.

Die **Quelle** — ein alkalischer Eisensäuerling — enthält schwefelsaures Natron, Chlornatrium, kohlensaures Eisenoxydul, Natron und Kalk, Kieselerde und freie Kohlensäure. Das Wasser fördert die Esslust, und regt die Harnabsonderung an. Bisweilen stopft es, und erregt dann Kopfweh und Mattigkeit der Glieder. Es dient hauptsächlich: gegen katarrhalische Leiden des Magens, der Lungen, Nieren und der

Blase. Ebenso bei Weissfluss, Ruhr, Skropheln, Bleichsucht, Blutflüssen, Schwäche aus Erschöpfung, beginnender Lungenknotensucht und bei Wechselfiebern, gegen welche letztere es einen weitverbreiteten Ruf sich erworben hat.

Es werden auch Ziegenmolken und Milch in Fideris kurmässig getrunken.

56. Churwalden. Zwei Stunden oberhalb der Stadt Chur, an der Landstrasse nach dem Oberhalbstein und über den Julier nach dem Oberengadin, liegt in einem sehr romantischen, wald- und wiesenreichen Bergthale, welches die wilde Rabiusa durchströmt, das freundliche Dorf Churwalden, in einer Höhe von 3500 Fuss ü. M. Die Luft ist rein, und das Klima im Verhältniss zu der Höhe sehr mild. Während der 6 Sommermonate vom Mai bis zum Oktober beträgt die mittlere Temperatur 7—13° R. Selten fällt der Thermometer während dieser Zeit unter 3° Wärme, und steigt noch seltener über 22° R. Frisches Trinkwasser und täglich frische Molken stehen den Kurgästen zu Gebot, welche in 3 guteingerichteten, geräumigen Gasthäusern Aufnahme finden. Churwalden hat als Zwischenstation für Kurgäste, welche St. Moritz besuchen wollen, eine hohe Bedeutung, und ist namentlich schwächlichen Personen, welche sehr empfindlich sind, und aus dem Flachlande kommen, dringend zu empfehlen.

57. Le Prese im Puschlaw. Am oberen Ende des freundlichen Puschlawersees, ganz in der

Nähe des kleinen Weilers le Prese, liegt der Kurort gleichen Namens, 2962′ ü. M. in sehr malerischer Gegend. Das stattliche, in italienischem Villastyle von einer Aktiengesellschaft erbaute Kurhaus liegt im Vordergrunde an dem von waldbekrönten Bergen umgürteten See. Im Hintergrunde im Norden erhebt sich der helle Kalkstock des Sasso, und die mit ewigem Schnee und Eis bedeckten Gipfel des Bernina bilden mit ihm ein wundervolles Landschaftsbild, auf dem der Blick mit Entzücken ruht. Die äusserst geschmackvoll und reinlich eingerichtete Kuranstalt mit grossen Sälen und 12 Bädern mit Marmor-Badewannen hat Raum für 80 Kurgäste. Parkähnliche Gartenanlagen schliessen den mit hübschen Gondeln versehenen Hafen ein. Die Anstalt hat während der Kurzeit ihren eigenen Arzt. Die Küche ist besonders in Bezug auf Fische und Geflügel italienisch und sehr lecker.

Das Klima ist ausserordentlich **mild und angenehm**, und hält die Mitte zwischen der Hitze des Veltlins, und der belebenden Frische des Sommers im Oberengadin. Weil die Eisdecke des Schnees sehr spät schwindet, so bleibt das Seewasser auch im Sommer sehr kühl. Der täglich von 10 bis 4 Uhr wehende Südwind kühlt sich auf seiner Oberfläche ab, und darum steigt die Luftwärme niemals über 20^0 R. Durch die Lage des Kurhauses zu oberst im Puschlaw und in einem Winkel werden die rauhen Nord- und Ostwinde abgehalten, und darum fällt auch die Temperatur, wenn auch selbe vorherrschen, selten bis auf 10⁾ Wärme herab. Die Abende sind sehr mild, so dass man sie ruhig im Freien zubringen kann.

Als **Kurmittel** dient neben der milden Luft voraus die **gypshaltige Schwefelquelle**. Dieselbe entspringt aus mit Schwefelkies reichlich durchsetztem Glimmerschiefer. Sie enthält: Kali, Natron, Ammoniakoxyd, Kalk, Magnesia, Eisenoxydul, Schwefelsäure, unterschwefelige Säure, Phosphorsäure, Kiesel- und Kohlensäure, Schwefelwasserstoff, Chlor, und stickstoffhaltige, organische Substanz. Das Wasser befördert die Thätigkeit aller Schleimhäute, und zwar des Darmkanals wie der Harnwerkzeuge, und dient bei allen Skrophelformen, rheumatischen und gichtischen Leiden; bei katarrhalischen Leiden der Athmungsorgane; bei Lungenknoten und Asthma; bei Hämorrhoidalleiden und Unterleibsstockungen; bei Störungen der Periode, Blutarmuth und Bleichsucht; bei allgemeiner Schwäche; bei Blasenkatarrh und Gries; bei veralteter Lustseuche und Quecksilbersiechthum. Neben dem Quellwasser werden auch **Kräuter-** und **Molkenbäder** und **Alpenziegenmolken zur Trinkkur** verwendet. Die Umgebungen der Kuranstalt bieten sehr angenehme Zielpunkte zu Ausflügen. In anderthalb Stunden erreicht man im Wagen durch die wilden Schluchten von Campo Cologno **Madonna di Tirano** im Veltlin; in 2½ Stunden steigt man zum grossartigsten Ausläufer des Bernina-Eismeers hinan, zum sogenannten **Palugletscher**, der sich durch seine blendende Reinheit auszeichnet, und an dessen zugänglichem Rande der Bach von Cavaglia aus einer Eisgrotte eisigkalt entspringt.

58. Peiden. Dieser Bergkurort liegt im Bündneroberland, in der Nähe von Blany, 2525' ü. M., am rechten Ufer des Glenners, und ist nördlich an ein wildes Waldwasser, südöstlich an den Berg gelehnt. Es hat 3 Eisensäuerlinge, welche Chlormagnesium, kohlensaure Magnesia, Kalk und Eisenoxydul, schwefelsaure Magnesia, Natron und freie Kohlensäure enthalten.

Die Kuranstalt ist sehr alt und ihr jetziger Besitzer ein erfahrener Arzt, Dr. Arpagaus.

Das Klima ist ziemlich mild, und eignet sich besonders für Brustkranke und Genesende.

2) In der Alpenregion.

59. St. Moritz. Das Oberengadin, in welchem dieser weltberühmte Kurort liegt, ist zweifelsohne das am höchsten gehobene Thal von Europa und eines der interessantesten Hochthäler, welche die Erde trägt. In einer Höhe von nahezu 6000 Fuss finden wir in ihm neben dem breiten Fusse gewaltiger Eisfelder schöne, reiche Dörfer, liebliche Seen, vortreffliche Strassen mit häufigen Postkursen, herrliche Wasserfälle und grossartige Gebirgsmassen, die unmittelbar aus der grünen Thalsohle, dem fast ebenen Rinnsale des Inns, aufsteigen, so dass sich der erstaunte Wanderer in ein Land der Mährchen versetzt glaubt.

Das Engadin zieht sich als ein Längenthal von 18 Stunden vom Maloja zwischen zwei ziemlich gleich hohen Gebirgszügen mit vergletscherten Gipfeln, rauhen Gebirgspässen, und mitunter gewaltigen Gebirgszacken *(pics)* von Südwesten nach Nordosten bis zur Thalschlucht bei der Martinsbrücke hin, welche die schweizerische Eidgenossenschaft vom Kaiserstaate Oesterreich scheidet. Vom Grunde der grünen Thalsohle bis zur Höhe von 8500 Fuss, wo der Schnee nicht mehr schmilzt, steigen die Abhänge auffallend gleichförmig hinan. In breiten verschiedenartig gefärbten Bändern heben sich vier Vegetationszonen über einander an denselben empor. Unten im Thale erblickt man die grünen, sorgfältig vom Inn bewässerten Wiesen, unterbrochen von goldgelben Getreidefeldern, und grossen stattlichen Dörfern mit hohen weissgemauerten Häusern; weiter oben, am steilern Abhange, den zahlreiche Bachrinnen durchfurchen, folgt eine Zone von dunklem Nadelholz, und zwar häufig daselbst die sonst seltene Lärchtanne und die Arve *(Pinus Cimbra)* von seltener Grösse; wieder höher folgt das zarte frische Grün des kurzen Alpenrasenteppichs mit seiner duftigen Flora; und endlich das kahle bröcklige Gestein der leicht verwitternden Schieferfelsen. Dieselbe Einförmigkeit wie die Gebirgsbildung, bietet auch der Pflanzenwuchs des Engadins.

Entsprechend seiner hohen Lage ist auch das Klima des Engadins, nämlich das der Alpen. Lang dauert in diesem Hochthal der Winter. Der Engadiner pflegt daher zu sagen: „Bei uns ist es neun Monate Winter, und drei Monate kalt." Dem heissesten Sommertage folgt da droben sehr oft eine Nacht mit Reif. So hat es der Verfasser nach einem glühendheissen Augusttage des trefflichen Weinjahres 1834 erfahren. Während des Tages, als er das liebliche Oberengadin zu Fuss durchzog, hatten die glühenden Sonnenstrahlen ebenso gut seine Haut wie die Wiesen im Thal und an den Abhängen versengt. Abends kam ein schneidender Luftzug vom Berninagletscher herab, und am nächsten Morgen war die Wiese zwischen dem Dorfe St. Moritz und dem Bade schneeweiss, von dichtem Reife bedeckt, und die Bäche und Gräben wie mitten im Winter gefroren. Die Italiener pflegen daher scherzend zu sagen: *„Engadina terra fina, se non fosse pruina".* Es ist eine Seltenheit, dass einer der höchsten Sommermonate vergeht, ohne dass der Thermometer ein- oder mehreremal auf den Gefrierpunkt herabfällt, während am Mittag des gleichen Tages die Hitze bis 24° R. steigt. In gleicher Weise schlägt im Winter bei eintretendem Westwinde die Kälte von — 25° bis auf + 5° Wärme um. Dennoch ist das Klima in Oberengadin ungemein **stärkend erregend und angenehm.** Der tiefblaue, wolkenlose Himmel, der frische Luftzug, der oft plötzlich die Hitze des Tages kühlt, die seltene Pflanzenwelt, welche die Wiesen schmückt, und das helle Grün derselben erheitern das Menschenherz.

Zuoberst in diesem merkwürdigen Oberengadin liegt nun der mit Recht weltberühmte Kurort St. Moritz, 5900' ü. M. Das Dorf steht auf einem sanft gerundeten Abhange, nördlich über dem lieblichen St. Moritzersee. Südwestlich, zehn Minuten vom Dorfe, entspringt in einer einsamen Torfwiese die berühmte Sauerquelle, von der schon Theophrastus Paracelsus geschrieben: „Ein *Acetosum fontale*, das ich für alle, so in Europa erfahren hab, preis, der desselbigen Tranks wie einer Arzney gebürt, trinket, der kann von Gesundheit sagen".

Wo damals eine elende Bretterhütte sich über der Quelle als Schutzdach erhob, steht jetzt ein, dem Engadinerklima entsprechendes, aus Stein gebautes Kurhaus mit zwei Speisesälen, einem Kaffee- und Billardzimmer, einer Trinkhalle und 80 Schlafzimmern. Daneben ein neues Badehaus mit 20 weitern Wohnzimmern und 40 Badekabineten, deren Wasser in den Badewannen mittelst Wasserdampf ohne irgend welchen namhaften Verlust an kohlensaurem Eisenoxydul und kohlensaurem Gase auf die Badetemperatur gebracht werden kann. St. Moritz hat zwei sehr starke Eisensäuerlinge, nämlich die alte und neue Quelle. Die alte oder die grosse Quelle entwickelt sehr viel kohlensaures Gas, so dass ihr Wasser davon in wellende Bewegung geräth, und das Athmen im obern Raume des Sammlers zur Unmöglichkeit wird. Schwingt man einen Hut nach Oeffnung des Deckels in dem Lufträume des Sammlers, und hebt ihn dann ganz mit kohlensaurem Gase gefüllt zum Riechen vor die Nase, so zeigt das Gas einen stechenden Geruch, und verursacht heftiges Niessen. Das Wasser perlt im Glase sehr stark, und rasch beschlagen sich die Wände mit zahllosen Glasperlen. Es ist klar und farblos, und sein Geschmack angenehm säuerlich, kühlend, leicht zusammenziehend. Es enthält kohlensaures Eisenoxydul, Manganoxydul, Kalk, Natron, Magnesia, Fluornatrium, schwefelsaures Kali und Natron; Kieselsäure; Phosphorsäure; sowie Kohlensäure; Stickstoff und Sauerstoff; Thonerde; Spuren von Brom, Jod, Fluor. Die Temperatur bleibt sich stets gleich $+ 3^0,5$ R. Der Gehalt der neuen Quelle ist um $1/5$ an festen Bestandtheilen stärker, als der der alten; sie ist somit eine gesättigtere Lösung der alten Quelle. Die alte Quelle enthält 33 Theile Eisengehalt, die neue Quelle 45, und die neueste dritte 53. Die physiologische Wirkung des St. Moritzerwasser ist eine reizend stärkende, voraus auf den Darmkanal. Sie erregt die Esslust, befördert die Verdauung und Stuhlentleerung, sowie die Stoffbildung; bei grosser Reizbarkeit der Darmschleimhaut wirkt das Wasser mitunter auch stopfend. Seine Anwendung hat sich bewährt: bei Krankheiten, die auf Schwäche beruhen, in Folge geistiger und körperlicher Anstrengung, wie schwerer Krankheiten und Säfteverluste; bei grosser Empfindlichkeit der Haut gegen Verkältung; bei Blutarmuth und Bleichsucht, Skropheln und Skorbut; Gicht und Hämorrhoiden, bei nervösen Leiden in Folge Schwäche, bei Schwindel, Kopf- und Gesichtsschmerzen. Ebenso heilsam ist es bei Krämpfen, besonders Magenkrampf, Herzklopfen, Lähmungen und Sinnesstörungen; bei Gemüthsleiden, besonders Trübsinn, Geschäftsüberdruss; bei chronischen Verschleimungen, Schwäche des Magens und Darmkanals, ohne organische Entartung; bei Griesbildung und Nierensteinen; sowie bei Blasenkatarrh, Weissfluss, Störungen der Periode, Unfruchtbarkeit und männlichem Unvermögen. Die Anlage zu Lungenknoten ist in St. Moritz schon oft gehoben, und die Krankheit in ihrem ersten Zeitpunkt geheilt, oder in ihrer Weiterentwicklung aufgehalten worden. Ist aber das Uebel schon in Schwindsucht übergegangen, so endigt es rasch mit dem Tode.

Das Klima von St. Moritz charakterisirt sich durch seine starken und raschen täglichen Temperaturschwankungen. Der Morgen und Abend ist sehr kühl mit starkem Thau, und die feuchten Nebel der Niederungen sind daselbst fast unbekannt. Diese Eigenthümlichkeit des Klimas gibt den Kuristen die praktische Lehre, dass sie sich für eine Kur in St. Moritz wohl mit warmen Kleidern versehen. Die Mineralquelle und das Klima von St. Moritz müssen sich nach dem Ausspruche von Dr. J. G. Brügger einander gegenseitig bei der Heilung bestimmter Krankheiten unterstützen. Wo in bestimmter Krankheitsform das Klima oder das Mineralwasser nicht passt, da passt der Kurort St. Moritz überhaupt nicht. Die drei Alpenseen von Sils, Silvaplana und St. Moritz, welche auf der obersten Terasse des Oberengadins sich befinden, auf welcher auch St. Moritz liegt, verleihen ihm einen an Norwegen erinnernden Landschaftscharakter, und geben durch die besondere Lage seinem Klima den Charakter der See- und Küstenluft. Die Waldungen sodann, welche das Kurhaus von drei Seiten umgeben, üben ebenfalls einen milden und ausgleichenden klimatischen Einfluss aus. Ausser dem Kurhause bei der Quelle finden Kuristen zahlreiche Wohnungen im Dorfe St. Moritz selbst, wo vor kaum zehn Jahren alle Kuristen noch ihr Unterkommen suchen mussten. Hieher gehören: die Pensionen Faller, Bavier, Johann Danz, beim weissen Kreuz, wo der Aufenthalt billiger ist, als in dem meist überfüllten Kurhause selbst.

Zum Zwecke einfacher Molkenkuren, ohne Mineralwasser aber mit dem stärkenden Alpenklima, finden Kurgäste auch Aufnahme in Silvaplana und Campfeer, und besonders in der geschützten Lage von Santa Maria, welches ein treffliches Asyl bei blos noch beginnender Lungenschwindsucht ohne entzündliche Erscheinungen ist. Auch Pontresina (5566') mit den billigen und guten Kurhäusern Krone und Weisskreuz; Samaden (5362') mit dem Bernina- und Krone-Gasthaus sind als Luftkurorte im Oberengadin zu empfehlen.

60. **Der Kurort Schuols-Tarasp-Vulpera.** Im Unterengadin am rechten Ufer des Inn, der hier, nachdem er den Urgebirgsfelsen bei Ardetz durchbrochen, einen weiten Bogen nach Norden macht, liegt unterhalb dem alten Schlosse Tarasp auf einer kleinen unebenen Thalstufe das katholische Pfarrdorf Tarasp und der Weiler Vulpera. Ringsherum reiche Salz-, Natron- und Schwefelquellen und im nahen Schuols der kräftigste Eisensäuerling, zugleich mit den merkwürdigsten Ausströmungen von kohlensaurem Gase — die sogenannten „Mofetten", welche noch eine geringe Beimischung von Stickstoff und Schwefelwasserstoff enthalten. Die grösste derselben ist die Mofetta Felix in Cultura Plana mit 2 Oeffnungen, deren Eingang mit hunderten von todten Insekten, besonders Käfern, auch Vögeln und Mäusen bedeckt ist, und deren nächste Umgebung kahles, pflanzenleeres Land darstellt.

Die Salzquelle, die $\frac{1}{4}$ Stunde von Vulpera aus der Felsschlucht des Inn sprudelt, enthält bei einem Wärmegrad von 5° R. kohlensaures Eisenoxydul, Natron, Kalk, Magnesia, Chlornatrium, Jodnatrium, schwefelsaures Natron und Kali, Kieselsäure, Phosphorsäure, Thonerde, Fluor, Mangan, freie Kohlensäure.

Die Schwefelquelle entspringt im Plasnatobel. Das Wasser schmeckt und riecht nach Schwefelwasserstoff, und erscheint im Glase farblos und klar. Dasselbe enthält: schwefelsaures Kali und Natron, Chlornatrium, Chlormagnesium, Chlorkalium, kohlensauren Kalk und Eisenoxydul, Kieselsäure, freie Kohlensäure und Schwefelwasserstoff.

Die Eisensäuerlinge von Schuols kommen als 3 Hauptquellen und 4 untergeordnete Sauerbrunnen aus der nördlichen Thalwand hervor.

Sie zeigen neben den obigen Bestandtheilen, die sich in verdünnterer Lösung in ihr finden, ein Vorwalten des kohlensauren Eisenoxyduls und der freien Kohlensäure; sie sind angenehm kühlend säuerlich, und ihre Anwendung als Eisensäuerlinge entspricht jener von St. Moritz.

Die Wirkung der grossen Salzquelle geht vorzugsweise auf die Thätigkeit des Darmkanals, die sie in allen Verrichtungen fördert. Das Tarasperwasser löst daher auf, ohne zu schwächen. Es dient besonders bei starker Fettbildung. Sehr häufig wird das Salzwasser als Vorbereitungskur für die eigentliche Hauptkur mit Schuolser- und St. Moritzerwasser getrunken, und zwar in der Weise, dass man alle ¼ Stunden einen Schoppen, bis zu 8 und noch mehr Schoppen trinkt, bis mehrere Stühle erfolgen. Bei der eigentlichen Kur wird von dem Eisensäuerling alle Morgen nüchtern alle 10 Minuten 1 Glas getrunken, und so die leicht auflösende und abführende Wirkung unterhalten. Man steigt auf 8—12 Gläser, und fährt 3 bis 5 Wochen fort. Bisweilen werden auch kleinere Gaben, aber längere Zeit fortgetrunken. Uebermässiger Gebrauch des Wassers erzeugt Verlust der Esslust, Blähungen, Auftreibung, Schwindel, hartnäckige Verstopfung, oder auch erschöpfenden, anhaltenden Durchfall, Fieber, Entkräftung, Convulsionen und Starrkrampf. Mit dem Taraspersalzwasser ist früher sehr viel Missbrauch getrieben worden. Der neu eingerichtete grosse Gasthof in Vulpera, der in einem reizenden Winkel des Innthales liegt, hat 300 Betten und 60 Bäder zur beliebigen Anwendung aller der vier verschiedenartigen Mineralwässer. Die Lage des Kurhauses ist gegen kalte Luftzüge geschützt. Der Herbst bietet hier oft sehr schöne milde Tage zu fortgesetzter Kur. Während der Kurzeit besorgt Sanitätsrath Dr. Killias die Anstalt.

61. Flims. Dieses reformirte, romanische Pfarrdorf liegt 3401' ü. M. am nördlichen Abhang des Vorderrheinthales, und scheint seinen Namen von den vielen Bächen zu haben, welche die Gegend durchströmen. Der südlich vom Dorfe gelegene Cumasee enthält eine Menge kleiner Fische (Elritzen), und das mit Hanf- und Roggenpflanzungen bebaute Gelände wird von mehreren Wasserfällen belebt.

Die Lage ist sonnig, die Luft rein und das Klima mild, daher eignet sich der Ort ganz zu klimatischer Luftveränderung. Flims ist 4 Stunden von Chur entfernt.

62. Davos. Dieses schöne Alpenthal zieht sich

in einer Höhe von 4476—4793' ü. M. von Nordosten nach Südwesten zwischen hohen Gebirgsmassen hin, und wird vom Davoserlandwasser durchströmt. Es enthält mehrere fischreiche Seen, ist aber darum doch nicht sumpfig. Von allen Seiten mit dichten Tannenwäldern umschlossen, gestattet es der Sonne doch freien Zutritt, und ist dem Nord- und Südwinde offen. Der obere Theil des Thales ist Alpenweide mit Nadelholz, im untern auf dem sogenannten „Platze" reifen Kartoffeln und Erbsen. Für die Obstbäume ist das Klima zu wenig mild, um so reicher aber ist es an seltenen Alpenpflanzen, an isländischem Moos und hübschen Arvenwäldern. Das Thal hat sieben Ortschaften und wird meistens von Abkömmlingen der freien Walser bewohnt.

Das Klima ist sehr gesund. Skropheln kommen bei den Bewohnern nicht vor. Davos ist daher ganz besonders zu Luftkuren für skrophulöse Kinder in Verbindung mit Milch und Ziegenmolken geeignet.

63. **Bernhardin.** Am südlichen Abhang des St. Bernhardin, eine Stunde unterhalb dem Bergpasse, liegt das Dörfchen St. Bernhardin, in einem freundlichen kesselförmigen Alpthale, (5039' ü. M.). Dasselbe wird von der wilden Moësa durchströmt, die hier prächtige Wasserfälle bildet, und ist von mit Lerchenwäldern bekränzten Bergen umgeben, über welchen dann die Gletscher emporragen. Gleich unterhalb dem Dorfe, in der Nähe der drei sehr geräumigen Kurhäuser, entspringt der starke Stahl-

säuerling in einer Wiese am Fusse eines kleinen Hügels. Das Wasser hat einen säuerlich eisenhaften, bitterlich stechenden Geschmack, schäumt im Glase sehr stark, und beschlägt dessen Wände rasch mit Glasperlen. Es enthält kohlensaures Eisenoxydul, Natron, Kalk, schwefelsaures Kali und Natron, Chlormagnesium, freie Kohlensäure, und zwar viermal so viel, als der Sättigungspunkt des Wassers beträgt. Endlich hat es noch eine Spur von Sauerstoff und eine kleine Menge athmosphärischer Luft. Das Wasser wird in ähnlichen Fällen wie das von St. Moritz sehr wirksam gefunden. Besonders berühmt ist es bei **Gries und Steinbeschwerden.**

Das Klima ist sehr **gesund und reizend anregend**, aber die Nächte sind frisch. Erzeugt das Wasser in den ersten Tagen schon Kälte- und Schwere-Gefühl im Magen, Auftreibung und Ziehen in der Herzgrube, Fieber, Erbrechen und Durchfall, so ist die Trinkkur sogleich auszusetzen, und der Kurarzt zu berathen. Der vermehrten Esslust darf man nur mit Vorsicht nachleben. Starkgewürzte, saure Speisen, Backwerk und Früchte müssen gemieden werden. Guter Wein darf nur mässig beim Mittagmahl genossen werden. Winterkleider sind auf dem hochgelegenen Bernhardin sehr nöthig, da nur die heissesten Mittagsstunden im Hochsommer es gestatten, selbe abzulegen. Die Kurzeit auf dem Bernhardin dauert bloss von Mitte Juli bis etwa Mitte August.

Die klimatischen Kurorte des Kanton Thurgau.

Dieser fruchtbare, mit Reben, Obstgärten, Feldern und Wiesen reich gesegnete Kanton bildet grösstentheils eine im Gebiete der Hügelregion liegende, tiefe Ebene auf Molassengrund, welche nur von mässigen Höhenzügen durchzogen wird. Derselbe hat nur zwei klimatische Kurorte, welche beide am Bodensee liegen, nämlich Horn und Romanshorn.

64. Horn. Dieser ausgezeichnet schön gelegene Kurort ist nur eine Viertelstunde unterhalb Rorschach, auf einer breiten Erdzunge am Bodensee gelegen; 1230' ü. M. an der Landstrasse von Rorschach nach St. Gallen und Konstanz. Das Kurhaus ist sehr geschmackvoll und bequem eingerichtet, und enthält 50 Betten. Es bietet namentlich von der Dachterrasse des Hauses eine wundervolle Rundaussicht über den Bodensee und seine reichen Ufer, und gewährt den Genuss wirklicher Landluft mit dem Vortheil der Seebäder unter dem gleichen Dache, ohne dass der Kurgast genöthigt ist, über die Gasse zu gehen.

Das Klima ist sehr mild, und das grosse Wasserbecken des Bodensees als Regulator der Temperatur trägt viel zu ihrer Gleichmässigkeit zu. Der Thermometer steht hier oft 2 Grad höher, als in den benachbarten Ortschaften. Im Winter und Frühling ist der Ostwind bisweilen etwas unfreundlich, weniger während der Kurzeit. Die Sommertemperatur kehrt hier früher ein, und hält länger an, als auf den benachbarten Höhen des Appenzellerländchens. In solcher Weise empfiehlt sich Horn als Kurort für solche Kranke, welche rasche Temperaturwechsel meiden müssen, und auch als Vorbereitungs- und Nachkur für die höher gelegenen Appenzellerluftkurorte, um so einen angemessenen Uebergang zu dem rauhern Bergklima zu machen.

Als Kurmittel dienen Ziegenmolken, welche vom Frühjahr bis zum Spätherbst aus dem Appenzellerhochgebirge täglich frisch herabgebracht werden. Auch kann man nach Belieben Ziegen-Kuh- und Eselmilchkuren machen. Dieselben werden mit der mildern Luft besonders bei Brustkranken und selbst bei Lungenschwindsüchtigen in Gebrauch gezogen, bei denen entzündliche Neigung vorwaltet, und die daher eine gleichmässige Temperatur bedürfen. Die Kur kann hier früher begonnen, und bis in die vorgerücktere Jahreszeit fortgesetzt werden.

Als Zwischenkur möchte im Hochsommer Weissbad zu empfehlen sein. Ein weiteres Kurmittel sind die Seebäder, deren Temperatur zwischen 18—32° R. schwankt; sodann warme und Sturz-Bäder verschiedener Art. Endlich ist Gelegenheit zur Kaltwasserkur bei einer geschätzten Quelle in der Nähe der Anstalt.

Der Gefälligkeit des gegenwärtigen Kurarztes,

Dr. Titus Tobler, des bekannten Reisenden nach dem Oriente, verdanken wir folgende Tabelle der höchsten und niedrigsten Temperatur in verschiedenen Jahrgängen:

1850. Jänner	— 9⁰ R.		1860. Sept.	— 7⁰ R.
Juni	+ 25		Aug.	+ 23,4⁰.
1851. Dez.	— 8,5⁰		1861. Jän.	— 8⁰.
Aug.	+ 25.		Juni	+ 25,4⁰.
1852. Mrz.	— 6⁰		1862. Febr.	— 7,5⁰.
Juli	+ 27⁰		Juli	+ 25.
1853. Dez.	— 8⁰		1863. Febr.	— 3,5⁰.
Aug.	+ 28⁰		Aug.	+ 24.
1859. Dez.	— 10⁰			
Juli	+ 26⁰			

Der gegenwärtige Kurwirth ist Hr. Mächler-Göldlin, der sich alle Mühe gibt, die Kuranstalt in gutem Zustande zu erhalten. Der wöchentliche Kurpreis beträgt 25 Franken.

Die Anstalt hat eigene Wagen und Pferde, und ein eigener Familienwagen unterhält die stets unmittelbare Fahrgelegenheit zur Eisenbahnstation Rorschach.

Die Mehrzahl der Gäste gehört der vermöglichen und vornehmen Klasse an. Bisher waren es vorzugsweise Schweizer aus dem Handels- und Beamtenstande, welche einen stillen und ländlichen Aufenthalt in mildem Klima dem geräuschvollen Leben im nahen Rorschach vorziehen. Im letzten Jahre kamen dann auch vornehme Familien aus Paris,

Mailand, Genua, Turin, Dresden, Leipzig. Auch wohnten 2 Monate lang 2 englische Familien daselbst. Kurgäste finden sowohl im Schlosse, als in einigen Privat- und Wirthshäusern, wie in der Sonne, im Stern und in der Taube ein Unterkommen für eine beliebige Miethe, auch nur von einer Woche. Die Mehrzahl der Gäste sucht nur Erholung. Genesende von schweren Krankheiten, Bleichsüchtige und Personen, die an Verschleimung, Vorfall, weissem Flusse leiden, erholen sich oft sehr auffallend schnell.

Spaziergänge bieten sich in Menge nach Arbon, Rorschach, Rorschacherberg. Weitere Fahrten werden mittelst der Dampfschiffe oder zu Wagen unternommen, und stören nach der Klage des Kurarztes nicht selten die glücklich begonnene Kur. Das Kurhaus Horn steht auch im Winter Kurgästen immer offen.

65. Romanshorn. Dieses auf einer Erdzunge des Bodensees gelegene Pfarrdorf ist der Ausmündungsplatz der schweizerischen Nordostbahn in dem schönen Hafen, und dadurch erhält der Ort seine besondere Bedeutung. Seit 1858 hat eine Aktiengesellschaft hier eine sehr zweckmässig eingerichtete Seebadeanstalt auf trefflichem Felsengrunde errichtet. Wer dieselbe benutzen will, muss sich in den Wirthshäusern einhausen. Da Romanshorn dem Winde sehr ausgesetzt ist, so passt es für empfindliche Personen weniger, als Horn oder Rorschach.

Das Seebad von Romanshorn ist bisher vorzugsweise von Leuten aus der Umgebung besucht worden.

III. Klimatische Kurorte der nördlichen Schweiz.

Die klimatischen Kurorte des Kanton Schaffhausen.

66. **Unterhallau, Osterfingen, Hasslach und Schaffhausen.** Alle diese vier Ortschaften fassen wir zusammen, weil sie hauptsächlich nur als Uebergangspunkte für die höhergelegenen Bergkurorte in Betracht kommen, und im Herbste zu Traubenkuren benutzt werden können. Schaffhausen (1222′ ü. M.) bietet eine grossartige Aussicht auf die Alpen, auf das erhabene Schauspiel seines Rheinfalles, und reizende Spaziergänge in der Umgebung.

Die Gasthöfe Weber und Hotel Bellevue sind gut eingerichtet, und gewähren prächtige Aussichten.

In Hasslach hat Dr. Hallauer eine Bade- Molken- und Milchkuranstalt errichtet mit allen Arten von Wassereinrichtungen, sogar mit elektrischen Apparaten, welche in Verbindung mit der geschützten und milden Lage unter Leitung ihres tüchtigen Arztes gute Heilerfolge aufzuweisen hat.

Unterhallau und Osterfingen haben unbedeutende Quellen, die als Bäder benutzt werden.

Die klimatischen Kurorte des Kanton Aargau.

Dieser fruchtbare, schöne Gau der Schweiz liegt meistentheils in der Ebene, und hat in seinen Erhebungen keine Berge, die auf 2500 Fuss ansteigen. Es gibt daher auch keine Alpenkurorte von Bedeutung, sondern nur klimatische Uebergangspunkte zu denselben. Als solche möchten wir bezeichnen:

67. **Baden.** Dieser älteste, schon den Römern bekannte schweizerische Kurort (1179′ ü. M.), liegt reizend in lieblichem Thalkessel zwischen zwei gewaltsam durchbrochenen Juraketten, südlich dem Lägern- und Schlossberg, nördlich dem Stein, Martinsberg und Hartenstein, am Ufer der in der Tiefe vorüberrauschenden Limmat, an der Eisenbahnstation Aarau — Waldshut — Zürich. Es enthält 21 warme Salzquellen von durchschnittlich 39 bis 40° R., von denen 6 am rechten Limmatufer in Ennetbaden oder in den sogenannten **kleinen Bädern**, die übrigen 15 dagegen am linken Ufer, bei den sogenannten **grossen Bädern** liegen. Das alte Städtchen liegt auf der Höhe. Die warmen Quellen von Baden sind sehr wasserreich, und enthalten hauptsächlich Natron, Kalk und Bittererde an Chlor und Schwefelsäure gebunden; sie sind sehr reich an flüchtigen Bestandtheilen, besonders an Schwefelwasserstoffgas, Kohlensäure, Stickgas und Sauerstoff. Das Wasser

in kleineren Gaben vermehrt die Harnausscheidung; in grössern mit ihr die Hautausdünstung und Stuhlentleerung. Bei fortgesetzter Bade- und Trinkkur erzeugt dasselbe einen eigenthümlichen Badeausschlag. Vermöge seiner hohen Temperatur und des vorherrschenden Gehaltes lösender Salze und flüchtiger Stoffe wirkt das Wasser von Baden sehr eingreifend auf den menschlichen Organismus ein, indem es den Stoffwechsel mächtig anregt, und sämmtliche Ausscheidungen besonders der Haut, der Nieren und der Schleimhäute befördert. Es wird daher besonders empfohlen: bei chronischen, katarrhalischen Leiden mit vorwaltender reizloser Schwäche; und zwar der Lungen wie der Verdauungsorgane; bei Stockungen im Pfortadersystem und in der Leber, bei Hämorrhoiden und Hypochondrie; bei Störungen im Geschlechtsleben der Frauen, bei Weissfluss, Regelverhaltung, Unfruchtbarkeit; bei rheumatischen und gichtischen Uebeln, Ablagerungen in fibrösen Gebilden, Drüsen- und Knochenskropheln, Geschwüren; bei sekundärer Syphilis, chronischen Metallvergiftungen, besonders durch Blei, Quecksilber und Arsenik; bei übermässiger Callusbildung, wie bei oberflächlichem Beinfras; bei Nervenschmerzen und Lähmungen. Das Wasser wird als Trinkkur wie zu Bädern, und sein flüchtiger Gehalt ganz besonders zur Einathmungskur verwendet, und zwar auf eine Dauer von 4 bis 5 Wochen. Die Einathmungskur wird besonders bei chronischem

Brustkatarrh und selbst bei Lungenknoten ohne entzündliche Reizung empfohlen.

Das Klima ist sehr milde, und besonders unten in den Bädern steht der Thermometer oft 1 bis 2° R. höher, als oben in der Stadt. Im Winter schwebt er zwischen 2° Kälte und 2° Wärme. Bei strengster Winterkälte fällt er selten unter 5 Grad Kälte hinab. Im Sommer beträgt die tägliche mittlere Tagestemperatur 20 bis 22° Wärme; sie kann aber auch bis 28° R. steigen. Pflanzen des südlichen Klimas gedeihen daher bei den Bädern im Freien und die Catalge wächst hier zum hohen Baume heran. Nebel sind in den Bädern unten selten, und darum können dieselben auch noch im Spätherbst von Gästen besucht werden. Die Zahl der Badegäste beläuft sich jährlich auf viele Tausende, und die grössern Badekurhäuser sind: Rabe, Blume, Freihof, Hinterhof, Limathof, Ochs, Schweizerhof, Schiff, Sonne, Staadhof und Verenahof, die alle ihre eigenthümlichen Bäder haben.

Gasthöfe, ohne eigenthümliche Bäder, sind: 3 Eidgenossen, Hörnli, Rössli, drei Sterne, Sense. In den kleinen Bädern: Adler, Engel, Hirsch, Rebstock, Schwan, Stern.

68. Biberstein, Wildegg gegenüber, mit einem guten Brunnenwasser, das im Winter wärmer sein soll, als im Sommer. Hier sollen Kröpfe und Fälle von leichterm Cretinismus durch längern Aufenthalt geheilt worden sein, was für Jodgehalt des Wassers

jedoch in geringerm Grade, als das von Wildegg sprechen dürfte.

69. Brestenberg. (1430′ ü. M.). Diese sehr zweckmässig eingerichtete Kaltwasserheilanstalt am Hallwilersee bietet warme und kalte Sturz-, See- und Wellen-Bäder, und zugleich Milch- und Molkenkur. Sie geniesst ein mildes, freundliches Klima, und hat eine sehr schöne Aussicht auf den Hallwilersee und den weiten Kranz der Alpen von der Rigi bis zum Pilatus und den Firnen des Berneroberlandes. Ihr Besitzer ist Dr. Erismann.

70. Das Laurenzenbad (1594′ ü. M.) ist eine Stunde von Aarau entfernt, und hat eine kalkartige Quelle, welche gegen Hautkrankheiten gebraucht wird. Seine schöne abgeschlossene Lage macht es als Luftkurort ganz geeignet, und sind daselbst auch Milch und Molken zu haben.

71. Das Jungfern- oder Mädchenbad bei Schongau. Nicht weit von dem luzernerischen Dorfe Schongau, das oben auf dem Rücken des sanften Lindenberges, über dem Hallwilersee liegt, befindet sich in sehr geschützter und aussichtreicher Lage das alte Schongauer- oder Jungfernbad. Nach Annahme des Stadtarztes Dr. Kappeler von Luzern soll seine Quelle alkalisch sein. Das Bad wird von Bewohnern der Umgebung häufig besucht, und eignet sich durch seine Lage (2050⁰ ü. M.) ebenfalls zu einem Luftkurorte.

72. **Schinznach.** Diese in grossartigem Style angelegte Kuranstalt, die einen europäischen Ruf besitzt, liegt ganz nahe an der Eisenbahn von Aarau nach Zürich, an der von Brugg nach Aarau führenden Landstrasse, unweit der Aare, in einem reichgesegneten fruchtbaren Gelände, und ist von schönen Park- und Gartenanlagen rings umgeben.

Die Anstalt wird jährlich von beiläufig tausend Kurgästen aus allen Ständen besucht. Oestlich von derselben ragt auf dem Wülpelsberge die alte **Stammburg der Habsburger** weit in den fruchtbaren Aargau hinaus.

Die warme erdigsalzige Schwefelquelle mit einer Temperatur von 27 bis 28° R. sprudelt in verschiedenen Wasseradern aus mehreren Spalten des stark zerklüfteten Kalkfelsens in reicher Fülle hervor. Sie enthält Kali, Natron, Kalk, Magnesia, Ammonium an Schwefelsäure, Chlor und Kohlensäure gebunden; Thon- und Kieselerde; Spuren von Eisenoxydul; freies kohlensaures Gas und Schwefelwasserstoff, sowie Stickgas in geringer Menge.

In naturgemässer Wirkung erhöht das Schinznacherwasser die Thätigkeit des Gefässsystems sowie der Verdauungsorgane und ihrer Ausscheidungen; der Haut, der Lungenschleimhaut, sowie jener der Harn- und Geschlechtsorgane. Als wahres Gegengift dient es bei Arsenik-, Blei- und Quecksilbervergiftungen, sowie bei Wurmbeschwerden. Bei entzündlichen Erscheinungen in den bezeichneten Organen ist das Schinznacherwasser zu meiden.

Dasselbe wird zur Kur empfohlen: bei Unterleibsleiden in Folge gehemmter Ausscheidungen, als Leberanschwellungen, Hämorrhoidalbeschwerden und Milzstockungen; bei Knochen- und Drüsenskropheln von mehr reizloser Art, besonders bei skrophulösen Augenentzündungen mit Verdichtung der Augenlieder; bei Gicht und chronischem Rheumatismus; bei schlummernder allgemeiner Syphilis; bei Bleichsucht und Regelstörung, besonders in der Entwicklungsperiode; bei chronischen Schleimflüssen; bei allgemeinen und örtlichen Schwächezuständen; bei Nervenleiden in Folge gestörter Hautthätigkeit; bei Knochenleiden mit Beinfras; bei Geschwüren und Wunden; und endlich bei langwierigen Hautkrankheiten, voraus Flechten von allen Formen, mit denen zwei Dritttheile der Kurgäste behaftet sind; ebenso bei chronischem Nesselausschlag, Hautrose und Krätze.

Die Kurzeit in Schinznach beginnt mit Mitte Mai, und endigt mit Schluss des September. Das Wasser wird sowohl zur Trink- wie zur Badekur verwendet. Bei letzterer stellt sich gegen den 11. Tag ein Badeausschlag ein. Bei Skrophelleiden, sowie bei allgemeiner Syphilis wird das benachbarte Wildeggerwasser zur Trinkkur neben den Bädern von Schinznach verwendet zu $1/_2$ bis 1 Glas bei Erwachsenen.

73. Soolbad bei Rheinfelden. Auf der

Südseite der Stadt Rheinfelden liegt in schöner und fruchtbarer Gegend das 1846 gegründete Soolbad „zum Schützen"; (841' ü. M.). Das Kurhaus hat 52 Zimmer mit 80 Betten, und 14 Badezimmer mit 24 Wannen. Das Klima ist mild und gesund.

Die Mutterlauge der Soole enthält Kali, Natron und Kalk, an Schwefelsäure gebunden, Chlornatrium und Chlormagnesium, kohlensauren Kalk, Magnesia und Eisenoxydul, phosphorsaure Thonerde, Bromnatrium, Kieselerde, Salpetersäure, organische Materie und freie Kohlensäure. Sie wird empfohlen: bei allen Skrophelformen und chronischen Hautausschlägen; bei Gicht und sekundärer Syphilis; bei Lähmungen, Nervenschwäche nach schweren Krankheiten; bei Blutmangel und Skorbut; bei Lungenverschleimungen; schwächendem Durchfall und weissem Fluss; bei skrophulöser Augenentzündung, mit örtlichen Augenbädern, und Trinkkur von Wildeggerwasser. Bei chronischer Ohrenentzündung Einspritzungen mit Soole, Gasdouche von Kohlengas, auch Sooledunst. Man kann in Rheinfelden auch Milch- und Molkenkuren machen. Die Kurzeit dauert von 15. Mai bis 15. Oktober.

Leiter und Eigenthümer der Kuranstalt ist Hr. Arzt Bürgi in Reinfelden.

Die klimatischen Kurorte des Kanton Solothurn.

Dieselben gehören alle der Voralpenregion an. Sie sind:

74. Die Frohburg. Diese äusserst geschmackvoll im Berneroberländerstyle erbaute Kuranstalt ist nur eine Viertelstunde von den Eisenbahnstationen Olten und Läufelfingen entfernt, und liegt auf einer Alp östlich vom Hauensteinpass auf der südlichen Abdachung einer kleinen Jurabergkuppe (2601' ü. M.). Der hübsche Speisesaal fasst 120 Personen, und in der anstossenden Gallerie, welche durch eine Glaswand geschützt wird, können ebenfalls 100 Personen speisen. Die Anstalt zählt 36 Gastzimmer mit 56 Betten. Sie ist nach Süden hin frei, nach Nordwesten aber durch ein Wäldchen geschützt, das oben auf der Bergkuppe beginnt, und in dem sich schöne schattige Spaziergänge befinden. Die Anstalt ist weiter von hübschen Anlagen umgeben, in denen man sich, in schattiger Ebene, genügliche Bewegung gewähren kann. Weitere Spaziergänge sind: nach den Sennhöfen Erli- und Wysenhof nach dem Bade Losdorf und über den Sennhof Riesen in $\frac{1}{2}$ Stunde auf den Hauensteinpass.

Die Aussicht auf Frohburg umfasst den ganzen Alpengürtel vom hohen Säntis bis zum Montblanc in aller seiner Pracht.

Die geschützte Lage des Kurhauses und seine herrliche Aussicht sowie die reine Luft machen diesen Kurort zu einem recht idyllischen Aufenthalt für schwache Personen, namentlich für genesende Brustkranke und Erholungsbedürftige. Die Kurmittel sind neben der herrlichen Luft würzige Molken und Milch, auch Molkenbäder.

Die Anstalt ist für Kuristen der wohlhabenden Klasse eingerichtet, und wird auch vorzugsweise von den reichen Baslern besucht.

Auf der der Anstalt gegenüber liegenden Bergkuppe bemerkt man noch Trümmerreste der einst so mächtigen Frohburg. Hier waren die Mörder Kaiser Albrechts verborgen, bis sie, von einem Grafen von Nidau ausgekundschaftet, eiligst weiter fliehen mussten.

75. Der Weissenstein. Dieser berühmte Kurort liegt auf der vordersten Jurakette (3949' ü. M.) nördlich von der freundlichen Stadt Solothurn, und hat eine umfassende Fernsicht über den grössern Theil der Schweiz bis hin zum Alpenkranze vom Säntis bis zum Montblanc, deren Umrisse indessen dem Auge ferner liegen, als auf den berühmten Aussichtsbergen der Innerschweiz. Noch ausgedehnter ist die herrliche Aussicht auf der eine halbe Stunde entfernten Röthifluh und Hasenmatte. Das Kurhaus ist ein geräumiges Gebäude, das in 30 Zimmern Platz für 50 Kurgäste hat. Es hat 3 Badezimmer für Molkenbäder. Der Berg hat einen besonders üppigen Pflanzenwuchs. Bis zum Gipfel hinauf wachsen schattige Buchen und dunkle Tannen, und entfaltet eine seltene Alpenflora für den Pflanzenkundigen ihre reichen Schätze, wie wohl selten auf einem andern Berge gleicher Höhe. Die freistehende Lage des Kurhauses macht sein Klima

ziemlich bewegt, indem dasselbe allen Wind zugänglich ist, unter denen die Ost- und Westwinde vorherrschend sind. Die Kuppen der Röthi und Hasenmatt brechen indessen die Heftigkeit derselben. Die mehr südliche Lage machen das Kurhaus der Sonne wie den südlichen Winden ganz zugänglich. Dennoch wird die Luft nie drückend schwül und ermattend. Bei bedecktem Himmel und stärkeren Windzügen wird sie leicht kühl, und bei herrschenden Nord- und Ostwinden sehr empfindlich kalt, daher man sich leicht erkälten kann. Die Nächte, besonders vor Sonnenaufgang, sind kalt, der Abend ist luftig und kühl, der Mittag dagegen bei schönem Wetter im Hochsommer sehr warm. Der Barometerstand ist $2\frac{1}{4}$ Zoll und der Thermometer $2,5^0$ R. niedriger als in Solothurn, und ebenso die Luft trockener. Oft lagern um den Weissenstein wie um den Pilatus Wolken bisweilen nur Stunden, häufig aber auch Tage lang, und hüllen die Kurgäste in dichten Nebel ein. Ebenso oft aber überblicken diese von der erhabenen Warte aus ein weites silbern wogendes Nebelmeer bis hin zu den Alpen, aus dem die höhern Berge wie Inseln aus dem Ozeane hervortauchen. Wenn die warme Herbstsonne vom wolkenlosen blauen Himmel ihre Strahlen hinabsenkt in dieses glänzende Gewoge, dann entwickelt sich ein Naturschauspiel, an dem sich das Auge nicht satt sehen kann. Noch erhabener wird dasselbe, wenn schwere Gewitterwolken sich zu den Füssen des Zuschauers entladen. Zuckende Feuerschlangen der Blitze fahren alsdann aus den düstern' Wolken aufwärts und abwärts, der Donner kracht, dass die Vesten der Bergen zu erzittern scheinen, und der Hagel prasselt mit schauervollem Getöse hinunter auf gesegnete Fluren und Felder. Nicht selten erblickt man auf dem Weissenstein die merkwürdige Erscheinung der Luftspiegelung (*fata morgana*) und der mitunter so komischen Nebelbilder, in denen der Kurist seinen dunkeln Schatten in einer Menge von farbigen Kreisen als Mittelpunkt erblickt.

Das Klima des Weissensteins ist, wenn auch etwas frisch, doch sehr gesund. Für Schwindsüchtige passt dasselbe nicht, wohl aber vortrefflich für alle Personen, deren Unwohlsein von Trägheit und Erschlaffung des Körpers und zwar besonders der edlern Organe herrührt. Hieher gehört das Heer nervöser Beschwerden, welche von einer sitzenden Lebensweise, von übermässiger geistiger Anstrengung, von Gemüthsbewegungen und schwächendem Säfteverluste herrühren. Ebenso passend ist der Weissenstein bei Bleichsucht, bei langsamer Genesung, und Skrophelleiden, bei welchen jedoch die Lungen nicht in Mitleidenschaft gezogen sein dürfen. Auf dem Weissenstein beobachtet man bei Kuristen sehr häufig das **Bergfieber**. Desshalb gibt Dr. Kottmann denselben den Rath, sich wohl mit warmen Kleidern zu versehen, gegen Mittag oder jedenfalls vor Abend den Berg zu ersteigen, und die ersten Tage der Kur vor Sonnenaufgang und nach Sonnenuntergang nicht ins Freie zu gehen.

Als Kurmittel werden Milch und Molken sowie das frische Quellwasser getrunken. Der jetzige Kurwirth ist der Besitzer des Gasthofes zur Krone in Solothurn, Herr Gschwind, der mit anerkennungswerther Mühe den Kurort zu einem der besuchtesten in der Schweiz emporgehoben hat.

75. Balmberg und Schmidmatten. Diese Kuranstalt liegt eine Stunde unterhalb derjenigen des Weissensteins in sehr geschützter Lage, und eignet sich ganz besonders für Brustkranke. Ebenso das Sennhaus auf der Schmidmatten, $^1/_2$ Stunde nördlicher, beide in einem schmalen Längenthale gelegen, welches zwei niedrige Bergzüge begränzen. Neben Brustkranken eignet sich der Aufenthalt daselbst auch für nervenschwache und bleichsüchtige Personen, denen das Klima des Weissensteins zu bewegt und rauh ist. Beide Kuranstalten sind viel billiger als der Weissenstein, und daher für Leute aus dem Mittelstande.

Klimatische Kurorte des Kanton Basel.

Dieselben befinden sich theils in der Hügeltheils in der Voralpenregion, und haben mehr eine nur örtliche Bedeutung, indem sie meist nur von Gästen aus der Umgebung besonders aus der Stadt Basel besucht werden. Bemerkenswerth aus der Hügelregion sind folgende:

76. **Schauenburg.** Dieser Ort hat eine sehr schöne Lage (1750′ ü. M.) mit weiter Fernsicht, und ein kalkerdehaltiges Wasser, Milch und Molken. Es wird benutzt bei Katarrhen des Magens und der Lungen.

77. **Kilchzimmer und Frenkendorf.** (1038′) sind ebenfalls nennenswerthe Milch-, Molken- und Luftkurorte, die indessen nur von der Umgebung besucht werden.

78. **Langenbruck.** Dieser Kurort (2209′) liegt auf der Strassenhöhe des obern Hauensteins in sehr geschützter Lage, indem er rings von Bergen umschlossen und namentlich nach Norden und Westen vor rauhen und feuchten Winden bewahrt ist. Das Klima ist sehr mild. Die Umgebungen sind schön. Die Mehrzahl der Gäste kommt aus dem Elsass, von Mühlhausen und Basel, und steigt bis 500. Sie finden in Privathäusern Aufnahme. Dr. Bider daselbst hat 15 Gastzimmer für Kurgäste, und eine Einrichtung für kalte Bäder. Die Kurmittel sind Kuh- und Ziegenmolken, die von den benachbarten Sennereien jeden Morgen frisch ins Dorf geliefert werden, oder die man auch in der nur eine Viertelstunde entfernten Sennerei Schönthal warm aus dem Sennkessel trinken kann.

Nach ärztlicher Erfahrung eignet sich Langenbruck besonders bei langwierigen Katarrhen; Lungenknotensucht selbst noch im zweiten Stadium; bei Ausschwitzungen des Brust- und Bauchfells; Magenleiden und Verdauungsstörungen.

79. **Die Seebadanstalt Schweizerhall.**
Dieselbe liegt nahe am Ufer des Rheines, an der
Heerstrasse von Basel nach Zürich, eine Stunde von er-
sterer Stadt entfernt, und nahe bei der Eisenbahnstation Pratteln (840' ü. M.). Sie kann 60 Kurgäste aufnehmen. Das Klima ist sehr mild und die Lage angenehm. Vom Garten der Anstalt aus geniesst man eine
entzückende Aussicht auf den still und ruhig dahin
fliessenden Rhein und den gegenüberliegenden Schwarzwald. Die beinahe vollgradige, reine Soole enthält salz-
und schwefelsaures Natron, schwefelsaure Magnesia,
salzsauren Kalk und Magnesia, schwefelsauren Kalk,
Magnesia und Kali, Chlornatrium, Kieselerde, Thonerde
und Eisenspuren. Schweizerhall wird benutzt bei
allen skrophulösen Leiden, selbst Augenentzündungen
und hartnäckigen Ausschlägen, Anschwellungen der
Drüsen, auch des Halses. Ebenso bei rheumatischen
Beschwerden, Gelenkanschwellungen, Geschwürbil-
dungen, bei Unterleibsstockungen, Hämorrhoiden,
Hypochondrie, Schwermuth; bei Regelstörungen und
Schleimflüssen der Lungen, des Darmkanals, der
Harn- und Geschlechtsorgane; bei Bleichsucht und
Nervenschmerzen. Bei skrophulöser Augenentzündung
mit Baden der Augen in der Soole und gleichzeitig
Trinkkur des Wildeggerwassers in kleinen Gaben

VI. Klimatische Kurorte der Westschweiz.
Die klimatischen Luftkurorte des Kanton Bern.

Hieher gehören vor Allem die weltberühmten Sammelpunkte der sogenannten vornehmen Welt im Berneroberlande, und zwar:

In der Hügelregion.

80. **Thun.** Die freundliche Stadt am Ausflusse der Aare aus dem reizenden Thurnersee (1730′ ü. M.) dient vorzugsweise als Uebergangsstation für Kurgäste der Niederungen nach den Alpenkurorten.

Dr. Helfft in Berlin empfiehlt Thun wie Wäggis und Beckenried für Lungenkranke besonders mit Lungenknoten während der grössern Sommerhitze, wenn es in Interlacken zu heiss geworden ist. Es hat mehrere Kurhäuser. Empfehlenswerth ist besonders der Gasthof Baumgarten neben dem Schlosse mit prächtiger Aussicht auf der Gartenterrasse. Dann die sogenannte Villette, Bellerive in Hochstetten, Pension Löwe. Preis 3½ bis 5 Frk.

Das Klima in Thun und am See ist milder als in Bern, aber frischer als in Interlacken.

81. **Interlacken.** Zwischen dem Thuner- und Brienzersee haben im Laufe der Zeiten die beiden aus dem Hochgebirge herabströmenden Lutschinen

einen Schuttboden aufgehäuft, das B ö d e l i genannt, (1725') den nun ein herrlicher Rasenteppich mit riesenmässigen Wallnussbäumen bedeckt, und der eine Anzahl von Oertlichkeiten umfasst, welche zusammen I n t e r l a c k e n heissen.

Man unterscheidet das Städtchen Unterseen, die Insel Spielmatten, das Dorf Aarmühle, den schönen Höhenweg, und den Oberamtssitz Interlacken. Der ganze Boden ist mit Gasthöfen und sogenannten Pensionen überfüllt, wo man nach Wunsch theuer oder billig leben kann. Billig lebt man im w e i s s e n K r e u z, im Gasthof J u n g f r a u b l i c k , Pension R i t s c h a r d, Pension B e a u - s i t e, dann in B ö n n i g e n in den Pensionen U l f e r, F. V o g e l, F i s c h e r und D r. V o l z. In den andern Gasthöfen , in denen die reiche Welt Europa's und die Hochgesellschaft Amerikas sich zusammenfindet, lebt man freilich etwas theurer. Die Kurpreise schwanken zwischen 4 und 7 Frk., ohne Wein.

Das Klima von Interlacken ist sehr mild, gegen den Ost- und Nordostwind geschützt, dem Südwinde dagegen offen. Im Hochsommer wird die Hitze oft lästig, daher alsdann ein höhergelegener Aufenthalt oder ein solcher an einem See aufgesucht werden muss. Der Morgen und Abend wird durch den Luftstrom, der von den Firnen herabkommt, angenehm erfrischt, und die Temperatur abgekühlt. Nach Sonnenuntergang nämlich fängt die auf den Schnee- und Eisfeldern der Hochalpenwelt liegende kalte Luft vermöge ihrer Schwere an, ins Thal herabzusinken, wie die warme Thalluft in die Höhe steigt. Dieses dauert bis in den Morgen hinein, wo dann die umgekehrte Luftströmung eintritt. Je beständiger die schöne Witterung ist, um so mehr zeigt sich dieser Morgen- und Thalwind in Interlacken. Die Wärme in Interlacken wird durch die Verdunstung der beiden Seen immer etwas gemässigt, und ist meist um 2 Grad niedriger als in Bern. Im Jahr 1857 betrug sie in Interlacken 25^0 R., in Bern dagegen 27^0 R. Die mittlere Temperatur der Sommermonate in Interlacken betrug nach Beobachtung von Dr. Strasser im Jahre 1857 im Juli $14^0,83$, im Juli $16^0,85$ im September $13^0,56$. Das Jahresmittel betrug $+ 8^0,4$ R. und übersteigt das von Bern bedeutend.

Die feuchtwarme Luft von Interlacken eignet sich besonders bei Nervenleiden schwächlicher Personen, bei Blutarmuth, Lungenknotensucht ohne entzündliche Reizung, bei Skropheln, chronischen Katarrhen.

Als Kurmittel spielen die Molken in Interlacken eine grosse Rolle. Zwei grosse Molkenanstalten beschaffen dieselbe in vorzüglicher Güte. Auch als Bäder werden sie häufig in Gebrauch gezogen, und sollen, 16 bis 20 an der Zahl genommen, ohne Ausnahme überraschende Erfolge darbieten.

Auch See- und Flussbäder werden häufig angewendet. Die Temperatur des Thunersees ist etwas höher, als die des Brienzersees und der Aare. Endlich werden in Interlacken auch noch Erdbeerenkuren gemacht, und zwar nach der Anweisung von Dr. Strasser gegen Gicht, allgemeine Vollblütigkeit und Unterleibsstockungen. Dieselben können den ganzen Sommer über in Interlacken alle Tage frisch bezogen werden.

Zu Spaziergängen und Ausflügen bietet die liebliche und grossartige Umgebung eine reiche Fülle von hübschen Zielpunkten. So die Wasserfälle des Giessbachs; des Reichenbachs und Staubbachs, die Grindelwaldgletscher; Brienz, Meyringen, Weissenburg, Heustrich.

82. Lauterbrunnen. Bisher ist dieses liebliche Gebirgsthal mit seinem weltbekannten Staubbach alljährlich mehr das Wanderziel von tausend und aber tausend Touristen, als von Genesung und Erholung suchenden Kuristen gewesen, doch ist es unzweifelhaft, dass das herrliche Alpenthal sich ganz gut zu einem klimatischen Alpenkurort eignen dürfte. Im Gasthof zum Steinbock ist für gute Verpflegung gesorgt.

83. Meyringen. Das sehr anmuthig am Eingange ins Haslithal gelegene Pfarrdorf (1865' ü. M.) ist von hohen Bergen umgeben, in einer weiten Ebene, in der verschiedene Alpenwege zusammentreffen. Hier mündet nämlich der Weg von Wasen an der Gotthardstrasse über den Sustenpass aus, sodann die Brünigstrasse nach Obwalden und Luzern, und endlich der über die Scheidegg nach Rosenlaui und

Grindelwald. Eine Menge fremder Reisender treffen hier zusammen, und beleben Meyringen. Neben der milden Luft sind Milch und Molken als Kurmittel zu haben.

84. **Brienz.** Die lieblich am malerischen Brienzersee gelegene Hochschule der Oberländerholzschnizereien (1750') eignet sich vorzüglich zu einem längern Aufenthalte für Luftveränderungen.

Der Gasthof **Giessbach** ist zur Aufnahme von Kuristen sehr bequem eingerichtet, und in geschützter Lage. Der prächtige Giesbachfall verleiht der Luft stetsfort Feuchtigkeit und Kühlung, und Milch und Molken werden täglich frisch aus der zwei Stunden entfernten Albisalp herbei geschafft. Der Kurpreis beträgt je nach der Lage der Zimmer 6 bis 10 Frk.

85. **Heustrich.** Am östlichen Abhange des aussichtreichen Niesens, nicht weit vom Ufer der jugendlich daherbrausenden Kander, liegt zwischen grünen Wiesen und Wäldern (1940' ü. M.) der rasch aufblühende Kurort **Heustrich.** Derselbe hat drei Mineralheilquellen, welche kohlensaures Natron, Kali, Magnesia, schwefelsaures Kali und Natron, Chlornatrium, Kieselerde, phosphorsauren Kalk, Eisenoxyd, Stickstoff und Schwefelwasserstoff enthalten.

Es bewirkt zuerst Schläfrigkeit und Eingenommenheit des Kopfes, hierauf Vermehrung der Harn- und Hautausscheidung mit deutlichem Schwefelgeruche. Es wird empfohlen gegen chronischen Schnupfen und

Luftröhrenkatarrh, und zwar mehr zur Trinkkur, denn als Bad; bei chronischem Magenkatarrh, Blasenkatarrh und katarrhalischen Leiden der Geschlechtsorgane; endlich bei chronischen Rheumatismen und Neurosen; bei Skropheln und Bleichsucht; bei chronischer Metallvergiftung, besonders von Blei.

Das Klima von Heustrich ist wegen seiner geschützten Lage sehr gemässigt, aber im Hochsommer nur zu heiss, daher es dann besser mit Gurnigel vertauscht wird.

In der Voralpenregion.

86. Langnau. Dieser schöne und reiche Hauptort des fruchtbaren Emmenthals, die Börsestadt des Emmenthaler-Käsehandels und der Leinwandfabrikation, der Endpunkt der Berner Staatseisenbahn, liegt zwischen lieblich grünen Wiesen und mässig hohen Bergen (2068' ü. M.), und ist für einen Luftkurort ganz geeignet, obwohl er noch wenig zu diesem Zwecke besucht wurde. Milch und Molken, sowie frisches reines Wasser sind leicht zu haben.

87. Weissenburg. In tiefer und enger Schlucht des Buntschigrabens wie das Bad Pfäffers wohl versteckt, liegt dieses berühmte Heilbad, in einem Seitenthälchen des Simmenthals, von allen Windströmungen wohl geschützt, aber nur wenige Stunden des Tages den Sonnenstrahlen zugänglich. Die Luft in der engen Schlucht ist feucht und warm,

kühlt sich aber nach Gewittern bisweilen wieder rasch ab. Das Bad liegt noch eine halbe Stunde vom Dorfe Weissenburg entfernt, (2759' ü. M.) und besteht aus dem alten und neuen Kurhause, welche beide bei 300 Kurgäste aufnehmen können und sich durch Reinlichkeit und Ordnung unter der Leitung der Gebrüder Müller auszeichnet.

Die Mineralquelle hat eine Temperatur von 22° R. und riecht bisweilen sehr deutlich nach Schwefelwasserstoff. Sie enthält schwefelsaures Natron, Kali, Kalk, Magnesia, schwefelsauren Strontian, kohlensauren Kalk und Magnesia, phosphorsauren Kalk, Chlornatrium und Chlormagnesium, kieselsaures Natron, Kieselerde, Eisenoxydul, Eisenoxyd, Manganoxyd, Lithiumsalze, Jodverbindungen, kohlensaures Gas, athmosphärische Luft, Sauer- und Stickstoff. Das Wasser wird vorzugsweise als **Kurmittel** zur **Trinkkur** gebraucht, sehr selten zum Baden. Es wird vorzugsweise angewendet: bei Kehlkopf- und Luftröhrenleiden mit Schwindsucht und Blutspeien; bei Verwachsungen und Vereiterungen des Bauchfelles in Folge Entzündung und Verdichtung des Lungengewebes, und wirklicher Lungenschwindsucht im ersten und zum Theil auch noch im zweiten, niemals aber im dritten Stadium. Endlich noch als Erleichterungsmittel bei organischen Herzleiden.

Weissenburg wird von Anfangs Juni bis Ende September von Kuristen besucht. Gewöhnlich wird das Wasser nur Morgens zwischen 5 und 7 Uhr getrunken, bisweilen auch Morgens und Abends. Man beginnt mit einem Schoppenglase und steigt bis auf 8 Gläser, indem man unter steter Bewegung von Viertelstunde zu Viertelstunde 1 Glas trinkt. Man bleibt etwa eine bis zwei Wochen auf der Höhe der Kur, und fällt dann wieder täglich um ein Glas bis zu Ende derselben, die 3 bis 4 Wochen dauert. Wenn man Abends trinkt, so nimmt man nur 2 Gläser. Uebersteigt man dieses Maas, so werden die Wirkungen des Wassers nur zu stark. Bisweilen, namentlich bei schwächlichen Kranken, muss das Wasser mit Milch und Molken gemischt werden. Als Nachkur ist ein mehrtägiger Aufenthalt in Interlacken, und bei Unterleibskranken auf dem Gurnigel zu empfehlen.

88. **Gurnigel.** Dieser Kurort 3554′ ü. M. liegt am nördlichen Abhange der Stockhornkette. Er ist nächst Schinznach im Aargau der grösste in der Schweiz, indem er in 100 Zimmern 250 Gäste beherbergen kann. Den Hauptbesuch verdankt der Gurnigel allerdings seinen berühmten beiden Schwefelquellen, dem Stockwasser und Schwarzbrünneli. Jedoch hat er als klimatischer Kurort eine ebenso gewichtige Bedeutung. Die Lage des Gurnigels kann nämlich nur mit jener der Rigikurorte und des Weissensteins verglichen werden.

Durch den breiten Rücken des Gurnigels ist die Kuranstalt gegen die Südwinde abgeschlossen. Ihre Aussicht ist eine der grossartigsten in der ganzen

Schweiz, indem man den grössten Theil ihrer Ebene von den Emmenthaler- bis zu den Neuenburgerbergen, und ebenso den ganzen Alpenkranz vor Augen hat.

Das Klima von Gurnigel ist frisch, erregend, stärkend, aber grossem Wechsel der Luftwärme unterworfen. Die mittlere Temperatur steht immer einige Grade tiefer, als diejenige von Bern. Besonders sind Morgen und Abend hier frischer als im Thal. Der Feuchtigkeitsmesser zeigt eine stärkere Sättigung mit Wasserdünsten in der Luft, und der Temperaturwechsel erfolgt viel rascher, als in der Ebene. Ein einziges Gewitter erkältet rasch die Luft, und bei anhaltendem Regenwetter fällt der Wärmemesser tief. Die Kuristen müssen daher stets eine vollständige Winterkleidung auf den Gurnigel mitbringen, wenn sie sich nicht leicht verkälten wollen.

Sowohl das Stockwasser wie das Schwarzbrünneli enthalten schwefelsauren Kalk und Strontian, Kali, Natron und Magnesia, unterschwefeligsauren Kalk, phosphorsauren und kohlensauren Kalk, kohlensaure Magnesia, kohlensaures Eisenoxydul, Kieselerde, Schwefelkalcium, Schwefelmagnesium, Schwefelwasserstoff, Stickstoff, freie Kohlensäure.

Das Schwarzbrünneli enthält indessen $13\frac{1}{3}$mal mehr Schwefelwasserstoff, als das Stockwasser, ebenso gelöste Schwefelmetalle und freie Kohlensäure, dagegen führt das letztere mehr Gyps und schwefelsaure Magnesia.

Die Wirkung der beiden Schwefelquellen ist einerseits auflösend, verflüchtigend, andererseits durch den Gehalt von Eisenoxydul stärkend anregend. Es erzeugt zuerst ein eigenthümliches rauschähnliches Eingenommensein des Kopfes und Neigung zur Verstopfung. Vom fünften Tag an: Kopfschmerz, Schläfrigkeit und Abspannung, herumziehender Schmerz, vermehrte Harnabsonderung. Wird mit der Wassermenge bis auf 10 Glas gestiegen, so beginnt dann seine abführende Wirkung. Die Ausleerungen sind breiig, von schwärzlicher Farbe, und haben einen eigenthümlichen Geruch nach Schwefelwasserstoff. Dieselben hören einige Stunden nach dem Trinken auf, und die Kuristen sind den übrigen Theil des Tages davon befreit. Mit den vermehrten Stühlen steigert sich die Esslust und die Harnabsonderung mit kritischen Niederschlägen. Das Stockwasser wirkt rascher auf den Darmkanal als das Schwarzbrünneli; dagegen wirkt das letztere mehr auf das Nervensystem.

Das Gurnigelwasser wird angewandt gegen Krankheiten des Darmkanals, und zwar gegen chronische Gaumen- und Magenentzündung; Magenkrampf, chronisches Erbrechen, nervöse Kolik, Unthätigkeit des Darmkanals, chronischen Durchfall, Wurmbeschwerden, Hämorrhoidalübel, Nervenleiden verschiedener Art, wie Hypochondrie, Hysterie, Nervenkopfweh; gegen Bleichsucht, Störungen der Periode; bei Blutflüssen der Gebärmutter aus Schwäche; bei katarrhalischen Leiden der Lungenschleimhaut und der Blase; bei chronischen Hautausschlägen, besonders bei Anlage zu Eisenbildung und Krampfaderfussgeschwüren; bei Skropheln, Gicht und allgemeiner Schwäche, in Folge von Säfteverlusten.

Die Kurzeit beginnt mit den 10. Juni und endigt mit dem 10. September. Die Bewirthung wird unter ihrem gegenwärtigen Inhaber, Hr. Hauser von Wädenschwil, Bruder der Hrn. Gebrüder H a u s e r im Schweizerhof zu Luzern, sehr gelobt.

89. Z w e i s i m m e n. Der Kurort liegt im wiesengrünen Obersimmenthal (3017′ ü. M.), beinahe vier Stunden oberhalb Weissenburg, am Zusammenflusse der grossen und kleinen Simme, im breitesten Theile des Thales auf einer schönen Ebene. Die hohe geschützte Lage ist für klimatische Luft- und Molkenkur sehr geeignet, aber bisher noch wenig benutzt worden. Das Gleiche gilt auch von

90. G r i n d e l w a l d. Dieses sehr hochgelegene Dorf (3150′ ü. M.) mit den nahen Gletschern und Bergübergängen ist bisher mehr ein Zielpunkt für Touristen, als für Kuristen gewesen. Dennoch ist das Klima sehr gesund und die Lage geschützt. Die Temperatur ist im Sommer in Grindelwald bedeutend kühler, als in Interlacken; im Winter dagegen wärmer. Die Sommerjahreszeit ist gewöhnlich sehr heiter und angenehm. Typhus und Lungenschwindsucht sind bei den Thalbewohnern nicht bekannt. Der Aufenthalt in Grindelwald ist vorzugsweise bei ner-

vösen Zuständen zu empfehlen, welche zu ihrer Heilung Zerstreuung und Bewegung in freier Luft nothwendig haben.

Der Gastwirth zum Adler hat bereits ein Pensionshaus für Kuristen zu einem längern und ungestörtern Aufenthalte eingerichtet.

91. Rosenlaui. Das Rosenlauibad liegt 4125' ü. M., nahe am Zusammenflusse des Weissen- und Reichenbaches, am Fusse des Engel-, Wall-, Dosen- und Wellenhorns und ganz in der Nähe des prächtigen Rosenlauigletschers, in einem lieblichen kleinen Thälchen. Die Heilquelle enthält kohlensaures Natron, salzsaures Natron und Kali, schwefelsaures Natron, kohlensauren Kalk und Magnesia, Kiesel- und Thonerde, freie Kohlensäure, Stick- und Sauerstoff. Ihre Trinkkur wird empfohlen gegen chronischen Katarrh, und Stockungen im Unterleib; die Badekur bei gichtischen Leiden, veralteten Geschwüren und Beinfras. Weitere Kurmittel sind Milch und Molken.

In dem 1858 erbauten neuen Kurhause befinden sich 14 Badezimmer.

Hochalpenregion.

92. Engstlenalp. Die ehemalige Engstlenhütte, das nunmehrige Kurhaus, das von Major und Amtsschreiber Ratz von Meyringen 1856 erbaut worden ist, liegt 5715' ü. M., am Fusse des Jochs, im obern Theil der Alp, nicht weit von dem kleinen,

forellenreichen Engstlensee, aus dem die das Thal durchströmmende Engstlen frisch und klar entpringt. Das Kurhaus ist gegen Norden durch hohe Berge geschützt und steht nur dem warmen Südwind offen. Sein Klima ist verhältnissmässig sehr mild, die Luft stärkend, erregend. Das Trinkwasser hat 3° R. und ist frisch und rein. Nebenbei werden frische Ziegenmilch und Molken getrunken. Das Kurhaus geniesst eine sehr grossartige Bergansicht, von dem riesigen Titlisstock bis zur der Blümlisalp, dem Wetter-, Schreck- und Finsteraarhorn.

Von Engelberg erreicht man die Engstlenalp in 4, von Meyringen in $3^{3}/_{4}$ Stunden. Ein sehr romantischer Weg führt auch vom Melchthal hinüber.

93. Der Abendberg. Diese seit dem Ableben des Gründers, Dr. Guggenbühl, eingegangene, einst vielbesprochene Cretinenanstalt auf dem aussichtreichen trefflich gelegenen Abendberg, 3400' ü. M., ist, seit die Herrenhuter das Erbe ausgeschlagen, nun in neuester Zeit in einen klimatischen Alpenkurort umgewandelt worden. Die Lage ist vortrefflich, daher der Anstalt bei entsprechender Wirthschaft mit Grund eine schöne Zukunft vorausgesagt werden darf.

94. Mürren. Hoch über den schroff zum Himmel ansteigenden Felsenwänden des tiefeingeschnittenen Lauterbrunnenthals gelangt man auf einem sehr steilen, mitunter schwindligen Pfade in 3 kleinen Stunden zu einem kleinen, alten Alpendörfchen mit äusserst niedrigen schwarzen Hütten, und zwar 2584'

über dem Lauterbrunnenthal, und 5018' ü. M. Die grossartigste Gebirgsaussicht auf die Riesenberge und Gletscher des Berneroberlandes entfaltet sich vor dem trunkenen Blicke des erstaunten Wanderers, der sich nicht satt sehen kann.

In der Nähe des neuen Kurhauses, „zum Silberhorn" das etwa 40 Gäste aufnehmen kann, und dessen Bewirthung sehr gerühmt wird, bildet der wilde Schwadribach einen herrlichen Wasserfall. Mürren ist wegen seiner reizenden Luft, seines trefflichen Wassers, der würzigen Milch und aromatischen Molken zu einem stärkend erregenden Kurort ganz geeignet, und verdient daher mit Grund empfohlen zu werden, wo grosse Schwäche ohne empfindliche Reizbarkeit einer kräftigen Anregung dringend bedarf.

95. Wengernalp. Das freilich wenig geräumige Gasthaus mit 20 Betten liegt 5797' ü. M. unmittelbar am Fusse der himmelhoch sich aufthürmenden Jungfrau, von der in stillen warmen Sommernächten der Donner der Gletscherlawinen majestätisch von Felsen zu Felsen wiederklingt. Der erhabene Anblick der grossartigen Alpenwelt, die in ewigem Eis und Schnee den Menschen so grossartig anstarrt, hat etwas überwältigendes und die frische reine Alpenluft, die von den Gletschern herniederströmt, wirkt mit belebend schöpferischer Kraft auf die Brust, auf die Verdauung, und auf die Organe der Blutbereitung. Hier lebte der englische Schiller, Lord

Byron, längere Zeit, und verewigte in seinem „Manfred" diesen liebgewonnenen erhabenen Alpenaufenthalt.

Da indessen gewaltige Temperatursprünge häufig sind und ebenso mitunter starke Luftströmungen, so passt der Aufenthalt für empfindliche Personen nicht, und sind voraus Ueberzieher nicht zu vergessen. Zur Mittagszeit pflegen ganze Karawanen von Reisenden in der stillen Bergeseinsamkeit des „Gasthofes zur Jungfrau" zusammen zu treffen, die sowohl vom Lauterbrunnerthal, als von Grindelwald heraufgestiegen kommen, und eine Stunde lang durch ihr Zusammentreffen ein sehr reges Leben entfalten.

96. **Niesen**. Dieser würdige Nebenbuhler des Pilatus erhebt sich bis 7280′ ü. M., und ist von Wimmis aus in 5 Stunden ersteigbar. Auf seinem Gipfel geniesst man eine unvergleichliche Aussicht in die Oberländergletscherwelt, ähnlich der auf dem Faulhorn, die von Manchem derjenigen auf der Rigi und auf dem Pilatus vorgezogen wird. Auf dem Gipfel haben die Gebrüder Weissmüller ein wohleingerichtetes Wirthshaus hingestellt, in welchem auch Kuristen Aufnahme, und neben der frischen Alpenluft treffliche Milch und Molken finden. Bisher wurde der Berg noch wenig von Kuristen besucht, verdient es aber besonders von solchen zu werden, welche für rasche Temperaturwechsel weniger empfindlich, dagegen der stärkend erregenden Alpenluft bedürftig sind.

96. Grimselhospiz. In ödem Bergkessel 5750′ ü. M., und 945′ unter der Höhe des Grimselpasses, liegt das sogenannte Grimselhospiz oder Spital, von der Landschaft Oberhassli, als unentgeldliche Zufluchtsstätte für arme Reisende in diese unwirthbaren Höhen hingebaut. Für Unterhalt armer Durchreisender und deren Verpflegung sammelt der von der Landschaft gewählte Pächter oder „Spittler" in der Schweiz überall freiwillige Liebesgaben.

Kahle zerklüftete Felsenwände und zahlreiches Trümmergestein von denselben, zwischen deren Vertiefungen ewiger Schnee aufgehäuft ist, umgeben das nach dem Brande von 1852 neu aufgebaute Haus menschenfreundlicher Mildthätigkeit, in dem jedoch auch vermögliche Durchreisende und zeitweilige Kuristen gegen billige Preise gute Verpflegung finden. Im Hochsommer ist indessen das Haus regelmässig von Reisenden überfüllt. Es sind 50 Betten vorhanden. Die Zellen sind nur durch Bretterwände geschieden, so dass man selbst bis zur dritten Zelle hin das leiseste Geräusch leicht vernimmt. Hinter dem Hospiz liegt ein kleiner düsterer See in zwei Abtheilungen, der unmittelbar vom Gletscherwasser gespeist wird. Jenseits dieses ernsten Alpensees liegt eine kleine Alpenweide, das Seemätteli, die während wenigen Wochen die Kühe des Spittlers spärlich nährt. Hunderte von Geissen klettern an den steilen Fluhbändern meckernd herum und finden sich unten im Grimselgrund auf den Hornruf der Geissbuben zum Melken ein. Wegen der eingeschlossenen Lage ist das Klima trotz der ansehnlichen Höhe nicht rauh, und passt besonders für Unterleibskranke, Hypochondristen, Schwermüthige, und durch geistige Arbeit angegriffene Männer. Die frische Alpenluft und die nahe Gletscherwelt wirken sehr wohlthätig kräftigend auf den geschwächten Körper ein.

Die klimatischen Kurorte des Kanton Neuenburg.

Trotz seiner langgestreckten, durch ihren Gewerbsfleiss reichen und berühmten Jurabergthäler, deren rauhes Klima nur eine sehr dürftige Pflanzenwelt nährt, und die für Kuristen wenig einladend sind; trotz seiner reizenden Ufer am Neuburgersee besitzt dieser Kanton nur wenige klimatische Kurorte, von denen wir zwei als nennenswerth bezeichnen können, die beide in der Voralpenregion liegen, nämlich: Chaumond und Tête de Rang.

97. **Chaumond**. Dieser Berg erhebt sich zu einer Höhe von 3293′ ü. M. und liegt sehr schön im Angesicht der Centralhochalpen, auf die er einen herrlichen Ausblick gewährt. Er erhebt sich unmittelbar über den beiden freundlichen Städten Biel Neuenburg, von denen aus er mit Leichtigkeit erstiegen wird. Die Luft ist frisch und sehr belebend. Eine grosse Alpenhütte — das Schloss genannt —

ist in neuester Zeit in ein Kurhaus umgewandelt worden, und gewährt für eine freilich kleine Zahl von Gästen einen angenehmen Aufenthalt. Eine neue fahrbare Strasse führt hinauf.

98. Tête de Rang. Es ist dieses der höchste Juraberg im Kanton Neuenburg (4554' ü. M.). Hier steht ein kleines neugebautes Gasthaus, ursprünglich ein Vergnügungsreiseziel der Bewohner von Lachauxdefonds, nun aber auch für Kuristen sehr zweckmässig eingerichtet. Hübsche Spaziergänge und eine reizende Aussicht verleihen dem Kurorte viele Vorzüge, und derselbe wird besonders von Bleichsüchtigen, Hypochondristen und Genesenden von schweren Krankheiten besucht. Die Luft ist sehr frisch und stärkend, passt aber desswegen nicht für Brustkranke und solche, welche Neigung zu Blutfluss und Brustbeklemmung haben.

Klimatische Kurorte des Kanton Waadt.

Wir kommen auf unserer klimatischen Wanderung durch die Schweiz in die gesegneten Gefilde des Kanton Waadt, und zwar zuerst an die reizenden, rebenumlaubten Ufer des lieblichen Leman, nach den bereits weltberühmten klimatischen Kurorten des Ryf-Thales, von Vivis bis Chateau d'Oex. Hier finden wir in der Hügelregion folgende Kurorte:

99. Vivis. Zwanzig Fuss über dem alten Vibicum der Römer erhebt sich zwischen Weinbergen

Wiesen und Wäldern am herrlichen Genfersee die schön gebaute, gewerbthätige, kleine Stadt Vivis, (1154′ ü. M.). Von ihren schattigen Spaziergängen am Ufer des Sees und von zahlreichen freien Standpunkten aus geniesst man eine zaubervolle Aussicht auf den obern Theil des Lemansees und die über demselben sich kühn erhebenden Savoier- und Walliseralpen.

Ausgezeichnete geräumige Gasthöfe und zahlreiche Pensionen gewähren dem Kuristen bequemes Unterkommen zu einem längern und sehr vorzüglichen Aufenthalt in äusserst milder Luft, deren Hitze indessen die Nähe des Sees wohlthätig mildert.

Die Kurmittel in Vivis sind die milde Luft, Milch, Molken, Seebäder; dann im Herbste die immer mehr gesuchten, aber etwas kostspieligen Trauben, mit denen indessen die Weinbauern sehr knickerisch sind.

100. Montreux. Der grosse Kirchsprengel Montreux, welcher mehrere Gemeinden umfasst, und in amphitheatralischer Erhebung über dem See liegt, ist das weltberühmte Nizza der Westschweiz, welches in seinen zahlreichen Kurhäusern Gäste aller Nationen das ganze Jahr hindurch, sogar auch im Winter beherbergt. Am Fusse der Alpen, durch dieselben vor rauhen Nordwinden geschützt, geniesst es eine mildstärkende Bergluft, in einer Höhe von 1157′ ü. M. Wohl kann die Hitze hier bisweilen bis auf 30° steigen, aber ist dennoch nie so lästig, wie

anderwärts, weil von den Bergen immer wieder ein kühler Luftzug weht, und auch die Nächte angenehme Kühlung bringen. Neben dem Weinstocke und der Kastanie gedeiht hier im Freien der Lorbeer-, der Feigen- und Granatbaum. Vorzüglich günstig gelegen im Kirchspiel Montreux sind folgende Gemeinden und Pensionen:

101. **Glion** (2814') auf einem reizenden Bergvorsprunge, welcher wegen seiner ausgedehnten Aussicht auch die **Waadtländer-Rigi** genannt wird, unmittelbar über der Kirche von Montreux selbst, welche er wie ein Adlernest beherrscht, und am Fusse des Dent de Jaman. Zwei Genfer, die Herren **Turrettini** und **Mirabaud**, haben hier ein vortreffliches Kurhaus hergestellt, welches vorzugsweise als Molkenkur benützt wird. Der Kurpreis steigt von 5 bis auf 8 Frk. Höher hinauf findet man in Glion auch billigere Kurpreise. -

Die Luft von Glion ist frisch aber nicht rauh, noch heiss, weil sie stetem Wechsel unterworfen ist. Die Landesbewohner nennen daher das Kurhaus auch scherzweise: die „**Alphütte zu den vier Winden**". Der Aufenthalt auf Glion ist besonders Brustkranken im Hochsommer zu empfehlen, welchen die Hitze des Sommers unten am See zu beschwerlich ist. Das Gleiche gilt von der noch höher in der Bucht von Montreux auf dem Gebirgsabhang gelegenen Ortschaft **Les Chalets d'Avant** (3014'). Auch diese hat ein sehr reines und stärkendes Klima, und passt daher zu Luft- und Molkenkuren. Schon bedeutend niedriger (1927') liegt über Clarens und Vernex die Ortschaft Chernex, vom Nordwind abgeschnitten, dagegen dem Ostwinde offen. Die Luft passt besonders für empfindliche Personen, welche ein milderes Klima, als die beiden obigen Kurorte haben, bedürfen, aber doch ein kräftigenderes, als in Vivis und Montreux selbst. Es hat hier mehrere gute und billige Kurhäuser, zu 3 Frk., und der Aufenthalt kann nicht nur im Hochsommer, sondern auch im Frühling und Herbst empfohlen werden.

Alle diese höhern Lagen des Kirchspiels Montreux werden im Hochsommer von den Gästen aufgesucht, denen das wahrhaft südliche Klima von Montreux, Vernex, Sales und Chêne zu dieser Jahreszeit zu warm wird, während diese daher zu einem Winteraufenthalte im Frühling und Herbst für Bewohner der Meeresküsten das sind, was die Bergkurorte für jene unserer Städte.

Sämmtliche benannte vier Ortschaften liegen im Mittelpunkte der reizenden amphitheatralischen Bucht am Fusse der Alpen mit nach dem Süden offenem Zugange, und haben daher im Hochsommer eine sehr grosse Wärme. Nordwestlich von ihnen liegt sodann das freundliche Clarens, in Rousseaus Heloise verewigt, mit Kurpreisen von 3 bis 5 Frk.; mehr südöstlich Territet und Tevrité (4$^1/_2$ Frk.) und Veytaux (4 Fr.) Alle diese Kurorte werden alljährlich im Herbste zu Traubenkuren stark besucht.

102. Oben am Lemansee liegen die Kurorte Aehlen (Aigle) 1290′ ü. M. und Roche in geschützter Lage; dann noch höher Ollon (1893′ ü. M.) ganz zwischen prächtigen Kastanien- und Wallnussbäumen, der mildeste Ort der Schweiz und daher eine wahre Zufluchtsstätte für Lungenkranke. Eine treffliche Pension bei Frau Rosen, einer Deutschen.

Aehlen wird im Herbste wegen seiner trefflichen Trauben sehr besucht.

Bex und Lavey liegen beide im Rhonethal, 1227′ ü. M. Die erstere kleine Stadt ist von 3 Seiten durch Berge geschützt und von einem Bergbach durchflossen. Die Soolbäder von Bex mit Chlorkalciumgehalte werden häufig mit gutem Erfolge gegen skrophulöse Leiden gebraucht, ebenso bei chronischer Gebärmutterentzündung, Leberauftreibung und Verhärtung.

Bex ist im Frühling und Herbst eine ganz vorzügliche Zwischenstation für die hochgelegenen Alpenkurorte des Ormondthales. Lavey ist ein besuchtes Bad. Beide Orte leiden im Hochsommer durch unleidliche Hitze in dem tiefen Rhonethale. Sie dienen zu einem angenehmen Aufenthalte im Frühling und Herbst. Während den drei Sommermonaten aber thun die Kuristen wohl daran, diese Vorstationen zu verlassen und hinaufzuziehen in das sehenswerthe Ormondthal. Steigt man nämlich dem Laufe des brausenden Avençon entlang aufwärts, so kömmt man zu zwei Strassen, von denen die eine nach Griont führt. Dieses grosse schöne Dorf liegt auf einem Vorberge, an der Vereinigungsstelle von zwei Thälern, und ist vom Nordwinde geschützt, (3675′ ü. M.). Trotz hoher Lage hat Griont eine leichte und milde Luft. Die Umgebungen sind malerisch, aber sehr uneben, daher man bei Spaziergängen stets steigen muss. Es finden sich gute und billige Kurhäuser daselbst.

Auf dem andern Ufer des Avençon liegt das Dorf Les Plans de Frenière (3360′ ü. M.) in einem kleinen Thälchen mitten zwischen waldbekränzten und schroffen Felsen. Dieser stille einsame Ort geniesst einer milden und stärkenden Luft, und bildet eine der reizendsten Einsiedeleien unserer Alpen im Hochsommer, im Wechsel mit Bex und Aehlen. Höher gelegen folgen Chesières (3660′) und Villard (3825′), zwei Weiler in gleicher Gemeinde, deren Luft kräftiger und stärkender ist, als jene von Griont und Les Plans. Auf der zweiten Strasse hinansteigend, erreicht man in noch höherer Lage endlich das Ormondthal, und in demselben sind es namentlich 3 Ortschaften, welche von Kranken zahlreich besucht werden, nämlich: Sepey (3475′) Hauptort von Unter-Ormond, Vers l'Eglise (4725′) Hauptort des obern Ormond-Thales, und noch eine halbe Stunde höher das Kurhaus des Diablerets, ein grosses, ansehnliches, bequem eingerichtetes Gebäude, in der Nähe der Gletscher, mit einer sehr frischen und anregenden Luft, die aber bei empfindlichen Personen leicht das Bergfieber erzeugt. Auf dem Passe Les Mosses d'Ormonds Dessous (4199') liegt endlich der Kurort La Comballaz mit trefflicher Einrichtung, das von Genesenden und besonders Engländern besucht wird.

Im Waadtländer Jura endlich liegen auch noch einige klimatische Kurorte, welche Beachtung verdienen, nämlich:

103. Vallorbe, Hauptort des Thales gleichen Namens, am Orbfluss, der zuhinderst in dem anmuthigen und gewerbreichen Bergthale als Abfluss des Joux-Sees, am Fusse eines hohen Felsens als Orbquelle entspringt. Eine frische Bergluft bei einer Höhe von 2455' erquickt hier die Kranken. Noch besuchter ist jedoch

104. St. Cerques (3038'). Dieses gutgebaute Dorf liegt im Grunde einer nach Westen und Norden offenen Bergschlucht, und hat ein stärkendes aber etwas rauhes Klima, daher es weder für Lungenkranke und Engbrüstige passt, wohl aber für reine reizlose Schwächezustände.

105. St. Croix (3324') liegt sehr freundlich auf lieblicher Jurahöhe über der sumpfigen Ebene von Yverdun und über dem Neuenburgersee mit weiter, hübscher Aussicht. Das gewerbreiche Urmacherdorf wird im Sommer aus der Umgebung zu Luftveränderungen besucht.

Die klimatischen Kurorte des Kanton Genf.

Genf, das kleine Paris der Schweiz, am Ausflusse der Rhone aus dem Leman, ist in wenig Jahrzehnten zu einer Grossstadt herangeblüht und beherbergt in der guten Jahreszeit tausende von fremden Gästen. Dennoch kann es nur als Zwischenstation für die höhergelegenen Kurorte des Jura oder der südlichen Centralalpen in Betracht kommen. Dagegen bieten die benachbarten Jurahöhen einige klimatische Kurorte, welche immerhin der Erwähnung werth sein dürften. Sie sind:

106. Mornex (1698′) ist ein langgestrecktes Dorf, auf dem östlichen und südlichen Abhange des kleinen Salève mit gegen den Nordwind geschützter Lage, wodurch sein Klima sehr gleichmässig und mild wird. Dieses Klima und die geringere Erhebung des Kurortes machen den Aufenthalt besonders für reizbare Personen und Genesende, welche die Kälte scheuen, sehr empfehlenswerth. Dasselbe zeigt sich besonders wohlthätig für Engbrüstige und Lungenkranke, sowie für Kinder, welche vom Keuchhusten oder von Lungenentzündung geschwächt sind, ebenso für Genesende vom Typhus. Das Dorf hat eine Menge Kurhäuser zu sehr verschiedenen Preisen und hübsche Spaziergänge in der Umgebung.

107. Monnetier (2136′) liegt nicht weit von

Mornex, bildet aber einen vollständigen Gegensatz zu demselben. Das Dorf befindet sich in dem Einschnitte, welcher den grossen und kleinen Salève trennt, und hat ganz den Charakter eines Alpenklimas. Die Luft ist hier bewegter und kühler, als in Mornex, daher auch stärkender, und ist desshalb besonders für Genesende und Solche geeignet, welche viele Krankheitsrückfälle erlitten haben. Es passt daher zunächst für Kranke, welche den Frühling und Vorsommer in Mornex zugebracht haben, und im Herbste wieder dahin zurückkehren.

Noch höher als Monnetier findet man auf dem grossen Salève mehrere Alpenhütten, welche Kurgäste in geringer Zahl aufnehmen, die dort oben in nächster Nähe von Genf eine sehr stärkende Alpenluft einathmen können.

108. Treize-Arbres (3513′). Vermittelst seiner hohen Lage steht dieser Kurort durch die stärkende Wirkung seiner Alpenluft noch über Monnetier, und ergänzt dieses, wie Monnetier es gegenüber Mornex thut. Kranken, welche die Erregung dieser Luft gut ertragen, bekommt dieselbe im Hochsommer besonders wohl, wenn die Hitze im Thal oder in den niedern Kurorten lästig wird.

V. Die klimatischen Kurorte der südlichen Schweiz.

Diese Gruppe umfasst die eben nicht besonders zahlreichen klimatischen Kurorte der Kantone Wallis und Tessin.

Die klimatischen Kurorte des Kanton Wallis.

Kein Bergthal unserer Schweiz kann an Längenausdehnung und Verschiedenheit seiner klimatischen Verhältnisse mit dem langgestreckten Rhonethale des Wallis verglichen werden. Unterwallis, von Sitten bis St. Moritz ist eben, sumpfig und sehr heiss, weil die Luftströmung wenig Temperaturwechsel bringt. Oberwallis dagegen ist mehr der Luftströmung durch seine südöstliche Richtung ausgesetzt, und daher kühler. Ersteres ist das Geburtsland der Kröpfe und Cretinen, letzteres dagegen zeigt einen kräftigern und gesündern Menschenschlag.

In der Hügelregion.

Hier finden wir in Unterwallis den durch seine warme Salzquelle ebenso berühmten, als durch seine Spielhölle übelberüchtigten Kurort:

109. Saxon (1852'). Das mit grösstem Aufwande eingerichtete Kurhaus liegt nahe bei dem Dorfe Saxon, zwischen Sitten und Martinach, 4 Stunden von ersterm und 2 von letzterm entfernt, an der grossen Simplonstrasse mit prächtiger Aussicht auf die mit ewigem Schnee und Eis bedeckten Berge, und die an ihren Abhängen malerisch gelegenen Dörfer, Maiensässe, Sennhütten, grünen Wälder,

Wiesen und Weiden. Das Klima von Saxon ist sehr milde. Im Sommer herrscht daselbst eine italienische Hitze; doch reinigt der Westwind, der hier Bise genannt wird, täglich die Luft.

Die Quelle hat eine Temperatur von 19° R. und bedarf daher zum Baden noch welcher Erwärmung. Ihr Wasser ist geruchlos und krystallhell. Es enthält Chlor, Kohlensäure, Schwefelsäure, Salpetersäure, Phosphorsäure, Thon- und Kieselerde, Magnesia, Kalk, Natron, Kali, Eisenoxyd und von Zeit zu Zeit Jod.

Die Heilquelle zeigt sich besonders wirksam: bei Schwächezuständen des Nerven- und Muskelsystems; bei katarrhalischen Leiden des Magens und Darmkanals, chronischen Durchfällen, hartnäckiger Verstopfung, bei Leber- und Milzanschwellungen, besonders bei Skropheln aller Arten, sowohl der Drüsen, wie der Knochen, sogar bei Beinfrass, Gelenkgeschwülsten, Schleimflüssen der Augen, der Nase, der Ohren; chronischen Mandelanschwellungen; Geschwüren; bei syphilitischen Leiden, besonders der Haut; bei Anschwellung der Vorsteherdrüse, bei Rachen- und Nasengeschwüren, Knochenauftreibungen und nächtlichen Schmerzen; bei Gicht und Rheumatismus, Nervenschmerzen und Lähmungen des Rückenmarks, bei beginnender Hirnerweichung; bei Gebärmutterleiden mit Anschwellungen derselben, so wie der Eierstöcke; bei Weissfluss, Bleichsucht und Störungen der Periode.

Nahe bei Saxon in **Saillon** befindet sich eine Eisenquelle, deren Wasser abwechselnd mit jenem von Saxon getrunken wird, wodurch sodann neben der auflösenden und umstimmenden Wirkung zugleich auch eine stärkende erreicht wird.

110. **Sitten**. Diese kleine Hauptstadt des langgestreckten Kanton Wallis, das Sedunum der alten Römer, mit seinen kaum 3000 Einwohnern, aber auf grossen Bogengängen gestützten steinernen Häusern, ist ein Sammelpunkt seltener Naturschönheiten und Pflanzen, sowie mittelalterlicher Romantik. Aussichtreiche Spaziergänge mit einer Fülle reizender Landschaftsbilder bieten die epheuumkranzten Ruinen der alten Schlösser Majoria, Valeria und Tourbillon. Hier zeitigt die zuckerstoffreiche Traube früher, als an andern Orten des Landes, und bietet eine sehr günstige Gelegenheit zur Traubenkur im Herbst und selbst Anfangs Winters, weil das Klima sehr warm und mild ist.

In Sitten kann daher von fremden Kranken ganz wohl ein Winteraufenthalt gemacht werden. Die **Pension Muston** eignet sich hierzu in Verbindung mit der Traubenkur ganz gut.

111. **Brieg**. Der hübschgebaute Flecken (2180′) eignet sich durch seine schöne Lage, sein mildes, nicht zu warmes Klima und seine grossartige Gebirgsaussicht vorzugsweise im Frühling und Vorsommer zu einem Vorbereitungsaufenthalt für Kurgäste, die höhergelegene Bergkurorte, wie Leuk, Eggishorn,

Zermatt, Riffelhorn besuchen wollen. Die dortige salinische Gypsquelle ist verschüttet und kann nicht mehr benutzt werden.

Alpenregion.

112. Morgins. Diesen rasch aufblühenden Kurort finden wir in Unterwallis im Morginsthale, einem Seitenthälchen des Illierthales, 4400' ü. M. mit einer sehr wirksamen Mineralquelle, welche Chlorkalium, Chlornatrium, kohlen- und schwefelsauren Kalk, Schwefelsäure, Magnesia, doppeltkohlensaures Eisen, Kiesel- und Thonerde enthält, bei einer unveränderlichen Temperatur von 7,5 R.

Die Verbindung der Trinkkur mit der erfrischend stärkenden Alpenluft lockt alljährlich Hunderte von schwächlichen Damen und Kindern in die luftige Höhe in das daselbst errichtete neue Kurhaus, das aus Holz gebaut eine grosse Sennhütte darstellt. Die Aussicht von demselben ist durch die benachbarten Abhänge etwas beschränkt. Das Klima ist ziemlich rauh, weil es rascher Luftströmung ausgesetzt ist. Die Luft ist jedoch rein, trocken und sehr leicht in dem herrlichen Bergthälchen, dessen zahlreiche Tannenwälder im Strahle der warmen Gebirgssonne ihren balsamischen Fichtennadelduft aushauchen, und wo würzige Milch und Molken nach Belieben die Trinkkur der Quelle unterstützen.

Der Tisch in der Alphütte von Morgins ist einfach, aber gewürzt durch die gesteigerte Esslust, die sich rasch nach wenig Tagen bei den Kranken einstellt. Der Ton ist ein ungezwungener und fröhlicher, und noch hat die vornehme Steifheit, die bereits manchen unserer Alpenkurorte erobert hat, sich zum Glück nicht in das stille Alpenthälchen hinaufgewagt. Die muntere Jugend macht weitere Spaziergänge auf benachbarte Höhen; die Männer in Gegenwart der Preise spendenden Frauen üben sich im Zielschiessen mit Stutzen und Pistole, oder jagen als Wildschützen nach den grauen Hasen in den wildreichen Waldungen des Thales. Die Frauen plaudern, musiziren, und treiben allerlei Spiel und Kurzweil.

Die Quelle von Morgins dient sowohl zum Baden als Trinken, und wird besonders bei allen Leiden empfohlen, welche auf Bleichsucht fussen, ebenso bei Blutarmuth und bei den die Entwicklung wie das kritische Alter der Frauen begleitenden Störungen; ebenso bei Skrophelsucht junger Leute, bei Trägheit der Verdauung, Stockungen im Unterleib und Hämorrhoidalbeschwerden. Das Klima von Morgins soll auch bei Lungenkranken wohlthätig wirken, und zwar besonders bei solchen, welche an nervöser Engbrüstigkeit leiden. Ebenso bei nervösem Herzklopfen, ohne Herzvergrösserung. Auch bei chronischem Husten, bei Luftgeschwulst der Lungen; Wassersucht der untern Gliedmassen und Anschwellung der Leber, bringt die Kur merkliche Erleichterung und selbst Heilung.

Soll das Wasser mehr stärkend wirken, so genügen kleinere, aber öfters wiederholte Gaben, indem man in 24 Stunden 2 bis 5 Gläser trinkt. Bei Bleichsucht, und den damit zusammenhängenden nervösen Erscheinungen bedarf es jedoch grösserer Gaben. Das Wasser wirkt schon in kleinern Gaben harntreibend. Diese Wirkung wird gesteigert, wenn man 6 bis 8 Gläser trinkt. In dieser Gabe wirkt es bei vielen Personen auch abführend, und diese Wirkung wird bei grösserer Gläserzahl bis auf 12 noch mehr gesteigert. Beabsichtigt man vorzugsweise diese Wirkung, so setzt man dem ersten Glase 1—2 Drachmen englisches Salz (schwefelsaure Magnesia) bei. Bei übermässigem Wassertrinken wirkt die Kohlensäure berauschend, und es erfolgen heftige Stuhlentleerungen. Personen, welche das Wasser nicht gut ertragen, mögen es mit einem Dritttheile oder selbst mit der Hälfte Milch und Molken mischen. Alsdann wird es nach Dr. Beck vollkommen gut verdaut. Immerhin ist es rathsam, mit kleinen Gaben anzufangen, und die erste Woche hindurch mit der Gabe zu steigen. Man trinkt gewöhnlich nur am Morgen; doch gibt es Personen, denen es zuträglich ist, auch am Abend vor dem Nachtessen noch einmal zur Quelle zu pilgern. Erträgt der Magen einige Tage nach Beginn der Kur das Wasser selbst bei Mischung mit Molken oder Milch nicht mehr, nimmt die Esslust ab, wird die Zunge belegt und der Puls voll, so muss man die Gabe vorsichtig vermindern, oder die Kur wohl gar einstellen. Diese Erscheinungen stellen sich indessen nur selten ein; oft sind sie kaum bemerkbar. Die günstige Wirkung des Wassers kündigt sich zwischen dem 5. und 10. Tage durch gesteigerte Esslust, rasche Verdauung, festen Schlaf und ein besonderes Gefühl des Wohlbefindens an.

Die Kur dauert wenigstens 3 Wochen, und in vielen Fällen ist es gut, wenn sie noch mehr verlängert wird. Bisweilen bemerkt man nach den Beobachtungen von Dr. Beck bei der Trinkkur ohne Baden einen dem Badeausschlage ähnlichen Hautausschlag.

Nach Vouga sind in Morgins Aussichten für Entwicklung eines grossartigen Kurortes vorhanden, wenn eine neue Strasse hergestellt ist, in welchem Falle man von der nächsten Eisenbahnstation aus Morgins in zwei Stunden erreichen kann. Die Pächter der Quelle gedenken bereits in grösserer Nähe der Quelle ein grosses und den Bedürfnissen unseres verwöhnten Zeitalters entsprechenderes Kurhaus herzustellen. Dann wird der trauliche Gesellschaftston und die ungezwungene Einfachheit auch hier oben dem feinen, steifen, kalten Tone weichen müssen, wie die Rothhaut vor der Axt des Squatters in den Hinterwäldern.

113. Leuk. In grossartiger, wildromantischer Gebirgsnatur, 4351′ ü. M., liegt in einem schmalen, aber langen Alpenthale das weltberühmte Leukerbad am südlichen Fusse der Gemmi, deren senk-

recht zum Himmel ansteigenden Felsenwände den Kurort in einen Bergkessel sorgfältig einschliessen, der einzig nach Süden offen steht. Ueppige saftiggrüne Wiesen umgeben das Dorf, das grösstentheils aus kleinen hölzernen Häusern besteht, gegen welche die grossen gemauerten Kurhäuser sehr lebhaft abstechen. Das Dorf zählt 600 Seelen. Anmuthige Laub- und Tannenwaldungen winden sich an den niedrigern Gehängen bis zu den senkrecht abfallenden riesigen Felsenwänden hinan, deren Gipfel ewiger Schnee und Eis bedeckt. Die rauschende Dala mit ihrem weiss schäumenden Gewässer durchströmt das grüne Bergthal, und stürzt sich durch den schauerlichen Dalaschlund ins Rhonethal hinab. An der senkrechten Felswand der Gemmi führt ein schmaler Felspfad, der aber mit Saumpferden begangen werden kann, ins Simmenthal hinüber. Vom Thal hinaufgesehen scheinen die Wanderer wie Fliegen an der Wand dort oben am Felsen zu kleben. Eine gute fahrbare Strasse vermittelt den lebhaften Verkehr mit dem Rhonethal und ein Omnibus, zu dem auch Beiwagen gegeben werden, fahrt täglich von Sitten nach den Leukerbädern. Badegäste, die über den Simplon oder von Lausanne kommen, finden in Susten an der Simplonstrasse immer Fuhrleute, welche nach den Bädern fahren.

Nach ziemlich allgemeiner Annahme sollen die warmen Quellen der Leukerbäder schon im zwölften Jahrhundert durch Hirten oder Jäger entdeckt worden sein. Damals wurde von einem Johann von Manz hier ein fester Thurm mit Wall und Graben erbaut, zum Schutze gegen die zahlreichen Bären und Wölfe, welche damals diese Wildniss bevölkerten, daher noch jetzt die Gegend „zum Thurm" genannt wird. Allmälig sammelten sich um den Thurm neue Ansiedler. Der Wald wurde ausgerottet, das Bergdörfchen erstand und ringsum dasselbe wurde die Gegend urbar gemacht. Der berühmte Kardinal Mathias Schinner, der vom Bischof von Sitten bedeutende Eigenthumsrechte in Leuk an sich gebracht, liess daselbst in der Nähe der Lorenzenquelle den ersten steinernen Gasthof im Jahr 1501 herstellen. Seinem Beispiele folgten andere reiche Walliserfamilien. So kam das Bad in Aufnahme und eine Menge Kurgäste, auch aus der Ferne fanden sich alljährlich bei seinen zahlreichen Heilquellen ein.

Den 17. Jänner 1719 Abends 7 Uhr verschüttete eine ungeheure Lawine die schönsten Badegebäude, und tödtete 55 Menschen. Das gleiche Unglück wiederholte sich im Jahr 1758, indem das sogenannte „Junkerbad" verschüttet wurde. Zum Schutze gegen solche Lawinengefahr wurden sodann gewaltige Steindämme hergestellt, welche nun die stürzenden Lawinen der tiefen Dalaschlucht zuleiten.

Die Leukerbäder besitzen mehrere sehr gut eingerichtete Gasthöfe, welche den gesteigerten Anforderungen unseres Jahrhunderts ganz entsprechen. So: Hôtel des Alpes und Hôtel Bellevue der Gebrüder Beguer; Weisses Hauss (Maison blanche); Hôtel de France von Alexis Brunner, Sohn; Hôtel Brunner von Christoph Brunner; Hôtel de l'Union von Gebrüder Loretan und eidgenössisches Kreuz (Croix fédérale) von Peter Meichtry. Es gibt fünf grössere gemeinsame Badegebäude, die folgende Namen führen: Das Bad an der Promenade, das Werrabad, das Züricherbad, Lorenzenbad, auch (Herrenbad), und endlich das Alpenbad. In denselben baden in grossen Sammlern, eingehüllt in grossen eigenthümlichen Bademänteln Frauen und Männer gemeinsam untereinander, und vertreiben sich die langen Stunden der Badezeit mit Gesang, fröhlicher Unterhaltung und allerlei Spielen auf den zahlreich herumschwimmenden Badetischen.

Jeder der grossen Sammler (Carré) hat Raum für 30 bis 40 Badegäste. Nebenbei gibt es auch eine Menge Einzelbäder. Die sämmtlichen Bäder sind von 4 Uhr Morgens bis 10 Uhr Vormittags, und von 2 Uhr bis Abends 5 Uhr geöffnet. Viele Gäste baden 8 bis 9 Stunden täglich. Leuk zählt 20 warme Quellen, welche am südlichen Fusse der wandjähen Gemmi auf einem kleinen Raume zusammengedrängt, in einer Höhe von 4500 Fuss aus der Erde hervorsprudeln. Die grösste ist die Lorenzenquelle, welche auf dem Dorfplatze mit der Stärke eines kleinen Baches hervorkömmt, eine Temperatur von $40°3$ R. hat, und das ganze Jahr die gleiche Wassermenge führt. Die einzelnen Quellen unterscheiden sich blos durch eine kleine Verschiedenheit ihrer Temperatur und ihrer festen Bestandtheile. Ihr Wasser ist vollkommen klar und entwickelt beim Ursprunge zahlreiche Gasblasen. Zur Zeit der Schneeschmelze und nach langem Regen trübt es sich etwas und bildet einen graulichen Bodensatz. Derselbe ist Ursache, dass Silbermünzen, in das Wasser gelegt, eine goldgelbe Farbe bekommen, daher der Name einer Quelle: „Goldbrünneli". Frisch gefasst ist das Wasser ganz geruchlos; bleibt dasselbe einige Zeit der Luft ausgesetzt, so entwickelt sich allmälig ein Geruch wie von faulen Eiern. Die unzähligen chemischen Analysen der verschiedenen Badequellen ergeben als gemeinsame Bestandtheile: schwefelsauren Kalk, Strontian, Natron und Magnesia, Chlornatrium, Kalium, Magnesium und Kalcium, kohlensauren Kalk und Magnesia, Eisenoxydul, Kieselerde, salpetersaure Salze, Kohlensäure, Sauer- und Stickstoff.

Die Trinkkur des Leukerwassers ruft bei gehöriger Bewegung zuerst eine wohlthuende Wärmeempfindung in der Magengegend hervor, vermehrt die Esslust und fördert die Stuhlausleerung bis zum Durchfall; ebenso die Harnabsonderung und Hautausdünstung. Das Bad erweicht zuerst die Haut, so dass sie seifenartig anzufühlen ist, später wird sie trocken. Zwischen dem 5. und 12. Tag stellt sich eine Aufregung im ganzen Körper ein, mit grosser Ermüdung, Aufweckung alter, schlummernder Uebel,

Verlust der Esslust, Magendrücken, fieberhaften Erscheinungen, und endlich kömmt ein Badeausschlag, nach welchem die Beschwerden wieder verschwinden. Die Leukerbäder werden ganz besonders empfohlen: bei mehr torpiden Skropheln, selbst auch Lungenknoten im Zustande der Rohheit. Ferner bei chronischer Heiserkeit und Husten in Folge unterdrückter Hautthätigkeit; bei hartnäckigen Schleimflüssen der Geschlechtstheile; chronischer Gicht, Rheumatismus und Goldaderbeschwerden; Anschwellung der Unterleibseingeweide; und ganz besonders bei den verschiedenartigsten Flechtenformen und Hautgeschwüren; bei Bleichsucht; Hypochondrie und Hysterie; Nervenkrämpfen und Lähmungen, besonders nach Nervenschlagfluss.

Die Trinkkur wird gewöhnlich mit der Badekur verbunden und dauert 15 bis 25 Tage. Das Wasser wird vor dem Bade in freier Luft unter steter Bewegung getrunken. Die Kurzeit beginnt mit Mitte Mai und dauert bis Ende September. Wer neben der Trinkkur zugleich badet, steigt höchstens auf 6 bis 8 Gläser. Wer aber nur die Trinkkur macht, beginnt rasch mit 2 bis 3 Gläsern und steigt dann auf 10 bis 12 Gläser. Nach der übereinstimmenden Erfahrung der Aerzte verdanken die glücklichen Kurerfolge der klimatischen Einwirkung der Bergluft, in unmittelbarer Nähe der Gletscherwelt, beinahe ebensoviel, als den warmen Quellen. Leuk darf daher mit allem Grunde den klimatischen Kurorten der Schweiz beigezählt werden.

114. Das Zermatterthal, Riffelhaus und die Theodulsschanze. Im Hauptthale von Oberwallis öffnet sich links beim Dorfe Vispach ein grosses langes Seitenthal, das ein starker Bergbach, die Visp, durchströmt. Dasselbe scheidet sich bei dem durch das Erdbeben von 1855 so hart heimgesuchten Dorfe Stalden wieder in zwei grosse Thäler, das Saas- und Nikolai-Thal. Zuhinderst in letzterem liegt Zermatt (5073′ ü. M.). In hocherhabener Alpenwelt, im Angesicht der gewaltigen Bergriesen Monte Rosa und Monte Cervin, erschliesst sich hier eines der merkwürdigsten Alpenthäler unserer Schweiz, und ist in neuester Zeit ein Hauptanziehungspunkt der Bergreisenden, besonders der Engländer, geworden. Die beiden vortrefflich eingerichteten Gasthöfe Monte Rosa und Monte Cervin wimmeln eigentlich von denselben. Die Luft ist hier sehr stärkend und entspricht daher besonders schwächlichen Personen, die durch lange Krankheiten heruntergekommen sind.

Noch stärkender ist die Luft beim Riffelhaus, drei Stunden und 2500 Fuss über Zermatt. Das Haus ist indessen für den grossen Andrang von Fremden in der Reisezeit meist zu klein, daher auf Rechnung der Gemeinde Zermatt ein zweites hergestellt werden soll. Auf der Passhöhe des Matterhorns, 10416′ ü. M., ist endlich noch eine kleine Sommerwirthschaftshütte, in der man sehr bescheidene Nahrung und Wohnung findet. Tiefer unten liegt die von den Piemontesen angelegte Theodulsschanze 9790' ü. M.

115. Eggischhorn. Vom Dorfe Viesch, im Hauptthale von Oberwallis, führen zwei Wege zur Viescheralp hinan, ein holperiger der Sonne ausgesetzter Reitweg, und ein schattiger näherer aber steiler Fusspfad. Eine vortreffliche Quelle erquickt mit ihrem frischen Trunke an der obern Waldgrenze den Wanderer. Oben auf der Viescher-Staffel, nachdem er den Wald hinter sich gelassen, erblickt der Wanderer das neuhergestellte Gasthaus Jungfrau, das er in 3 kleinen Stunden von Viesch aus leicht erreicht. Dasselbe liegt 9053' ü. M. und eine Stunde unterhalb dem Gipfel des Eggischhorn. Aus seinen Fenstern geniesst der erstaunte fremde Gast eine ausserordentlich grossartige Rundaussicht auf die nächste Umgebung, sowie auf die fernen eisbepanzerten Hochalpen.

Die frische stärkende Bergluft böte die vortrefflichste Gelegenheit zu einer Alpenkur, wenn nur die Wirthschaft mehr als 25 Betten zählen würde. Jetzt aber ist dieselbe zur Wanderzeit schon Mittags so überfüllt, dass an kein Unterkommen mehr zu denken ist. Die Wirthschaft ist indessen sehr gut und der Kurpreis von 5 Frk. in solcher Bergeshöhe verhältnissmässig sehr billig.

Die klimatischen Kurorte des Kanton Tessin.

116. **Lugano.** Unter mildem, italienischem Himmel winkt unter den wenigen Kurorten dieses Kantons am wunderlieblichen Luganosee, ganz nahe bei Lugano, der neuerrichtete **Gasthof zum Park (Hôtel du Parc)**, als zweifelsohne der reizendste Aufenthaltsort der südlichen Schweiz. Derselbe hat einen deutschen Wirth und 80 Zimmer, mit Preisen von einem Gasthofe ersten Ranges. Der See und seine Ufer sowie die parkartige Umgebung des Gasthauses sind hochpoetisch und malerisch, und machen ihn daher mit Recht zum Buonretiro der vornehmen Reisewelt. Der Aufenthalt in dieser herrlichen und grossartigen Natur bekommt Brustkranken, die ein mildes Klima bedürfen, besonders gut. In der Kirche **Sta. Maria degli Angioli**, neben dem Hôtel du Parc, befindet sich im Giebelfelde eines dreibogigen Einbaues das berühmte **Freskogemälde** von **Bernardino Luini**, die Leidensgeschichte Christi darstellend, und in der Nebenkapelle eine ebenso vortreffliche **Madonna** mit dem Kinde. Die Brunnenstatue „Wilhelm Tell" vor dem Gasthause ist von dem berühmten Tessinerbildhauer **Vinzenz Vela**.

117. **Stabio.** Im Osten der weiten Ebene Campagna Adorna, welche anmuthige Hügel umsäumen,

liegt zwischen den Hügeln Castello und Castelletto, das Dorf Stabio, 1197' ü. M. Daselbst befinden sich zwei salzige Stahlquellen, und die zwei Kuranstalten Maderni und Sociale. Die Umgebungen des Kurortes sind malerisch, das Klima gemässigt, die Luft mild und gesund, der Boden fruchtbar mit sehr reichem Pflanzenwachsthum unter dem schönen südlichen Himmel. Die Bevölkerung ist kräftig, arbeitsam und freiheitliebend. In der Nähe des Dorfes ist ein römischer Tempel des Merkur aufgefunden worden.

Das Heilwasser hat einen starken Geruch nach faulen Eiern; der Geschmack ist etwas wenig salzig. Die Temperatur des Wassers beträgt 10° R. und bleibt sich stets gleich, daher das Wasser im Winter nie gefriert. Es enthält freies Schwefelwasserstoffgas, freie Kohlensäure, Schwefelkalcium, kohlensauren Kalk, Chlorkalcium, Chlormagnesium, schwefelsauren Kalk, Natron und Magnesia, Kieselsäure und Eisenoxydul.

Das Wasser steht der Quelle von Tarasp am nächsten, und wird sowohl zum Baden wie zum Trinken benutzt, in ähnlichen Krankheitsfällen, wie jenes. Es wird für schwächliche Personen bisweilen mit süssem Wasser oder mit Milch vermischt, und das ganze Glas dann auf einmal hinuntergetrunken, um das flüchtige Entweichen des Gases zu vermeiden. Zunehmende Ermattung und Vermehrung der Schmerzen, sowie ein frieselartiger Hautausschlag sind sehr oft günstige Vorboten einer glücklichen Kur.

118. Rovio. Zwischen Lugano und Mendrisio befindet sich am linken Ufer des Sees auf einem leicht ersteigbaren Hügel das Kurhaus Rovio. Ein bequemer Weg führt von der Landstrasse hinauf. Nicht weit vom Dorfe, am Abhange einer mit alten Kastanienbäumen beschatteten Wiese, entspringt die Heilquelle, welche freie Kohlensäure, kohlensaures Eisen, Kalk und Magnesia, Chlornatrium und Chlormagnesium enthält. Dieselbe zeigt sich sehr wirksam gegen veraltete nervöse Kopfschmerzen mit beständiger Schlaflosigkeit, gegen Schwindel und Magenschmerzen.

Die wohlthätige Wirkung wird noch durch die milde Lufttemperatur erhöht, die keinerlei schnellen Veränderungen unterworfen ist. Die Lage ist eine der schönsten in der italienischen Schweiz, und wetteifert mit dem freundlichen Benehmen der Bewohner.

119. Faido. Dieser Hauptort des Livinenthales liegt 2201 Fuss ü. M. und hat neben seinen beiden Gasthöfen „Engel" und „Sonne" viele sehr hübsche Häuser. Mit ihm schliesst sich die Alpenregion ab, und beginnt das reiche südliche Leben. Der Weinstock tritt auf, und reiches Laubgewinde schmückt die Landschaft. Italienische Sitte mischt sich noch mit deutschem Aelplerleben. Bei dem Kapuzinerkloster ladet ein schöner Schattengang von Nussbäumen zum Spazieren ein. Zwei schöne Wasserfälle, darun-

ter der staubende Piumegna, stürzen von hohen Felsenwänden nieder. Die Luft ist rein und eignet den Ort zur klimatischen Kur. Die Hinrichtung der Führer der Volkspartei im Jahr 1756, welche das Land von dem tyrannischen Drucke der Landvögte aus den Urkantonen befreien wollten, hat dem freundlichen Orte eine traurige Berühmtheit verschafft.

I. Systematische Zusammenstellung

der mit den klimatischen Kurorten der Schweiz verbundenen Mineralquellen *).

Um über die grosse Menge mineralischer Heilquellen, welche die Wirksamkeit der klimatischen Kurorte der Schweiz unterstützen, und besonders bestimmen, eine leichtere Uebersicht zu bekommen, scheiden wir dieselben in folgende Klassen.

I. Alkalische Mineralwässer.

Die Heilquellen dieser Klasse enthalten vorzugsweise kohlensaures Natron und auch freie Kohlensäure in bedeutender Menge, ausserdem kohlensaure Erdsalze, schwefelsaures Natron und Chlornatrium. Wir bezeichnen sie mit Alc. H. = Alkalisches Heilwasser. Sie zerfallen in folgende Unterklassen:

1. Einfache Säuerlinge.

Sie enthalten eine beträchtliche Menge von Kohlensäure, dagegen wenige feste Bestandtheile, und dienen besonders bei träger Verdauung.

---

*) Die Seitenzahl für die einzelnen Kurorte, welche in dieser systematischen Zusammenstellung genannt werden, wolle man im nächstfolgenden „Sachverzeichniss" nachsehen.

Hieher gehört die Rosenlauibadquelle im Berneroberlande.

2. Alkalische Säuerlinge.

Sie enthalten neben kohlensaurem Natron und Kohlensäure noch Schwefelwasserstoff, und zeigen sich wirksam: bei Verschleimung der Lungen und des Darmkanals; bei Lungenknoten im ersten Zeitpunkte; bei Ausschwitzungen des Bauch- und Brustfells; bei Anschoppungen in der Gebärmutter, und Schleimflüssen der Harn- und Geschlechtstheile.

Hieher die Hauptquelle auf dem Schymberg.

3. Alkalisch eisenhaltige Säuerlinge.

Fideris. St. Moritz alte und neue Quelle. Oberschuols. Lambertsquelle. Schwendikaltbad. Taraps, Bonifaziusquelle. Salzquelle.

II. Eisenquellen.

Dieselben zeigen einen bald stärkern, bald schwächern Gehalt von Eisensalzen, die sich folgendermassen unterscheiden:

Eisenquellen mit kohlensaurem Eisenoxydul (Stahlwasser).

1. Säuerlinge.

St. Bernhardin. St. Moritz dritte Quelle. Peiden. Rovio.

2. Erdige.

Blumenstein. Gonten. Heinrichsbad. Rigi-Scheidek.

3. Erdig-alkalische.

Nidelad.

4. Erdig-muriatische.

Morgins. Nuolen: Rigi-Kaltbad. Saillon. Seewen.

III. Erdige Quellen.

Sie enthalten als vorwaltende Bestandtheile **Kalksalze**, und zwar: **kohlensaure** und **schwefelsaure Kalkerde** und **Chlorkalcium**. Sie kommen vorzugsweise in Anwendung:

1. Bei Verdauungsstörungen, als säuretilgendes Mittel.
2: Bei Skropheln und Knotensucht.
3. Bei verschiedenartigen Hautkrankheiten.

Man unterscheidet:
- A. Gypsquellen, und zwar:
  1. Salinische.
     Brieg. Leuk. Weissenburg.
- B. Erdige Quellen im engern Sinne:
     Aeusseres Gyrenbad. Laurenzenbad. Weissbad.
- C. Incrustirende Quellen.
     Biberstein.

IV. Kochsalzwasser.

Die vorherrschenden Bestandtheile derselben sind Chlornatrium neben andern Chlorverbindungen, schwefelsaure Alkalien und Erdsalze, auch mit Jod- und Bromverbindungen.

Sie finden ihre Anwendung bei allen Formen von Skropheln, ebenso bei Gicht und Rheumatismus; bei Stockungen in der Leber und Milz, mit gleichzeitiger Mitleidenschaft der Lungen- und Darmschleimhaut.

Wir unterscheiden:
1. Soolenbäder.
Bex. Rheinfelden. Schweizerhalle.
2. Jod- und bromhaltige Soolen.
Bei Drüsen, Haut- und Knochenleiden, skrophulöser und syphilitischer Art.
Saxon. Wildegg.

V. Glaubersalzbitterwasser.

In denselben ist das schwefelsaure Natron neben dem kohlensauren der vorwaltende Bestandtheil. Sie wirken nicht nur umändernd auf die Blutmischung, sondern auch bethätigend auf die Darmverrichtungen, und sind daher wirksam:

1. Bei Stockungen in den Unterleibsgefässen, hervorgerufen durch sitzende Lebensweise; bei angeborner Verstopfung, und erworbenen Leberleiden mit Blutüberfüllung; bei Fettleber und speckartiger Anschwellung; bei Anfüllung der Pfortader und der Hämorrhoidalgefässe, mit Blutandrang gegen den Kopf und Seelenstörungen. Endlich bei Gicht und Steinbildung.

Die Salzquellen von Tarasp.

VI. Schwefelwasser.

Sie haben einen deutlichen Schwefellebergeruch. Das Schwefelwasserstoffgas ist in ihnen entweder aufgelöst enthalten, oder entwickelt sich durch Zersetzung der schwefelsauren Salze durch die zahlreichen, in den Gypslagern vorhandenen organischen Substanzen beim Hervorkommen des Wassers an die Luft. Das Schwefelwasserstoffgas findet sich indessen nur in sehr geringer Menge vor, und die Wirkung der Schwefelquelle beruht daher sowohl auf dessen Gehalte, als auf den andern festen Bestandtheilen und dem gleichzeitig vorhandenen Stickstoffgehalte. So bei Baden in Aargau mit Kochsalz und kohlensaurem Natron.

Die Schwefelquellen unterscheiden sich in **kalte** und **warme**.

Die **kalten** Schwefelquellen sind:

1) Gypshaltende: Le Prese.
2) Salinisch-gypshaltende: Gurnigel.
3) Erdigsalinische: Stachelberg.
4) Alkalisch-salinische: Heustrich. Rotzloch.
5) Salinisch-muriatische: Schwefelquelle zu Tarasp. Stabio.

Die **warmen Schwefelquellen** sind:

1) Salinisch-muriatische: Baden im Aargau. Lavey. Schinznach. Unterhallau.

VII. Warme Wildbäder oder Alpenthermen.

Als solche gelten jene heissen Quellen, welche mehr gasförmige als feste Bestandtheile, besonders Stickgas in grösserer Menge enthalten, und vorzugsweise durch ihre hohe Temperatur heilsam auf den Organismus wirken. Weil sie meist hochgelegen sind, werden sie auch **Alpenthermen** genannt. Sie befördern den Stoffwechsel und wirken beruhigend auf das Gefäss- und Nervensystem, sowie kräftigend auf den Gesammtkörper. Sie finden ihre Anwendung bei atonischer Gicht und chronischem Rheumatismus schwächlicher Personen, mit reizbarem Nervensystem. Ferner bei Lähmungen in Folge rheumatischer und gichtischer Ablagerungen: bei Nervenschmerzen und krankhafter Reizbarkeit des Nervensystems. Hieher gehören: **Pfäffers und Ragatz**.

315

II. Systematische Zusammenstellung der klimatischen Molkenkuranstalten der Schweiz nach Art ihres Klimas.

1. Gruppe. Klimatische Kurorte mit vorherrschend mildem Klima.

Aehlen; Appenzell; Balmberg; Beckenried; Bex; Bocken; Brieg; Brunnen; Clarenz; Gonten; Heiden; Heinrichsbad; Bad Horn; Interlacken; Kerns; Laurenzenbad; Luzern; Meyringen; Montreux; Nuolen; Le Prese; Ragatz; Rheinfelden; Richisau; Romanshorn; Rorschach; Rotzloch; Sachseln; Sarnen; Saxon; Schweizerhalle; Seewen; Stachelberg; Stanz; (Rotzberg); Vernex; Vitznau; Vivis; Wallenstad, Wäggis; Weissbad; Zürich; Zug.

2. Gruppe. Klimatische Kurorte mit stärkend belebendem Klima.

Abendberg; Albisbrunn; Albispasswirthshaus; Les Chalets d'Avant; Charnex; Chasseral; Cerques St.; Chateau d'Oex; Chaumont; Churwalden; Comballaz La; Davos; Diablerets Hotel des; Eigenthal; Engelberg; Fahrnbühl; Faido; Felsenegg; Frenkendorf; Frohburg; Gais; Glion; Grindelwald; Gurnigel; Kilchzimmer; Klösterli auf der Rigi; Langenbruck; Langnau; Lauterbrunnen; Monnetier; Mornex; Menzberg; Rigi-Scheideck; Rigi-Kaltbad; Rigi-Staffel; Schönbrunn; Schwarzenberg; Schwendi-Kaltbad; Schymberg Seelisberg; Sepey; Sonnenberg; Stoos; Treize Arbres; Uetliberg; Weissenburg; Weissenstein; Wolfhalden; Zweisimmen.

3. Gruppe. Klimatische Luftkurorte mit stärkend aufregendem Klima.

Aggischhorn; Andermatt im Ursenerthal; Gasthof Blättler und Bellvue auf dem Pilatus; St. Bernhardin und St. Bernhard; Flims; Grimselhospiz; Leuk; Morgins; St. Moritz; Mürren; Niesen; Riffelhaus; Rosenlaui; Simplon; Schuols; Tarasp; Theodulsschanze; Tête de Rang; Wengernalp; Zermatt.

III. Zusammenstellung der Kaltwasseranstalten.

Albisbrunn. Brestenberg. Buchenthal. Engelberg. Felsenegg. Mornex. Rigi-Kaltbad. Schönbrunn. Tiefenau. Waid bei St. Gallen.

IV. Fluss- und Seebadeeinrichtungen.

St. Antoni. Beckenried. Bad Horn. Luzern (Seebäder und Reussbäder). Nuolen. Romanshorn. Rorschach. Rotzloch. Seewen. Wäggis. Wallenstad. Zürich. Zug.

V. Traubenkurorte.

Aehlen. Montreux. Hof-Ragatz. Sitten. Wallenstad.

VI. Fichtennadelbäder.

Buchenthal. Engelberg. Felsenegg. Schönbrunn.

II. Sachverzeichniss.

(Die Zahl bezeichnet die Seite, wo die Schilderung eines Kurortes oder wo ein Kurort gefunden werden kann. Der Buchstabe F. bedeutet sodann Fichtennadelbäder. — K. = Kaltwasserheilanstalt. — kl. = Klimatischer Kurort. — M. = Milch- und Molkenkurort. — S. = Seebad. — T. = Traubenkurort. — Q. = Heilquelle. — Z. = Zwischenstation. —
 * (Ausgezeichnete Wirksamkeit eines Kurortes.)

Aargau, klimatische Kurorte. 252.

Abendberg. 278.

Aehlen (Aigle), kl. Z. im Frühling und Herbst für die Alpenkurorte des Ormondsthales. T. im Herbst. 287.

Albispass, kl. 203.

Albisbrunn, kl. K. M. 203.

Altdorf, kl. Z. Zwischenstation für Seelisberg u. Andermatt. 96.

Andermatt im Ursenerthal. 105.

Appenzell, klimatische Kurorte. 220.

Appenzell, kl. M. Lungenknoten. Herzkrankheiten mit erhöhter Reizung. 221.

Avant, Les Chalets d'. kl. M. 285.

Baden, kl. * Q., bei Rheumatismus und Gicht. — Einathmen von Gas, bei Lungenkatarrh und Knoten. — Skropheln. — Chronischer Luftröhrenentzündung. — *Unfruchtbarkeit der Frauen. 252.

Balmberg, kl. M. Lungenknoten im 1. Zeitpunkt. 263.

Basel, klimatische Kurorte. 263.

Beckenried, kl. M. * bei Lungenknoten. 137.

Bern, klimatische Kurorte. 286.

Bernhardin St. kl. — Q. — * bei Gries und Steinbeschwerden. — Bei Gicht. — Blasenkatarrh. — Blasenanschwellung. — * Ueberreizung der Nerven von geistiger Arbeit. 245.

Bex, kl. Soolbad. * Z. im Frühling und Herbst. *Soolbad bei Skropheln, bei schleichender Gebärmutterentzündung. 287.

Biberstein, kl. * Q. gegen Kropf und Cretinismus. 254.
Blumenstein, kl. Q. Magenkrampf. Sodbrennen. Gelenkknoten mit Steifigkeit.
Bocken, kl. M. 203.
Brestenberg, kl. M. Milz- und Leberanschwellung. — Syphilis. — Quecksilbersiechthum. — Hypochondrie. 255.
Brieg, kl. Z. für Leuk, Zermatt, Eggischhorn. 294.
Brienz. 270.
Brunnen, kl. Brustbeschwerden; selbst mit Lungenknoten. 107.
Buchenthal, kl. K. F. * Gicht und Rheumatismus. 217.
Bürglen. 96.
Chateau d'Oex, kl. T. 283.
Chaumond. 282.
Chêne, kl. 286.
Chernex, kl. T. 286.
Churwalden, kl. * Z. für St. Moritz. 232.
St. Cerques. 289.
Clarens, kl. T. 286.
Comballaz La, kl. 289.
St. Croix. 289.
Davos, kl. Skropheln. Bleichsucht. Hypochondrie. 244.
Diablerets Hotel des, kl. Hypochondrie. — Schwermuth. — Seelenstörungen. 288.
Eggischhorn. 305.
Eglise vers l', kl. 288.
Eigenthal, kl.; bei Bleichsucht. — Skropheln — langsamer Genesung. 176.
Engelberg, kl. K. M. * Abspannung von geistiger Arbeit. — Schwermuth. — Hypochondrie. 147.
Engstlenalp, kl. M. Hoher Schwächezustand von Krankheiten und Säfteverlust. 277.
Erdbeerenkuren in Interlacken bei Lungenknoten. 266.

Fahrnbühl, kl. *Q. Rheumatismen. Lähmungen Bleichsucht. Hautausschläge. 181.

Faido. 308.

Felsenegg, kl. K. M. * F. bei Gicht und Rheumatismus. Hypochondrie. 190.

Fideris, kl. Q. Magen-, Lungen-, Nieren-, Blasenkatarrh. Bleichsucht. Skropheln. * Wechselfieber. 231.

Flims, kl. 244.

Frenkendorf, kl. Langsame Genesung. 264.

Frohburg, kl. 259.

Gais, kl. M. Schwäche von Selbstschwächung. — Schwindel. — Bleichsucht. — Nerven- und Muskelschwäche von zu grosser Anstrengung. — Hals- und Brustleiden. — Blutspeien. 225.

Gallen St., klimatische Kurorte. 213.

— und Umgebung. 215.

Genf, Kanton, klimatische Kurorte. 290.

Gersau, kl. Z. für Rigi-Scheideck im Frühling und Herbste. Für Lungenkranke mit entzündlicher Reizung. 108.

Glarus, klimatische Kurorte des Kantons. 207.

Glion, kl. T. 285.

Gonten, kl. * Q. gegen Bleichsucht. Weissfluss. Lähmungen. Rheumatismus. 223.

Graubünden, klimatische Kurorte. 230.

Grimselhospiz. 281.

Grindelwald, kl. 276.

Gurnigel, kl. * Q. Langwieriges Erbrechen. Gaumen und Magenentzündung. — * Krampfader und Eisenbildung. — Nervenleiden. 273.

Gyrenbad. 205.

äusseres kl. * Q. Gelenkschwämme. — * Hautgeschwüre, fressende, gichtische Verwachsungen.

inneres kl. Q. Mangel an Esslust. — Unterleibsstockungen.

Haslach, kl. Q. Rheumatische Beschwerden. — Lähmungen. 251.
Heiden, kl. M. Unterleibsstockungen. — Nerven- und Blutschwäche. — Lungenschwindsucht im 1. Zeitpunkt. — 227.
Heiligkreuz im Entlebuch. 183.
Heinrichsbad, kl. M. * Q. gegen Blasen- und Nierenschmerzen. 229.
Hergottswald, kl. Leichte Schwächezustände. Bleichsucht. 175.
Heustrich, kl. Q. Magen- und Blasenkatarrh. — Bleichsucht. — Skropheln. — * Bleivergiftung. 270.
Horn Bad, S. Z. für die Appenzellerkurorte. Lungenschwindsucht. — * Vorfall der Gebärmutter. 247.
Interlacken, kl. M. Skropheln. Lungenknoten. Blutarmuth. 266.
Kerns kl. Z. für Schwendi-Kaltbad. 145.
Kilchzimmer, kl. Brustbeschwerden. Schwermuth. 264.
Langenbruck, kl. Lungenknoten und Brustkatarrh. 264.
Langnau, kl. Schwäche von Krankheiten. 271.
Laurenzenbad, kl. * Q. gegen Flechten. Furunkeln, alte Geschwüre. 255.
Lauterbrunnen, kl. Bei reizbarer Schwäche. 269.
Lavey, kl. Z. Q. Hautausschläge. — Skropheln. — Gelenkleiden, chronischer Entzündung der Gebärmutter. 287.
Leuk, kl. Q. Heiserkeit. Katarrh. Brustbeschwerden. Unterleibsstockungen. — *Flechten. Geschwüre. * Lähmungen. Gicht. Unterleibsstockungen. 298.
Lugano. kl. Für reizbare Brustleidende. 306.
Luzern, klimatische Kurorte. 165.
Luzern, kl. S. Z. Zwischenstation für die Rigikurorte und Seelisberg. Engelberg. Schwendi-Kaltbad. 165.
Mädchenbad, (Schongau.) kl. Q. 255.
Menzberg, kl. M. Schwäche von schweren Krankheiten und Geburten. Hypochondrie. Schwermuth. 182.
Meyringen, kl. 289.

Molkenkuren, ihre Heil-Anzeigen, 74.
Monnetier, kl. 290.
Montreux, kl. T. 284.
Morgins, kl. Q. 295.
Moritz St., kl. Q. Schwäche von geistiger und körperlicher Ueberarbeitung. Blutarmuth. Skorbut. Gesichts-Magenschwäche mit Katarrh. Trübsinn. Gries. Blasenkatarrh. Weissfluss. Tuberkeln im ersten Zeitpunkt. Skropheln. — Unfruchtbarkeit. Männliches Unvermögen. — 235.
Mornex, kl. K. 290.
Mürren, kl. Tiefgesunkene Nerventhätigkeit im Unterleib mit Hypochondrie und Melancholie. 278.
Neuenburg, klimatische Kurorte des Kantons. 282.
Niesen, kl. Schwäche von Stockungen der Unterleibsorgane. Hypochondrie. 280.
Nuolen, kl. S. Q. 112.
Nydelbad. 203.
Ollon, kl. für Brustkranke, der mildeste Ort der Schweiz.
Ormonds les (Eglise vers; Sepey; les Mosses; la Comballaz) kl.
Osterfingen, kl. 251.
Peiden, kl. Q. Magenbeschwerden mit Verstopfung, Katarrhe der Lungen, des Magens, des Harns- u. der Geschlechtsorgane. 235.
Pfäffers und Ragatz, kl. Q. Unterleibsstockungen mit Leberanschwellung. Lähmung von Ueberreizung des Rückgrades. Krämpfe. Geschwüre und Wunden. Altersbeschwerden. Gicht. 217.

Pilatusgasthöfe. — 163.
Plans Les, kl. 288.
Prese Le, kl. Q. Skropheln. Gicht. Rheumatismus. * Blasenkatarrh. Gries. — Veraltete Syphilis. Quecksilbersiechthum. 232.
Rheinfelden, kl. Soole * Skropheln. — Langwierige Hautausschläge. Skorbut. Lungenverschleimung. 257.

Richisau, kl. M. Lungenknoten und Katarrh. — Hypochondrie.
* Melancholie. 207.
Riffelhaus. 304.
Rigi-Kaltbad, kl. K. Q. Unterleibsstockung. Hämorrhoiden.
Gicht. Bleichsucht. Hypochondrie. Hysterie. 131.
Rigi-Klösterli, kl. M. Lungenknoten und Katarrh. Schleimschwindsucht. 127.
„ -Staffel, kl. M. Q. Verschleimung. — Unterleibsstokkung. * Hypochondrie. 129.
„ -Scheidegg, kl. M. Q. Blutarmuth. * Bleichsucht. Hämorrhoiden. Brustkatarrhe. * Weissfluss. Schwäche. 121.
Roche. 287.
Rosenlaui, kl. Q. Bleichsucht. Blutarmuth. Schwäche von Krankheiten. Veraltete Geschwüre. 277.
Rorschach, kl. S. Z. für die Appenzells-Kurorte. Unterleibsbeschwerden und Stockung. 213.
Rotzberg. 140.
Rotzloch, kl. Q. Lungen- und Magenkatarrh. Störung der Periode. * Weissfluss. 142.
Rovio, kl. * Nervöse Kopfschmerzen. * Schwindel. Magenschmerz. 308.
Sachseln, kl. Z. für Schwendi-Kaltbad. 145.
Saillon, kl. Q. Bleichsucht. Skropheln mit Schwäche. 294.
Sales, kl. T. 286.
Sarnen, kl. Z. für Schwendi-Kaltbad. 145.
Saxon, kl. Q. * Knochenskropheln. * Beinfras. * Anschwellung der Vorsteherdrüse. * Kniestockgeschwulst. Gelenkgeschwülste. * Hirnerweichung. * Lähmung vom Rückenmark aus. 292.
Schaffhausen, klimatische Kurorte des Kantons. 251.
Schauenburg, kl. Brustkatarrhe. 264.
Schinznach, kl. Q. * Flechten. * Geschwüre. * Beinfras.

* Skropheln mit * Augenentzündung. Syphilis. Metallsiechthum. 256.

Schmidmatten. 263.

Schönbrunn. kl. K. M. Schwäche von Kräfteverlust. Lungenknoten im ersten Zeitpunkt. Unterleibsstockung. Unempfindlichkeit der Nerven. Hypochondrie. — Melancholie. 196.

Schönberg. — 162.

Schuols, kl. Q. Bleichsucht. Schwäche aus Blutmangel. 242.

Schweizerhalle, kl. Soole. Skropheln. Hautkrankheiten, wie Rheinfelden. 265.

Schwendi-Kaltbad, kl. Q. Blutarmuth. * Bleichsucht. * Männliches Unvermögen. Samenfluss. — Blasenkatarrh. Vergrösserung der Vorsteherdrüse. Weissfluss. Regelstörungen. 155.

Schwarzenberg, kl. M. Schwäche von Krankheiten. 180.

Schwyz, klimatische Kurorte des Kantons. 107.

Schymberg, kl. Q. * Brust - * Magen - * Blasen - Gebärmutter - Katarrh. Leberanschwellung Hämorrhoiden. Bleichsucht. * Flechten nässende. 183.

Seelisberg, kl. M. Lungenknoten im rohen Zustande. Brustkatarrh. Bleichsucht. Skropheln. Wässerige Vollblütigkeit. 99.

Seewen, kl. S. Q. Lungenknoten. * Weissfluss. Gebärmutterfibroid. * Unfruchtbarkeit. * Männliches Unvermögen. Gicht und Rheumatismus. 110.

Sitten, kl. T. 294.

Solothurn, klimatische Kurorte des Kantons. 258.

Sonnenberg, kl. M. Schwächezustände von Krankheiten und Säfteverlust. 174.

Stabio, kl. Q. Unterleibsstockungen und Verschleimung. 306.

Stachelberg, kl. Q. Chronischer Brustkatarrh. Unterleibsstockungen. Gicht. Rheumatismus. * Chronische Geschwüre.

* Bleivergiftung mit Lähmung. — Lungen- u. Hautkrankheiten. Regelstörungen. Weissfluss. ° Blasenhämorrhoiden. 211.
Stanz, kl. Z. für Engelberg. 140.
Stanzstad, kl. Z. wie oben. 141.
Stoos, kl. M. Lungenknoten im ersten Zeitpunkt. Lungenkatarrh. Allgemeine Schwäche. Langwierige Genesung. 117.
Tarasp., kl. Q. Unterleibsstockung. Hypochondrie. Verschleimung. Ueberfettbildung. 242.
Territet, kl. 286.
Tessin, klimatische Kurorte des Kantons. 306.
Tête de Rang. 283.
Thun, kl. Z. Lungenknoten. Schwächezustände. 266.
Thurgau, klimatische Kurorte des Kantons. 247.
Tiefenau. 206.
Traubenkuren, Heilanzeigen derselben. 82.
Treize Arbres. kl. 291.
Uetliberg, kl. 203.
Unterhallau, kl. T. 251.
Unterwalden, klimatische Kurorte des Kantons. 137.
Uri, klimatische Kurorte des Kantons. 95.
Valorbe, kl. 289.
Vernex, kl. T. 286.
Vitznau, kl. M. * Lungenknoten mit entzündlicher Reizung. Brustkatarrh. 173.
Vivis. 283.
Vulpera. 242.
Waadt, klimatische Kurorte des Kantons. 283.
Wäggis, kl. M. * Lungenknoten. Grosse Reizbarkeit der Lunge mit * Engbrüstigkeit. Nervenschmerzen. — 169.
Wäggithal, kl. M. Schwäche in Folge Krankheit und Ueberreizung. 112.
Wallenstad, kl. M. C. T. Brustkatarrh. Unterleibsstörung Verschleimung des Darmkanals. 216.

Wallis, klimatische Kurorte des Kantons. 292.
Weissbad, kl. M. Q. Kehlkopf-Luftröhren- und Lungenreizung. Lungenschwindsucht. Blutspeien. Herzklopfen. 222.
Weissenburg, kl. Q. Skropheln. Brustleiden wie oben Bleichsucht. Blutschwäche — Nervöses Herzklopfen. 271.
Weissenstein. 260.
Wengernalp. 279.
Wolfhalden, kl. M. Brustkatarrhe. Lungenknoten. Reizbare Schwächezustände. 228.
Zermatt, kl. M. Hohe reizlose Schwäche. Hypochondrie. Melancholie. 304.
Zürich, klimatische Kurorte des Kantons. 202.
Zürich, Stadt und Umgebung. 202.
Zug, klimatische Kurorte des Kantons. 189.
Zug, Stadt. Z. für Felsenegg, Schönbrunn und Rigi Kurorte. 189.
Zweisimmen, kl. Bei Schwächezuständen nach Krankheiten. 276.

III. Uebersichtliches Verzeichniss

der Krankheiten und der ihnen entsprechenden Kurorte *).

Abmagerung. Milchkur in Engelberg und Engstlenalp. Milch mit Mineralwasser in St. Moritz. — St. Bernhardin und Rigi-Kaltbad.

Aderknoten. * Schinznach. Baden. Stachelberg.

Afterknoten und Hämorrhoiden. Molkenkur in Engelberg. Gais. Weissbad. Traubenkur in Bex. — Montreux. — Wallenstad. Trink- und Badekur in * Baden. * Schinznach. — Stachelberg. — Schymberg.

Angegriffensein von geistiger Arbeit. Molken auf Rigistaffel. Wasserkur auf Rigi-Scheidegg. — Engelberg. ° St. Moritz. Weissenstein.

Augenentzündung skrophulöse. * Schinznach. — * Stachelberg. — Saxon. — Soolbad Schweizerhalle mit Augendouche. —

Augenliedentzündung lange. * Heustrich. * Stachelberg. * Schinznach. — * Le Prese. Soolenbad * Bex und * Saxon.

Augenschwäche von Ueberreizung und Unterleibsstockung. * Bex. — Schweizerhalle. Rheinfelden.

Blasenkatarrh. * Pfäffers. Gurnigel. Le Prese. * Schymberg. * Stachelberg

Blasenhämorrhoiden. * Baden. * Le Prese. — * Schinznach. — * Stachelberg.

---

*) Die Seitenzahl für das Auffinden der Kurorte ist im „II. Sachverzeichniss" Seite 317—325 angegeben.

Bleichsucht. Molkenkur auf Engelberg. Seelisberg. Trink- und Badekur in ° Gonten. * Rigi-Scheidegg. — * St. Moritz. — * Schwendi-Kaltbad. St. Bernhardin.

Bleivergiftung. * Baden. * Heustrich. * Schinznach. ° Stachelberg. Schymberg.

Blutandrang zum Kopf und in die Brust. Molkenkur auf Gais. Heiden. Weissbad. * Rheinfelden.

Blutarmuth in Folge Verlust. * St. Moritz. * St. Bernhardin. Gonten. Rigi-Kaltbad ⎫ Schwendi-Kaltbald. * Schuols Rigi-Scheidegg ⎭ (Campelsquelle). * Engelberg.

Blutschwäre. (Sucundele) * Leuk. Le Prese. * Schinznach. * Heustrich. * Gurnigel. * Stachelberg. — * Langenbruck. — * Eigenthal.

Blutspeien. Molkenkur in Gais. — Heiden. - Weissbad. — Schmiedmühlen. — Monnetier. — * Wäggis. * Vitznau. —

Brightische Krankheit. * St. Bernhardin. — * St. Moritz. — * Schwendi-Kaltbad

Bauchfellausschwitzungen und Verwachsungen ⎫ Molkenkur auf Seelisberg. Gais. — Eigenthal. — Weissbad. * Engelberg. Traubenkur in Aigle. — * Wallenstad. * Sitten.
Brustfell- „ „ „ „ „ „ ⎭

Darmkatarrh, chronischer. * Fideris. — * St. Moritz. * Schwendi-Kaltbad.

Darrsucht der Greise. * Pfäffers — Ragatz und Nachkur in St. Moritz.

Darrsucht der Kinder. * Morgins. — * Rigi-Kaltbad. — * Seelisberg.

Eierstöcke, Geschwulst derselben. * Stachelberg. — * Bex. — * Saxon.

Engbrüstigkeit (Asthma) mit Ueberreizung. Molkenkur in Engelberg. Schönbrunn. * Le Prese.

Engbrüstigkeit mit Schwäche. St. Moritz. * St. Bernhardin. * Rigi-Scheidegg.
Fehlgeburt, Neigung dazu. * Baden. Gonten. St. Moritz.
Fettsucht mit Dickbauch. * Tarasp. Salzquelle. — * Rheinfelden. * Schweizerhalle. * Bex.
Feuchtgrind. Baden. — * Leuk. — Le Prese. — * Schinznach. — * Stachelberg. Schymberg.
Finnenausschlag im Gesicht und am Kinn. * Leuk. — * Stachelberg. — * Schinznach.
Flechten fliessende. * Leuk. Schinznach. * Schymberg.
Flechtengeschwüre. Baden. — Leuk. — Schinznach. — Heustrich.
Gallenstein. * Baden. * Bex (Mutterlauge). * Rheinfelden. — Schymberg.
Gebärmutterblutung (mit Reizung). Milchkur auf Engelberg. Seelisberg. Molken in Gais. Weissbad. Felsenegg.
Gebärmutterblutung (mit Schwäche). Morgins. — Gonten. — St. Moritz. — Rigi-Kaltbad und Rigi-Scheidegg.
Gebärmutterfibroid. * Bex mit aufsteigender Douche. — Schweizerhalle. — * Seewen.
Gebärmutterkrämpfe. Molkenkur auf Heiden. Gais. Felsenegg. Engelberg. Stoos. Rigi-Scheidegg. Schönbrunn. — Weissenstein. Trinkkur mit * Weissenburg. * St. Moritz. * Pfäffers.
Gebärmuttervorfall. Seebad in * Horn. — Reussbad bei Luzern. — * St. Moritz.
Gehirnerweichung. * Saxon.
Gelbsucht. Molkenkur in der Alpenregion. — * Morgins. — * Rigi-Kaltbad.
Geschwüre (gichtische, rheumatische, skrophulöse syphilitische)· * Baden. — * Leuk. — * Rosenlaui. * Schinznach. — Stachelberg. —

Geschwüre der Knochen. * Baden. — * Saxon. — * Schinznach. * Leuk.

Gesichtsflechten. * Leuk. — * Schinznach. — * Stachelberg.

Gesichtsschmerzen. Baden. * Leuk. * Le Prese. * Pfäffers. * Schinznach. Stachelberg.

Gicht, mit entzündlicher Reizung. Molkenkur mit F auf * Felsenegg. Weissenstein. Engelberg. * Schönbrunn. F Seelisberg.

Gicht, mit Schwäche. * Baden. Heustrich. — * Leuk. * Pfäffers. — * Schinznach. Stachelberg.

Gichtknoten. * Baden. — Heustrich. — * Leuk. — * Schinznach. — Stachelberg.

Gliedschwamm. * Aeusseres Gyrenbad. — Saxon.

Hämorrhoiden, blinde mit Reizung. Molkenkur in Heiden. Auf dem Stoos. — Seelisberg. Engelberg. — Felsenegg. — Weissenstein. — Traubenkur mit Seebad in Wallenstad. — Montreux. — Aigle. — Sitten. —

Hämorrhoiden fliessende. * Baden. — Schinznach. — * Heustrich. — * Stachelberg.

Harnblasenverdichtung. Heustrich. — Le Prese. — * Schinznach. — Stachelberg. —

Hautjucken (Prurigo). * Baden. — * Leuk. — * Schinznach.

Hautjucken der weiblichen Geschlechtstheile. Sitzbäder mit Einspritzungen in Stachelberg. * Le Prese. Baden. * Schinznach. * Leuk.

Heiserkeit. * Baden. (Gaseinathmung). — * Leuk. — Stabio. — Stachelberg. — Heustrich. — Rotzloch.

Herzklopfen, mit Reizung. * Traubenkur. Molkenkur auf Schönbrunn. — Felsenegg. — Menzberg. — Schwarzenberg. — Eigenthal.

Herzklopfen, nervöses. * Weissenburg. — Engelberg. — Schwendi-Kaltbad.

Herzvergrösserung. Gersau. Brunnen. - Beckenried. — Wäggis. — Vitznau.

Hitzblattern (Eczaema). * Leuk, souveraines Mittel nach Devergie. * Heustrich. — * Le Prese. — * Schinznach. — * Stachelberg. —

Hodenverhärtung. Schinznach mit Wildeggerwasser. — Schweizerhalle. — * Saxon.

Hypochondrie. Molkenkur in den Hochalpenregionen des Ursenerthales; auf Aegishorn; Riffelhaus; Zermatt; Engelberg; Weissenstein; Rigi-Scheidegg; Rigi-Staffel; Rigi-Kaltbad. * Grindelwald. Kaltwasserkur auf Felsenegg; Albisbrunn; Schönbrunn. Bei Schwächezuständen: die Heilquellen von St. Bernhardin; St. Moritz; Schwendi-Kaltbad; Schymberg.

Hüftgicht. * Baden. * Leuck. * Pfäffers. * Schinznach, Stachelberg.

Katarrh des Kehlkopfes. * Baden. (Gaseinathmung). Soolendunsteinathmung in * Bex; Schweizerhalle. * Stachelberg. * Le Prese. Schymberg.

Katarrh der Luftröhre — Obige. — Heiligkreuz im Entlebuch. Moos. Eigenthal.

Keuchhusten. * Heustrich. * Gurnigel. Mornex. Langenbruck * Weissenburg. * Stachelberg. Schwarzenberg.

Kitzelhusten. Molkenkur in Beckenried; Wäggis; Engelberg. Rigi-Klösterli.

Kleienflechten. * Leuk. — Schinznach. — Stachelberg. — * Le Prese.

Kniegeschwulst weisse: * Pfäffers. — Rheinfelden. * Schinznach. * Baden. Gyrenbad. * Saxon.

Knochenauswüchse. * Bex (Soole). * Saxon. — * Baden. * Schinznach.

Knochenkalluswucherung. * Baden. * Saxon.

Knochenfras. * Schinznach. * Saxon.

Knochengeschwüre s. oben unter Geschwüre.
Kopfgicht (halbseitige). * Morgins. * St. Moritz. — Rigi-Kaltbad. — * Stabio.
Kopfgrind. * Leuk. * Heustrich Baden. * Schinznach. * Stachelberg.
Krämpfe. Kaltwasserkur auf Felsenegg. Schönnbrunn. Pfäffers. St. Moritz.
Krätze. Leuk. — Schinznach. Baden. * Stachelberg. Heustrich.
Kropf. * Biberstein. * Saxon.
Lähmung vom Rückenmark aus. * Leuk. — * Pfäffers. Schinznach. Baden.

   „   von Syphilis. * Saxon.

   „   von Quecksilber. Schinznach. Stachelberg. Baden. Le Prese.

   „   von Bleivergiftung. * Stachelberg. * Gurnigel. * Leuk.

Leberauftreibung. * Bex. * Saxon. Schweizerhalle. * Tarasp. St. Moritz.
Leberentartung. (Fettleber). * Saxon. Rheinfelden mit Wildeggerwasser.
Lendenweh. * Leuk. Baden. * Schinznach. * Pfäffers. * Ollon.
Lungenknoten, mit entzündlicher Reizung. Molkenkur in Vitznau. * St. Antoni. Beckenried. Heiligkreuz im Entlebuch. Brunnen. * Wäggis. * Gersau. Weissbad. Später Erdbeerenkur und Molken in Interlacken. Frühling und Herbst in Montreux. Aehlen. Bex. — Badekur in Horn. Im Sommer Molkenkur in * Gais. * Heiden. Heinrichsbad. Langenbruck. Rigi-Klösterli. * Schönbrunn mit theilweiser Kaltwasserkur. Seelisberg. Stoos. Leuk. St. Moritz. Schmidmatten und Balmberg. Kurorte des Ormondthales. Mornex und Monnetier. * Gaseinathmungen in Baden.
Lustseuche veraltete, Kaltwasserkur in Albisbrunn. Bresten.

berg, Felsenegg, Buchenthal. * Baden. Le Prese. * Schinznach. Stachelberg. * Saxon. * Pfäffers.

Magengeschwüre. Milchkur in Interlacken. Beckenried. Vitznau. Wäggis. Eigenthal. Rosenlaui.

Magenkrampf. Milch- und Molkenkur in Gais. * Engelberg. * Pfäffers. * St. Moritz. Schwendi-Kaltbad.

Magenkrebs. Pfäffers. Milch und Molken auf Felsenegg. Weissenstein. Engelberg.

Magenkatarrh, mit entzündlicher Reizung. Molkenkur in Heiden, Gais, Weissbad. Engelberg. Rigi-Kaltbad. Rigi-Scheidegg. Weissenstein. Heilquelle * Fideris; * St. Moritz, * Schymberg, Le Prese; Stachelberg.

Magenschwäche mit grosser Empfindlichkeit. Milch- und Molkenkur auf Seelisberg, Stoos, Engelberg, Gais, Heiden, Appenzell, Weissbad; mit Reizlosigkeit: * St. Moritz. St. Bernhardin. Schwendi-Kaltbad. Rigi-Kaltbad und Scheidegg. Schymberg. Pfäffers.

Nasengeschwulst, skrophulöse. Soolenbad zu Rheinfelden. Schweizerhall. Wildeggerwasser. * Schinznach. Leuk. * Saxon.

Nervenunthätigkeit (Schwäche). Kaltwasserkuren. — * Pfäffers. — Leuk. — * Soolbäder.

Nesselausschlag chronischer. Trauben- und Molkenkur * Molkenbäder. * Leuk.

Nierenschmerzen chronische. * Baden. * Schymberg. * Stachelberg. Le Prese. * Heustrich. * Heinrichsbad.

Nierensteine. * Schymberg. Fideris. Tarasp (Bonifaziusquelle). * St. Moritz. * Schwendi-Kaltbad.

Ohrenentzündung, chronische. Soolendunstbäder mit Kohlensäure. Ausspritzungen mit warmen Soolwasser. * Gasdouche in Baden.

Ohrenflechten grindige. * Leuk. Schinznach. * Gurnigel. Stachelberg. * Le Prese.

Pustelflechten. * Leuk. * Baden. * Schinznach.
Quecksilbersiechthum. Kaltwasserkur. Molkenkur in Gais. Engelberg. Felsenegg. Weissenstein. * Baden. Heustrich. * Schinznach. Pfäffers und Ragatz. Stachelberg. * Saxon.
Rachenentzündung, chronische. * Baden. * Schinznach. * Gurnigel.
Rachenentzündung, syphilitische. * Saxon.
Regeln, ausbleibende. Molken in Engelberg. Rigi-Scheidegg. Stoos mit Sitzbädern von kaltem Wasser. * St. Moritz mit kohlensauren Douchen. Schwendi-Kaltbad.
Regeln, schmerzhafte. * Gonten. Fideris. * St. Moritz. Molkenkur mit Bädern auf Engelberg. Seelisberg; auf Stoos.
Rheumatismus. Kaltwasserkur auf Rigi-Kaltbad. Schönbrunn und Buchenthal. Fichtennadelbäder in Buchenthal. Felsenegg. Engelberg. — * Baden. Leuk. * Fahrnbühl. * Pfäffers und Ragatz. Schinznach. Stachelberg. * Le Prese.
Ringflechten. * Leuk. * Schinznach. * Soolbäder in Bex. Rheinfelden. Schweizerhall.
Rückenmarkdarre. Milchkur in Vitznau, Wäggis, * Ollon.
Samenfluss, schwächender (v. Selbstbefleckung). * Gais. * Schwendi-Kaltbad. * St. Moritz. * Seewen.
Seelenstörungen, mit skrophulöser Grundlage. * Bex. Schweizerhall; mit Schwäche: St. Bernhardin. * St. Moritz. * Leuk.
Schamflechten. * Le Prese. Heustrich. * Stachelberg. Soolbad. Bex und Schweizerhall.
Schleimschwindsucht. Weissbad. * Weissenburg. Fideris. * Schymberg. Stachelberg. Le Prese. * Leuk.
Schorf, Schrunden, Schuppen } Flechten. Soolbad von Bex. Schweizerhall. Baden. Schinznach. * Leuk. Heustrich.

Schwäche nach schwerer Krankheit. Sämmtl. Molkenkurorte der Hügel und Alpenregion. Schwendi-Kaltbad. Rigi-Kaltbad. * St. Moritz. * St. Bernhardin. Rigi-Scheideck.

Schwermuth. * Aengstlenalp. Rosenlaui. Grindelwald. Mürren. Aegischhorn. Zermatt. * Rigi-Kaltbad. * Staffel. Scheidegg. * Stoos. Schönegg. — Schönbrunn. Felsenegg. —

Schwindel. * St. Bernhardin. * St. Moritz. * Stabio.

Skorbut. Soolen von Bex, Rheinfelden, Schweizerhall. St. Bernhardin. St. Moritz. Schwendi-Kaltbad. Rigi-Scheidegg.

Skropheln. * Soolbäder in Bex. — Rheinfelden. Schweizerhall mit Wildeggerwasser. * Saxon. Molken in Engelberg. * Davos. — * Rigi-Kaltbad. Baden. * Schinznach. * Gurnigel. * Stachelberg. Le Prese. ** Morgins. St. Moritz.

Steinbeschwerden, in der Harnblase. * Schymberg. Fideris. Tarasp. (Campellsquelle) Schwendi-Kaltbald. Le Prese. Pfäffers. * St. Bernhardin. * St. Moritz.

Stimmlosigkeit. * Gurnigel. Rotzloch. * Stabio. * Weissenburg.

Stimmlosigkeit von Quecksilbermissbrauch. * Le Prese. * Schinznach. Schymberg. * Stachelberg.

Soodbrennen. Fideris. St. Moritz. Schwendi-Kaltbad.

Unterleibsvollblütigkeit. Molkenkuren in der Voralpen- und Alpenregion. Traubenkur in Montreux, Sitten, Wallenstad. Rigi-Kaltbad. Schwendi-Kaltbad. Soolbäder. Tarasp. —

Unvermögen, männliches. Kaltwasserkur örtliche. * Schwendi-Kaltbad. * St. Moritz. * Seewen.

Veitstanz. * Soolbäder. Heustrich. * Stachelberg. Pfäffers.

Vergiftung, metallische des Blutes durch Blei und Quecksilber. * Baden. — * Schinznach. — * Stachelberg.

Vollblütigkeit, wässerige. (Plethora serosa). * Morgins.
* Rigi-Kaltbad und Scheidegg. * St. Moritz. * Seewen.
Vorsteherdrüse, schleichende Entzündung derselben. * Pfäfers. * Ragatz. — * Schymberg.
Vorsteherdrüse, Verhärtung derselben. Soolbad in Bex. Schweizerhall mit Wildegg. * Schwendi-Kaltbad. * Saxon.
Wechselfieber. * Fideris.
Weissfluss. Soolbad von Bex. Schweizerhall. Fideris. Gonten. * Fahrnbühl. St. Moritz. Rigi-Kaltbad und Scheidegg. Schymberg.
Wurmbeschwerden. * Baden. * Leuk. * Schinznach.
Wunden, fistulöse. * Leuk. * Schinznach. * Baden. * Le Prese.